Ann Klee
Fateful Feelings

Ann Klee

Fateful Feelings

Rediroma-Verlag

Bibliografische Information der Deutschen Nationalbibliothek:
Die Deutsche Nationalbibliothek verzeichnet diese Publikation in der Deutschen Nationalbibliografie; detaillierte bibliografische Daten sind im Internet über http://portal.dnb.de abrufbar.

ISBN 978-3-98527-120-7

www.rediroma-verlag.de
12,95 Euro (D)

Wer mit dem Teufel spielt,
öffnet das Tor zur Hölle!
(Ann Klee)

Inhaltsverzeichnis

Romanfiguren

Sie: Selbstbewusstes Auftreten, verunsichert durch die Ereignisse, die sich immer mehr zu einem Schauspiel der Psyche und menschlichen Abgründen entwickelt haben. Verlässt sich vollkommen auf ihn und hegt blindes Vertrauen in all seine Entscheidungen. Trägt seit dem Unfall gerne seine Trainingsanzüge, um ihre Weiblichkeit zu verbergen. Glaubt an das Gute im Menschen und hat ihre Berufstätigkeit aufgegeben, um sich neu zu definieren.
Ohne ihn an ihrer Seite fühlt sie sich hilflos und verloren. Versucht zu helfen, wo sie kann, agiert dabei oft dumm und unüberlegt. Verliebt in ihn seit frühster Jugend, mit einem Hang dazu sich selbst zu verlieren. Hübsch, weiblich, immer freundlich.
Besonderes Merkmal: Blonde, lange Locken

Er: Selbstsicheres, oftmals autoritäres Auftreten. Hinter der Fassade verbirgt sich Unsicherheit und ständige Angst das ihr ein Unheil passiert, was er nicht verhindern kann. Groß, breit, eindrucksvoll. Selfmademan, leitende Position in einem globalen Unternehmen. Seit seinem fünften Lebensjahr mit seinem besten Freund eng verbunden, immer bereit Hilfe anzubieten und zu gewähren.
Dennoch verärgert über ihn, geschockt über seine eigene Fehleinschätzung. Noch verheiratet, zwei Söhne, die erwachsen sind und sein ganzer Stolz. Liebt seinen schwarzen 911er über alles, fast so sehr wie er sie liebt.
Ehemaliges Hobby: Kick-Boxen
Besonderes Merkmal: Seine blauen Augen die jede Gefühlsregung verraten.

Seine Noch-Ehefrau: Liebt ihn schon seit langer Zeit nicht mehr, seit über drei Jahren ein Verhältnis mit seinem Jugendfreund. Zerfressen von Wut über den Verlust ihrer Ehe. Rachsüchtig planend und manipulativ. Nennt ihren Liebhaber, den Idioten. Millionärsgattin, die sich durch ihr Alter und ihr Ehe-Aus, herabgesetzt fühlt. Liebt ihren gesellschaftlichen Status über alles. Besessen von Geld und Luxus, durch die Erfolge ihres Mannes verwöhnt, die sie sich auch mit anrechnet. Hat seinen Freund für ihre Zwecke eingespannt und beschlossen reiche Witwe zu werden. Unzufrieden mit den Entwicklungen der Ereignisse.
Fühlt sich betrogen und benutzt, übt keine Selbstreflektion.
Besonderes Merkmal: Eiskalt und berechnend

Sein Jugendfreund, der Idiot: Verlässt sich seit frühester Kindheit auf seinen besten Freund. Hohes Aggressions- und Gewaltpotential. Getrennt lebend. Zwei Kinder, die er nie wollte und die ihn auch nicht interessieren.
Vererbte Bipolare Störung. Sadist wie er im Bilderbuch steht, konsumiert gerne Kokain, um seine Aggressionen und seinen Hass auf die Gesellschaft zu vergessen. Zerfressen von Neid auf seinen besten Freund. Rachsüchtig, eiskalt und neidisch, von Hass gesteuert. Besessen von Geld und Luxus. Verhältnis mit der Frau seines Freundes in der Hoffnung es ihm dadurch heimzuzahlen. Seit frühster Kindheit schwer gestört, verfolgt seine eigenen dunklen Pläne. Ehemaliger Hobby-Kick-Boxer. Groß, breit, guter Körperbau.
Besonderes Merkmal: Extreme Brutalität und Blut-Lust

Ihre Freundin: Teilt seit dreißig Jahren mit ihrer besten Freundin Kummer und Sorgen. Lässt sich von ihrer Gefährtin zu dummen Handlungen hinreißen.
Treue Vertraute, die immer versucht das Positive zu sehen, obwohl sie von Natur aus misstrauisch allem und jedem gegenüber ist. Träumt noch von der wahren, bedingungslosen Liebe. Selbstbewusste Geschäftsfrau, von der ersten Begegnung an hingerissen von seinem Anwalt. Attraktiv, klein, zierlich, schöne Stimme.
Besonderes Merkmal: Ein großes Herz

Der Anwalt: Firmenanwalt, neuer Gefährte von ihm, durch die Ereignisse zu einem wahren, ehrlichen Freund für ihn geworden. Geprägt durch vier Jahre Polizeiarbeit in einer Spezialeinheit. Nahkampferfahren und Schusswaffenträger. Kühl, klug, reserviert, auf alle Situationen im Leben vorbereitet. Selbstsicher, solange es nicht sein Liebesleben betrifft. Geschieden, alleinstehend. Von der ersten Begegnung an verliebt in ihre Freundin.
Groß, attraktiv und eher schüchtern Frauen gegenüber.
Besonderes Merkmal: Hingebungsvoller Freund, bereit alle Konsequenzen seines Handelns zu tragen

Nancy-Lou: Ehemalige Krankenschwester, jetzt Crackabhängig, im Bahnhofsviertel als Prostituierte tätig. Leider zur falschen Zeit am falschen Ort, was ihr zum Verhängnis wird.
Besonderes Merkmal: Lange, blonde Locken

Teil 1
Nichts ist, wie es scheint

Kapitel 1

Der Sturm zieht auf …

Er war aber auch zu dumm, als bester Freund ihres Noch-Ehemanns, stellte er sich nicht halb so geschickt an, wie sie es sich erhofft hatte. Manchmal fühlte sie sich, als spräche sie mit einem 12 Jahre alten Jungen.

Er war weder redegewannt noch selbstsicher, er war einfach ein Dummkopf und so ein Schwächling, es kam ihr vor, als wenn er allein nicht lebensfähig wäre. Wie konnte so ein Mensch in der heutigen Geschäftswelt bestehen, kein Wunder, das er finanziell nicht mehr ein noch aus wusste. Sie war einen intelligenten, distanzierten Mann gewohnt. Verwöhnt, einen Mann zu haben der sie nicht mit Alltagssorgen belästigte, der alles allein erledigte.

Das schon seit vielen Jahren. In ihrer Ehe war sie daran manchmal, an der Autorität und Selbstsicherheit ihres Mannes, verzweifelt.

Dieser hier, war zwar nur ihr Liebhaber, aber er stellte sich selten dämlich an.

Völlig anders geartet von seinen Gefühlen her, er war unberechenbar und hatte einen Hang zum Wahnsinn, fand sie. Es wunderte sie, dass er eine Frau gefunden hatte, die ihn heiraten wollte. Aber er war ein Großmaul und Blender, solche Männer fanden immer ein dummes Lieschen, was ihnen auf den Leim ging. Sie kannten sich schon genauso lange, wie sie ihren Mann kannte. Er war ihr nie sonderlich sympathisch, aber gehörte irgendwie dazu. Eigentlich fand sie ihn immer schon nervig und anhänglich. Von Anfang an, war er immer mit dabei gewesen. War immer präsent, erst ein paar Jahre nach ihrer Hochzeit, war es etwas ruhiger geworden und der Kontakt nicht mehr täglich da. Sämtliche Feiern und viele Urlaube hatten sie zusammen verbracht, aber wirklich näher war sie seinem Freund aus Kindheitstagen, nie gekommen. Oft hatte sie sich in seiner Gegenwart unwohl gefühlt, er hatte diesen lüsternen, starrenden Blick, bei dem man sich nackt fühlte.

Der Sex mit ihm war säuisch, dieser Mann kannte keine Gefühle oder gar Liebe. Einfach nur brutal, einen Hang zum Sadismus konnte sie auch bei ihm spüren, er war in ihren Augen abartig. Alles an ihm war extrem, sein Charakter und sein Körper. Kein Mann, bei dem eine Frau sich fallen lassen konnte, eher immer das Gefühl hatte, man müsste wachsam sein. Aber das war ihr recht, so konnte es hinterher keine Probleme geben. Außer seinen Hass, den sie, zu spüren bekommen würde. Aber das nahm sie in Kauf, wenn alles glatt ginge, wäre sie ihn schnell los. Ein Bauernopfer, das sie gerne brachte.

Er würde ins Gefängnis wandern, sie könnte in Ruhe ihr Leben weiter gestalten. Ohne einen Mann würde vieles einfacher werden, das hatte sie für sich selbst entschieden. Sie hatte alles gut durchdacht, so dass sie mit nichts in Verbindung gebracht werden konnte, er würde die Drecksarbeit für sie erledigen, so dass ihre Hände und ihr Gewissen, sauber blieben. Er war so leicht beeinflussbar in seiner Gier nach Achtung und Anerkennung, einfach ein richtiges Weichei. Sie würde nicht das eine Übel gegen ein anderes eintauschen. Schon lange hatte er ihr, schöne Augen und Komplimente gemacht, eigentlich schon die letzten fünf Jahre. Immer wieder kamen Schmeicheleien von seiner Seite aus in Bezug auf sie, die sie gar nicht hören wollte, weil sie es abstoßend fand. Sie hatte sich nicht geschmeichelt gefühlt, war eher peinlich berührt gewesen. Unter normalen Umständen hätte sie sich niemals auf so einen Mann eingelassen, er war emotional völlig instabil. Eine tickende Zeitbombe in ihren Augen, die jederzeit explodieren konnte.

Vor drei Jahren hatte es angefangen, es war am Geburtstag ihres Mannes gewesen. Sie hatten alle kräftig gefeiert und dem Alkohol war reichlich zugesprochen worden an diesem Abend. Zu später Stunde war der Freund ihres Mannes ihr ins Pool Haus gefolgt, eigentlich wollte sie nur einmal tief durchatmen und allein sein. In all den Jahren hatte sie gedacht, ihre Ehe wäre glücklich. Aber, an dem Abend war es ihr das erste Mal richtig bewusst geworden, sie war nicht mehr glücklich, schon lange nicht mehr.

Hatte sie doch alles, was man mit Geld kaufen konnte, schöne Autos, Häuser und auch sonst jeglichen Luxus. Eigentlich hätte sie zufrieden sein müssen.

Zwei fantastische halb erwachsene Söhne, die schon fast ihren eigenen Weg im Leben gingen, die gesund und gut geraten waren.

Arbeiten brauchte sie nicht, sie hatte schließlich zwei Kinder zu versorgen.

Kinder, die sie liebte, und die er liebte. Die Söhne hatten sie zusammengehalten. Der Prozess, hatte schleichend stattgefunden, erst verzichtete man auf den Gute Nacht Kuss, dann auf den Abschiedskuss.

Die Lust aufeinander war eingeschlafen, auch das Bedürfnis nach gemeinsamer Zeit war vergangen. Sex, alle zwei Monate, hatte sie hingehalten. Wenn sie sich darüber stritten, dass sie Geld zum Fenster rauswarf. Damit hatte sie ihn friedlich gestimmt, hatte die Vorwürfe gegen sie, damit zum Schweigen gebracht. Langweiliger, eingefahrener, eintöniger Sex. Ohne Leidenschaft und Feuer. Das hatte eine lange Zeit gut funktioniert, aber irgendwann widerte er sie nur noch an. Der Wille, ihm zuliebe die Beine breit zu machen hatte nachgelassen. Sollte er sich doch eine Nutte nehmen, sie hatte keine Lust mehr auf ihn. Der ganze Sex mit ihm war ihr eklig geworden, sie konnte seinen Körper nicht mehr ertragen. Aber Geld, Luxus und ihr sozialer Status waren ihr sehr wichtig.

Niemals würde sie das Alles aufgeben, nur weil er seinen Schwanz nicht in der Hose lassen konnte und unbedingt irgend so ein Flittchen vögeln musste.

An dem besagten Geburtstag, hatte sein Freund ihr zugehört, als sie völlig betrunken gewesen war. Es war ihr egal gewesen, wer ihr zuhörte. Hauptsache es hörte jemand was sie zu sagen hatte, der Alkohol hatte ihre Zunge gelöst und ihre Hemmschwelle herabgesetzt. Sie hatte sich ihren ganzen Frust von der Seele geredet und er hatte ihr geschmeichelt. Aber vor allem hatte er ihr zugehört, ihr in diesem Moment Halt gegeben, er wäre da für sie, würde ihr beistehen. Sie wäre eine schöne Frau, ihr Mann wüsste sie gar nicht mehr zu schätzen, der übliche Schmus halt. Normalerweise war sie nicht empfänglich für hohle Sprüche. In diesem Moment, dort im Pool Haus, fand sein Freund die richtigen Worte. Worte, die sie brauchte, um zu sich selbst zu finden.

Die große Menge Alkohol hatte sie, irgendwie depressiv gestimmt, er hatte einen schwachen Moment bei ihr erwischt. Nur einen kurzen Augenblick der Schwäche hatte sie sich selbst zugestanden, und er hatte diesen Augenblick für sich genutzt, hatte ihn erkannt. Sie fühlte sich besser, in dem Moment, als er sie in die Arme nahm hatte sie sich für einen kurzen Augenblick attraktiv und begehrenswert gefühlt. Eine Gefühlsregung die sie schon lange nicht mehr so intensiv verspürt hatte. Er bewundere sie, hatte ihr ins Ohr geflüstert wie lange er sich schon nach ihr verzehre. Dann war er ihr an die Wäsche gegangen, sie hatte sofort gemerkt, dass sie sexuell gar nicht auf einer Wellenlänge lagen, aber trotzdem hatte es sich gut angefühlt. Seine gierigen, großen Pranken, die auf ihrem Körper rumgrapschten, viel zu grob, aber dennoch hatte es sie aufgegeilt. Sie schob das im Nachhinein auf den Genuss des Alkohols zurück.

Er hatte sie im Pool Haus von hinten einfach gevögelt. Hatte ihr mit einem Grunzen seinen riesigen Schwanz von hinten reingeschoben, in ihr rum gerammelt, als wenn es kein Morgen geben würde. Diesen Augenblick würde sie nie vergessen. Wenn sie daran zurückdachte, überkam sie jetzt noch Ekel.

Er hatte sie noch nicht einmal ausgezogen, einfach nur ihren Rock hochgenommen, den Slip im Schritt bei Seite geschoben.

Es war nur säuisch gewesen, er hatte etwas von einem Tier dabei.

Etwas raubtierhaftes, animalisches. Trieb stillen, so empfand sie es hinterher, als er fertig war und mit einem dreckigen Grinsen seine Hose und seinen Gürtel geschlossen hatte. Er wirkte zutiefst befriedigt, als wenn er schon lange darauf gewartet hätte. In ihr machte sich Scham breit, Scham vor sich selbst diesem Tier nachgegeben zu haben. Sie mochte ihn eigentlich nicht, aber trotzdem war es passiert. Er war da, schenkte ihr Aufmerksamkeit und Beachtung.

Und Halt, den sie bei ihrem Mann nicht mehr fand. Schon damals hatte sie geahnt, dass ihre Ehe nicht mehr lange dauern würde, sie aber auch auf nichts verzichten wollte. Sie musste alles haben ohne ihren Mann, den sie schon lange nicht mehr liebte. Niemals hätte sie sich auf diesen animalischen, triebhaften Sex eingelassen, wenn in ihrer Partnerschaft noch Liebe gewesen wäre.

Ja, sie würde eine gute Abfindung bekommen und auch hohen Unterhalt, aber im Gegensatz zu dem was er behalten konnte, war ihr Anteil verschwindend gering. Lächerlich gering, nicht zu vergleichen mit dem was sie jetzt hatte.

Er würde drei Häuser behalten, in der Schweiz, in Spanien und dieses hier.

Sie selbst, würde sich einschränken müssen und auf einigen Luxus verzichten.

Ungerecht, das war das Wort was ihr dazu einfiel. Es war unfair und beleidigend. Keine Anerkennung, was sie alles getan hatte für ihn im Laufe der letzten Jahre. Das es ein Geben und Nehmen war in einer Ehe, blendete sie völlig weg. Aus ihrem Verstand und ihrem Kopf, nur Rachsucht machte sich in ihr breit. Bis in den letzten Winkel ihres Gehirns. Mit jeder Faser ihres Körpers fühlte sie eine unbändige Wut auf ihren selbstgerechten Ehemann.

Sie hatte ihm ihre besten Jahre geopfert und nun warf er sie weg, für eine dahergelaufene Schlampe, von der er sich einbildete, sie sei das absolut Wahre.

Nein, nicht mit ihr, sollte er doch mit ihr ficken, das war

ihr egal, aber ihren Anteil an seinem Erfolg wollte sie einkassieren. Sie würde sich zur Wehr setzte, nicht einfach den Dingen ihren Lauf lassen. Das war der Anfang, ab da reifte der Plan in ihrem Kopf, den sie für genial hielt, so konnte es funktionieren.

Sie würde seinen allerbesten Freund, aus Kindheitstagen, für ihre Zwecke einspannen, er würde sich hervorragend dafür eignen.

Sein Freund war gierig, immer pleite, konnte mit Geld absolut nicht umgehen und er war sehr einfach manipulierbar, das hatte sie schon früher festgestellt.

Das perfekte Werkzeug für sie, man konnte ihn noch zurecht schleifen.

Sie hatte seinen Hass genährt, immer und immer wieder den Stachel der Eifersucht tiefer in sein Fleisch getrieben. Jeden Tag ein gezielter Spruch, den angeblich ihr Mann über seinen besten Freund gesagt hatte.

Über seine Unfähigkeit und Dummheit, hier und da ein böses Wort hatten gereicht, um die Wut nach und nach hochkochen zu lassen. Ihr Tun hatte schneller Früchte getragen, als sie es sich erhofft hatte.

Es war gut gelaufen für sie, sie hatte es geahnt, es schien ihr als habe er nur darauf gewartet. Jetzt wollte er auch Rache, in seinen Augen, für eine vorgeheuchelte Freundschaft. Das war ihr nur recht gewesen, er hatte sich seinen Teil an Hass dazu gedichtet. Sie würde ihm das bestimmt nicht ausreden, im Gegenteil, sie würde ihren Nutzen aus seiner Wut ziehen.

Dafür musste sie sich halt ab und an, von ihm besteigen lassen.

Auch wenn es ihr nicht gefiel, es gehörte dazu, um ihre

Verbindung zu festigen, in ihren Augen. Sie konnte gut und gerne darauf verzichten, aber manchmal musste man Opfer bringen. Also spielte sie seinem Freund die vernachlässigte, dauergeile Ehefrau vor, auch wenn sie ihn ekelhaft fand. Er hielt sich für den perfekten Lover. Dabei war er ein ungeschickter, grober Stümper, der meinte ein großer Schwanz mache ihn zum ausgezeichneten Liebhaber. Aber umgehen konnte er mit seinem Ding nicht. Sie stöhnte nur ein bisschen, schon dachte er, es würde ihr gefallen. Wenn sie dabei lauter wurde, war er auch schnell fertig, er war primitiv und leicht zu durchschauen. In sich hinein lächelnd ging sie ins Haus zurück, zufrieden mit sich selbst. Er hatte sie zum Abschied vor dem Haus abgeleckt und begrabscht, eigentlich wollte sie das nicht, seine Leckereien fand sie ekelhaft. Draußen konnte man sie beobachten, das war nicht gut. Sie durften nicht nachlässig werden, sonst würde man ihn sehen.

Gott sieht alles, aber deine Nachbarn noch mehr, ging es ihr durch den Kopf.

Aber er war nervös gewesen, war im Haus unverschämt geworden, als er bemerkt hatte, dass sie alleine waren. Regelrecht frech ihr gegenüber. Vorsichtig hatte sie versucht ihn nicht zu reizen, sondern zu besänftigen.

Sie musste auf der Hut sein, er war unberechenbar.

Manchmal jagte er ihr Angst ein, seine Aggressionen waren nicht vorhersehbar.

Das war der Preis, wenn sie es schaffen wollten, ihren untreuen Ehemann aus dem Weg zu räumen, ein für alle Male frei zu sein.

Dumm wie ihr schlechter Liebhaber war, bildete er sich ein, sie würden den Reichtum gemeinsam genießen, sie lachte leise in sich hinein.

Glaubte er das wirklich, dass sie sich den nächsten Klotz ans Bein binden würde, wenn sie einmal frei wäre und unabhängig?

Ihr Plan war ganz anders, da war er nicht mit einkalkuliert.

Sie würde sich auch von ihm befreien und in einer anderen Stadt, ein neues Leben als steinreiche Witwe beginnen. Sie ertrug dieses Raubtier nun schon seit fast drei Jahren, aber alles hatte mal ein Ende, ihr Ekel würde bald vorbei sein, alles hatte nun mal seinen Preis in diesem Leben. Sie war bereit diesen Preis zu bezahlen, auch wenn er hoch war. Langsam, aber sicher hatte sie ihn so weit. Klein, hatte sie angefangen, mit Sticheleien oder Anmerkungen was ihr Mann so dachte und machte, hatte versucht die Flamme des Neides zu schüren.

Was er alles kaufte und was sie sich so leisten konnten.

Am Anfang hatte er noch abgewiegelt, ihn als seinen besten Freund bezeichnet, aber eine kleine Andeutung hier oder eine Anmerkung da, hatten Wunder bewirkt. Stück für Stück, war er wütend geworden, und nach und nach hatte sie seinen Neid aufgebaut. Woche für Woche hatte sie dann die Wut entflammt. Der Neid war umgeschlagen, in flammenden Hass, der sich von seinem inneren Zorn auf alles und jeden ernährte. Vorsicht war geboten, sie musste aufpassen, dass sie außen vor blieb und sein Hass sie nicht miterfasste.

Letzte Woche hatte sie ihn dann losgeschickt. Der Plan war gut gewesen.

Er sollte eine Flasche Whiskey mitnehmen und sie hatte

diese Flasche vorbereitet. Die Verpackung Nuramitan hatte sie ihm gleich mitgegeben, so war sie die schon mal los, die Beweisstücke waren aus ihrem Haus.

Das Betäubungsmittel war gut gewesen, hätte sie mal alle zwölf Tabletten aufgelöst und untergemischt, nicht nur sechs.

Aber sie hatte Angst gehabt, dass der Geschmack des Single Malt, sich dadurch veränderte. Das wäre aufgefallen, sie hatte gebetet, dass die Dosis ausreichte.

Leider hatte es nicht funktioniert, es war zu wenig gewesen, die Dosierung zu schwach. So eine Scheiße, hatte sie bei sich gedacht, als er zurückgekommen war, er war aufgeregt und verärgert gewesen. Sie, hätte es nicht richtig gemacht, sie wäre aber auch zu dämlich für alles, hatte er schnaubend gesagt.

Es verlangte ihr einiges an Beherrschung ab, nicht wütend zu werden, ruhig zu bleiben, ihm nicht zu sagen, dass er der Idiot war und nicht sie.

Er hatte ihr erzählt, dass bei seinem Zurückkommen in das Liebesnest beide noch wach waren, nicht betäubt gewesen wären.

Es hatte nicht ausgereicht, sechs Tabletten Nuramitan waren auf die Flasche Whiskey gerechnet keine ausreichende Dosis gewesen.

Nach ihren Recherchen im Internet und ihren Berechnungen hätte es ausreichen müssen, um ein Pferd umzuhauen. Aber ihr Ehemann, hatte anscheinend sieben Leben wie eine Katze. Und auch wenn er davon das ein oder andere schon aufgebraucht hatte bei seinen gefährlichen Hobbys, blieben wohl noch immer genügend Leben übrig.

Eigentlich sollte der Idiot das Haus anzünden, nachdem die beiden durch den Whiskey außer Gefecht waren. Es hätte so perfekt funktionieren können, ihre Planung war gut gewesen.

Offene Kamine in alten Häusern konnten solche Todesfallen sein, wenn man sie nicht im Auge behielt. Das ganze Holz im Haus konnte auch wie Zunder brennen, da brauchte man nicht groß nach Brandbeschleunigern suchen.

Oh ja, sie hatte sich informiert und sorgfältig recherchiert, nichts dem Zufall überlassen. Da konnte sich schnell mal ein Teppich vorm Kamin entzünden, mit ein wenig Glück hätte man gar nicht nach Unfallursachen gesucht.

Das kleine Restrisiko hatte sie in Kauf genommen.

Sie war bei ihrem Mann im Arbeitszimmer, am Computer gewesen.

Im Browser-Verlauf hatte sie den Mietvertrag, nebst Bildern des Hauses gefunden, wo er sein Fick-Wochenende abhalten wollte.

Hasserfüllt hatte sie sich jedes einzelne Bild genau angeschaut, ihre Wut angefacht, um sich zu ermutigen endlich tätig zu werden. Ein richtiges Liebesnest, hatte sie angewidert gedacht. Ihr war übel geworden, jetzt war sie gezwungen gewesen zu handeln. Das Medikament, Nuramitan war schnell besorgt. Ein hochkonzentriertes Betäubungsmittel. Mit den richtigen Leuten befreundet, kam man an alles, auch wenn es auf der BTM Liste stand. Ihre Schwester war Apothekerin, alleinerziehend und genauso geldgeil, wie sie selbst. Keine Fragen, nur Bares hatte gezählt.

Dann war der Plan langsam in ihrem Kopf gereift, Stück für Stück.

Nach und nach hatte sie sich sicherer gefühlt, seinen Freund hatte sie schon auf ihrer Seite, es wäre einfach und er würde die Drecksarbeit übernehmen.

Er war ein gefügiger Diener geworden, auch wenn sie wusste, dass es ihm um das Erbe ging, was sie dann erhielt. So wären sie beide auf einen Schlag erledigt, ihr Mann und seine kleine Nutte.

Und hätten noch den Romeo und Julia Tod, hatte sie gehässig gedacht.

Gewissensbisse hatte sie nicht verspürt, warum auch?

Ihr Mann hatte seine Wahl getroffen, also musste er auch die Konsequenzen tragen. Nun musste ein neuer Plan her, da der erste Versuch gescheitert war.

Sie würde mal ein paar Tage darüber schlafen und weiterhin die liebende, enttäuschte Ehefrau spielen, wenn er dann mal nach Hause kam.

Selten genug war es ja, es herrschte Funkstille, seit sie die Trennung beschlossen hatten. Das beherrschte sie mittlerweile perfekt, sich zu verstellen fiel ihr nicht mehr schwer. Sie war sich sicher, dass er nichts bemerkt hatte, von ihrem doppelten Spiel. Nur von dem Idioten musste sie ihn fernhalten, der war nicht so ein guter Schauspieler wie sie, würde sich vielleicht verraten. Ihr Mann, war viel zu beschäftigt mit seiner Hure, wahrscheinlich dachte er nur den ganzen Tag daran mit ihr zu vögeln.

Einfach widerlich, wie sehr sie ihn hasste, seine kleine Nutte gleich mit.

Langsam ging sie durch das Wohnzimmer, Richtung Flur.

Die Treppe zum ersten Stock knarrte leise, als sie die Stufen betrat.

Sie war in Gedanken versunken und ließ sich erst einmal

ein Bad einlaufen.

Den Dreck aus den Poren spülen, der Idiot hatte seine Spuren hinterlassen auf ihrem Körper, sie fühlte schon wieder Ekel.

Ihr würde schon was anderes einfallen, wenn es nicht auf Anhieb funktioniert hatte. Dann mussten sie es halt wieder versuchen, solange bis es funktionierte.

Was sie nicht wusste war, dass sie gesehen wurde. So wie sie es befürchtet hatte, war jede Einzelheit ihres Abschieds mit seinem besten Freund beobachtet worden. Ihr Ehemann hatte an der Straßenecke geparkt, den Abschied des Liebespaares in jeder Einzelheit gesehen.

Davon ahnte sie nichts, wiegte sich in trügerischer Sicherheit. Entspannt glitt sie in das Badewasser, zeitgleich hörte sie unten die Haustür.

Was wollte er hier am Vormittag?

Was hatte er hier zu suchen? Es war ihr Haus, er sollte sich nicht angewöhnen das er kommen und gehen konnte, wie er wollte. Natürlich war es auch sein Haus, aber nun wohnte sie hier, er sollte sich gefälligst verpissen aus ihrem Leben, sie in Ruhe lassen. Wollte er sie noch mehr demütigen, mit seiner Schlampe tat er das doch schon genug. Dass sie selbst seit drei Jahren eine Affäre mit seinem besten Freund aus Kindheitstagen hatte, vergaß sie komplett.

Dann leise Schritte auf der Treppe, er kam hoch, in das obere Stockwerk.

Sie erkannte seine Schritte nach vielen Jahren Ehe und fragte sich, wann sie das letzte Mal Freude empfunden hatte, sein Heimkommen zu hören?

Sie erinnerte sich nicht mehr, es war lange her.

Er ging durch in das gemeinsame Schlafzimmer,

was wollte er dort?

Mist, schoss es ihr durch den Kopf, sie hatte mit dem Idioten im Ehebett gefickt, nicht gelüftet. Es stank wie in einem Pumakäfig in dem Zimmer.

Sie ärgerte sich, dass sie vergessen hatte die Fenster zu öffnen, bevor sie sich das Bad eingelassen hatte. Die Betten waren zerwühlt und fleckig, fieberhaft dachte sie nach. Würde er es bemerken? Würde er Schlüsse ziehen, der Geruch, das unordentliche Bett, alles schrie nach Sex in dem Raum …

Oder war er wie immer in seine Gedanken vertieft?

Sie hoffte es, er war in letzter Zeit unaufmerksam und hatte viele Dinge nicht registriert, vielleicht interessierte es ihn auch nicht mehr. Gut gelaunt rief sie aus dem Badezimmer, dass sein Freund gerade hier gewesen wäre. Er habe ihn um fünf Minuten verpasst. Fragte mit süßlicher Stimme, ob er zum Essen bliebe? Es wäre doch schön, wieder mal gemeinsam zu essen. Sie gratulierte sich insgeheim zu ihrer Kreativität, die sie in Krisensituationen nutzen konnte. Vielleicht hatte er eventueller Weise noch den BMW, von seinem Freund gesehen. So ging sie auf Nummer sicher. Er antwortete ihr nicht, wie immer, dachte sie genervt. Noch nicht einmal eine Antwort auf ihre Fragen hatte er für sie übrig. Wahrscheinlich verabscheute er sie genauso wie sie ihn. Von der einstigen Liebe war nur noch Abscheu geblieben. Irgendwie traurig, dachte sie für sich. Aber er hatte es so gewollt, nicht sie. In der festen Überzeugung lebend, dass sie keine Schuld träfe an der ganzen Situation und der gescheiterten Ehe. Selbstreflektion war noch nie eine ihrer Stärken gewesen.

„Ich ziehe ins Hotel!“, hörte sie ihren Mann von der Treppe aus sagen.

Drei Minuten später fiel die Haustür ins Schloss.

Arschloch, dachte sie bei sich, du verdammtes Arschloch, ich hasse dich …

Das ist dein Dank an mich, das ist alles was du noch für mich übrighast.

Tränen stiegen ihr in die Augen, aber sie schluckte sie weg.

Den Hass zu nähren war besser, heulen brachte sie nicht weiter.

All die guten Jahre die ich dir geopfert habe, du betrügst mich und ich soll jetzt den Kürzeren ziehen?

Das könnte dir so passen, nicht mit mir, du wirst mich noch kennen lernen.

Sie verspürte noch mehr Hass in sich, so viel Abscheu, dem Mann gegenüber mit dem sie viele Jahre verbracht hatte, ja sich für seine Karriere aufgeopfert hatte. Dafür wollte sie ihren Anteil haben, das stand ihr einfach zu …

Es waren verhängnisvolle Gefühle, die sich in ihrem Körper ausbreiteten und ihren Geist langsam vergifteten. Die Wut, die sie blind machte, für alles Schöne was einst zwischen ihnen gewesen war. Sie bemerkte nicht, wie tief sich der Hass schon in ihre Seele eingeätzt hatte …

Rache, war ihr einziger Gedanke und die stärkste Gefühlsregung im Moment.

Und die Freude, Freude darüber, dass er bald aus ihrem Leben verschwand.

Für immer und ewig …

Kapitel 2

Wer Hass sät, wird Sturm ernten …

So viele Jahre waren sie wie Brüder gewesen, jetzt nannten sie sich beste Freunde. Alles hatten sie gemeinsam gemacht, unzertrennlich waren sie gewesen, über einen langen Zeitraum. Der einzige Mensch, der immer zu ihm gestanden hatte, war sein Freund gewesen. In guten und in schlechten Zeiten waren sie füreinander da gewesen. Hatten gelacht, gekämpft und gestritten miteinander. Solche Freundschaften gab es nicht oft im Leben. Immer wieder hatten sie sich gefangen, zusammengerauft und vertragen.

Wann hatte er angefangen ihn so zu hassen und zu verabscheuen?

Vor drei Jahren fing es an, eine Zeit, an die er nicht gerne zurückdachte.

Das war der Anfang seines Untergangs gewesen, ab da hatten sich immer mehr Probleme vor ihm selbst aufgetürmt. Er wollte sich nicht eingestehen, dass er für all seine Schwierigkeiten selbst verantwortlich war.

Er war in finanzielle Not geraten und sein Freund hatte ihm aus der Patsche geholfen, viel Geld war geflossen. Geld was er dringend benötigte.

Einen stundenlangen Vortrag hatte er sich anhören müssen, wie er mit der Summe umzugehen habe. Er sollte nicht wieder abrutschen und weiteres Kapital benötigen, was er sich dann leihen müsste. Blablablabla …

Läppische 250.000 Euro, das waren doch Peanuts für seinen Freund, die nahm er aus der Portokasse, dieses Geld tat der solventen Firma des Angebers doch nicht weh. Er hatte es doch gar nicht nötig sich über so eine Summe aufzuregen. Da kaufte der blöde Spinner sich mal eben ein Auto für, ohne mit der Wimper zu zucken. Zum allerersten Mal flammte das Gefühl von Neid in ihm auf, Neid auf seinen allerbesten Freund, der immer zu ihm gestanden hatte.

In all den Jahren ihrer Freundschaft so manche finanzielle Panne für ihn ausgebügelt hatte.

Er selbst hätte nicht so ein Theater veranstaltet, wenn es umgekehrt gewesen wäre, so ein Palaver war reine Zeitverschwendung.

Von ihm hätte er das Geld ohne große Diskussionen bekommen, er hatte sich innerlich darüber aufgeregt und war wütend geworden.

Aber er brauchte die Summe, wenn nicht alles den Bach runtergehen sollte.

Dann und wann musste er sich weitere kleine Summen leihen, weil er nicht mehr zurechtgekommen war, nicht mehr weiterwusste.

Mittlerweile schuldete er ihm 650.000 Euro. Über ein halbe Million …

Das Geld konnte er nie mehr zurückzahlen, die Summe war einfach zu hoch.

Er hatte sich mal wieder völlig übernommen und verspekuliert. Es war nicht das erste Mal in seiner Karriere, immer verließ er sich auf die Hilfe seines Jugendfreundes und bemerkte nicht, dass er den Bogen mittlerweile total überspannt hatte.

Aber da machte er sich keine Gedanken mehr drüber.

Seit er regelmäßig die Frau seines besten Freundes fickte, wusste er, dass sie, das Thema aus der Welt schaffen würde. Sie würde das erledigen, für ihn.

Sie hatte sich ihm anvertraut, bei einem feuchtfröhlichen Geburtstag.

Da erzählte sie ihm alles, dass sie ihren Mann nicht mehr liebte und fürchtete, dass ihre Ehe bald am Ende war. Er hatte seine Chance gesehen. Ihr gestanden, dass er sie schon lange begehre, sie eine fantastische, schöne Frau sei.

Es war ihm nicht einfach gefallen, hatte einiges an Überwindung gekostet.

Sie war klug und mit allen Wassern gewaschen, an diesem Abend hatte er eine Schwachstelle gefunden und gnadenlos ausgenutzt.

Ein schlechtes Gewissen seinem besten Freund gegenüber, fühlte er nicht.

Nein, im Gegenteil, er war befriedigt, konnte ihm die Diskussion um das geliehene Geld heimzahlen, indem er seine Frau vögelte.

Innerlich hatte er sich gekrümmt vor Lachen und Schadenfreude.

Berechnend und schlau war sie, hatte für alles einen Plan zur Hand.

Eigentlich mochte er sie gar nicht, er hatte sie nie gemocht, aber man musste im Leben Abstriche machen, wenn sich eine Gelegenheit wie diese bot.

Er war nicht einverstanden gewesen mit der Wahl seines Freundes damals, er hätte was Jüngeres und Hübscheres bekommen können.

Aber sie hatten sich immer gegenseitig unterstützt und bei sich dachte er, sein Freund wäre alt genug, um selbst zu entscheiden. Immer hatten sie akzeptiert was der andere entschieden hatte. Das war für ihn klar gewesen. Er musste sie ja nicht heiraten. Innerlich schüttelte er sich, bei dieser Vorstellung. Aber wenn er Geld wollte, musste er sich mit diesem Gedanken anfreunden, auch wenn es ihm nicht schmeckte. Sie war schon optisch nicht sein Typ, zu füllig für ihn, zu viel in der Bluse. Er selbst mochte sie jung, knochig und kindlich. Je jünger umso besser.

Diese Vorliebe für dicke Titten hatte er nie mit seinem Freund geteilt.

Aber es war ihm egal gewesen, er würde ihr das Gefühl geben, dass er sie begehrte, wenn es sein musste, würde er ihr auch Liebe vorheucheln.

Dabei mochte er weder ihren Körper noch das, was sie sagte oder wie sie handelte. Eingebildet und hochgestochen war sie, wenn sie redete. Hatte für alles einen Kommentar übrig, furchtbar wenn die Weiber sich überall einmischten, fand er.

Aber sie gab ihm selbst das Gefühl, dass er ein starker Mann war, und sein Freund, ihr Ehemann, ein Waschlappen.

Das tat seinem angekratzten Ego gut …

Im Enddefekt würde es ihnen beiden zugutekommen, das wusste er.

Als er sie das erste Mal in dem Pool Haus durchvögelte, musste er die Augen schließen, und sich eine von seinen zahlreichen jungen Affären vorstellen. Er hatte Probleme gehabt einen Ständer zu bekommen, da er sie nicht mochte und auch ihren Körper nicht geil fand. Höchste Konzentration war nötig, um den Steifen auch zu behalten, erst als sie laut wurde hatte es richtig funktioniert.

Sie hatte nichts bemerkt und gestöhnt, als wenn sie in den letzten zwanzig Jahren keinen Schwanz mehr gehabt hätte.

Er hatte schon befürchtet, dass andere Partygäste auf ihr Geschrei aufmerksam wurden, und hatte ihr den Mund zugehalten. Das geilte ihn auf, er mochte diese brutalen Spielchen.

Würgen beim Ficken war immer seins gewesen, aber er konnte sie nicht gleich am ersten Abend damit konfrontieren. Wenn sie zappelten und nach Luft schnappten, törnte ihn das dermaßen an, dass er innerhalb von Sekunden spritzen musste. Er lächelte in sich hinein, mittlerweile würgte er sie jedes Mal beim Ficken, sie schien es zu mögen. An dem Abend begnügte er sich damit sie nur hart von hinten zu nehmen und ihr den Mund leicht mit der Hand zu verschließen. Sie schien daran Gefallen gefunden zu haben.

Das war ihm nur recht gewesen, so war er schnell zum Ende gekommen, sie auch, da ging er von aus. Bis jetzt hatte sich noch keine Frau beschwert, sein Schwanz war groß und er hielt sich für einen begnadeten Frauenbeglücker. Das war etwas, da konnte sich sein Freund nicht mit ihm messen. Die Natur, hatte es an der Stelle mit ihm selbst überdurchschnittlich gut gemeint, das befriedigte ihn jeden Tag aufs Neue. Mittlerweile hatte er sich an ihren Körper gewöhnt und zog sie sogar ab und an mal aus, wenn sie es taten. Abgestumpft, nannte er es insgeheim. Aber sie mochte seine brutalen Spielchen, dachte er jedenfalls.

Sie war zum Glück leicht zu befriedigen und schien keine Ansprüche zu haben.

Manchmal dachte er bei sich, sein Freund müsste ein Stümper im Bett sein, dass seine Ehefrau, so gar keine Ansprüche beim Ficken hatte.

Wie waren die beiden an zwei Kinder gekommen?

Na ja, ging ihn nichts an, nicht seine Baustelle.

Erleichterte ihm seine Rolle in der ganzen Angelegenheit immens.

Immer wieder hatte sie ihm erzählt, wie sehr sein Freund über ihn lästerte, dass er nicht mit Geld umgehen könne, kein guter Geschäftsmann wäre und ein richtiger Dummkopf. Unfähig und ständig unüberlegt handelnd.

Ein guter Ehemann wäre er auch nicht, und habe es ja auch zu nichts im Leben gebracht. Ohne ihn, seinen Besten Freund, würde er gar nicht klarkommen.

Wieder und wieder hatte er sich von ihr anhören müssen, wie erbarmungswürdig er doch wäre. Ohne das Geld seines Freundes würde er längst in der Gosse sitzen. Das sagte ihr Mann angeblich täglich über ihn selbst, seinen besten Freund aus der Jugendzeit. Danach, wenn sie es trieben, ließ er manchmal seine Wut an ihrem Körper aus, was sie aber nicht zu stören schien. Anscheinend stand sie darauf. Tag für Tag hörte er sich von ihr an, wie schlecht sein angeblicher Freund über ihn sprach. Langsam baute sich aus der Enttäuschung Wut auf, irgendwann schlug die Wut in Hass um. Er wollte es ihm heimzahlen, und ihr auch, sie hetzte ihn auf wo es nur ging. Manchmal war es ihm zuwider, sich immer das Gleiche anhören zu müssen.

Und erst der Neid, den er verspürte, er wurde immer eifersüchtiger auf das was sein Freund geschaffen hatte. Sich im Laufe der Jahre aufbaute, vor seinen Augen, während er selbst von einer Fehlinvestition in die Nächste rutschte, es war zum Verzweifeln. Was er auch anpackte im Geschäftsleben, ging schief.

Sein Freund dagegen, ganz anders.

Was er anfasste wurde zu Geld unter seinen Händen, geschickt und kühl kalkulierend im Geschäftsleben aber auch im privaten Bereich. Während er selbst immer wieder mal über die Stränge schlug und sich eine Affäre gönnte, hörte er bei seinem Freund nichts Derartiges.

Vor gut zwei Jahren hatte er ihm das erste Mal erzählt, dass er eine ehemalige Freundin aus der Jugendzeit wieder getroffen habe. Sie bedeute ihm viel, hatte er gesagt. Er hatte nicht weiter nachgefragt, sollte er doch die Schlampe ficken. Er würde schon dafür sorgen, dass seine Ehefrau nicht zu kurz kommen würde, kicherte er in sich hinein, mit innerlicher Befriedigung.

Ihm war das egal gewesen, sein Freund konnte vögeln mit wem er wollte.

Er hatte gehofft damit habe er Etwas erfahren, das seinen Freund erpressbar machte. Vielleicht konnte er dieses kleine Detail irgendwann mal gegen ihn verwenden, wer wusste das schon. Brühwarm hatte er es seiner Frau berichtet, gehofft, dass er ihr damit etwas von den Demütigungen heimzahlen könnte.

Aber sie hatte kalt reagiert. Leider ... Doch mit dem Verhältnis ihres Mannes war in ihr der Plan gereift, sich von ihrem Mann zu befreien, er forcierte das gerne. Wenn er tot wäre, hatte er selbst freie Bahn. Er konnte sich scheiden lassen und würde den Witwentröster spielen. Wenn ein bisschen Zeit vergangen war, würde er sie heiraten. Genug Geld für sie beide war da, irgendwann konnte er sie auch Los werden. Darüber würde er erst nachdenken, wenn der Zeitpunkt gekommen war. Manche Dinge musste man auf sich zukommen lassen, vieles erledigte sich von selbst. Die Zeit würde für ihn arbeiten, da war er sich gewiss. Er hatte noch nicht einmal ein Gefühl der Reue in sich, hasste er doch seinen ehemals besten Freund mittlerweile abgrundtief. Ein für alle Male würde er ihn nicht mehr um sich haben, würde sich nicht mehr messen müssen oder sich erniedrigt fühlen. Dann konnte er sich mit dem Vermächtnis ein schönes Leben gestalten. Die Frau, die er dazu bekam, würde er schon ertragen. Man kann sie sich schön saufen oder den Chirurgen mal ranlassen.

Da geht bestimmt noch was, dachte er mit einem schäbigen Grinsen.

Er konnte sie nach seinen Vorstellungen formen lassen, das würde ihm gefallen.

Ihr Plan war gut gewesen, er hatte nur leider nicht funktioniert.

Das dumme Luder von ihm hatte keinen Single Malt getrunken, also hatte er, als er leise zurückgekommen war, eine Situation vorgefunden, mit der er nicht gerechnet hatte. Sein Freund hatte wie tot im Bett gewirkt, die Frau in Fesseln neben sich. Diese kleinen Spielchen kannte er von seinem Freund, hatten sie sich doch schon das ein oder andere Mal darüber unterhalten.

Sein Schwanz war sofort hart geworden, als er die Situation erfasst hatte.

Davon hatte er schon immer geträumt, keine gestellte Vergewaltigung, wie er es manchmal mit seinen Gespielinnen auslebte. Nein, das hier war was anderes, sie war ihm fremd gewesen und er war schon lange durch nichts mehr so aufgegeilt worden. Er bekam schon einen Steifen, wenn er nur daran zurückdachte. Über das danach hatte er sich keine Gedanken gemacht.

Er selbst konnte sich ein dreckiges Lachen nicht verkneifen und hatte die Situation zu seinen Gunsten genutzt, die Kleine mal so richtig durchgefickt.

Es hatte ihm Spaß gemacht das wehrlose Stück Fleisch, in seinen Augen, so richtig hart ranzunehmen. Sie hatte sich richtig gewehrt, er hatte die nackte Panik in ihren Augen gesehen, hatte Blut gesehen und gerochen. Seine Gewaltfantasien waren richtig angefacht worden. So geil war er noch nie gewesen, er hatte es ausgekostet der Kleinen mal zu zeigen, wie man richtig fickte. Ihre Angst hatte die Lust in ihm geweckt immer brutaler zu agieren, er hatte sie gebissen und ihr Blut geschmeckt, er hatte sich lebendig und stark gefühlt. Der Schwächling hatte wie tot danebengelegen.

Als er mit ihr fertig war, wollte er die Benzinkanister aus dem Auto holen, aber er hatte Skrupel gefühlt. Er hatte der kleinen Nutte gesagt, er und sein Freund teilten alles, auch die Frauen. Sollte die dumme Schlampe doch glauben, dass sein bester Freund es ihm erlaubt hatte. Erst da war im klar geworden, dass sie ihn verraten konnte. Aber sie beide zu verbrennen, dazu fehlte ihm der Mut.

Wenn sie alle beide betäubt gewesen wären, hätte er kein Problem gehabt.

Aber jemand bei vollem Bewusstsein verbrennen zu lassen, das war schon eine andere Nummer. Das könnte sie dann bitte selbst erledigen, nicht mit ihm.

Er hatte der blöden Kuh einfach erzählt, sie hätten beide zu wenig Single-Malt getrunken, so dass er gar nichts machen konnte. Von seinem kleinen Extra-Vergnügen musste sie ja nichts wissen.

Da konnte er noch von zehren, wenn er bei ihr mal wieder

keinen hoch bekam.

Es hatte sie nicht zu interessieren, er würde sich doch hier nicht nur für die Drecksarbeit einspannen lassen. Sie hätte sich genauso die Finger schmutzig machen können. Alles war ungewiss, er wusste jetzt nicht, wie es weiter gehen sollte. Erregt hatte er sie angeschrien, wo er denn jetzt hinsolle.

Nach alldem, wollte er seinem Freund jetzt ungern begegnen, sich irgendwelchen Fragen aussetzten, die er nicht beantworten konnte.

Dass er ihn suchte, hatte er an den zahllosen Nachrichten auf seiner Mobilbox bemerkt. Als er ihn zurückrief und von ihrem Unfall hörte, freute er sich insgeheim. Jetzt war er sicher, sollte sie doch abkratzen, was kümmerte ihn das.

Hauptsache sie würde ihr dummes Schandmaul halten, nichts über den geilsten Fick seines Lebens ausplaudern. Also würde er sich in das alte Familienanwesen seines Freundes verkriechen und abwarten. Darauf warten, dass er ihn irgendwann hier fand. Hier konnte er in Ruhe nachdenken und einen Plan in seinem irrsinnigen Gehirn aushecken. Er war sich sicher, dass er ihn hier suchen und finden würde. Beide hatten ihre Jugend hier gemeinsam verbracht, zwei normale Jungen, wovon aber schon immer einer der charakterlich Stärkere gewesen war. Sein Freund hatte schon früher immer den Ton angegeben, war immer der Geschicktere und Klügere gewesen. Alles hatte er ein wenig früher und besser hinbekommen, erinnerte er sich wütend.

Fahrrad fahren, Skateboarden, ja selbst den Führerschein hatte er eher gehabt.

Immer der Letzte zu sein hatte ihm selbst schon gestunken, aber irgendwie hatte sein Freund es immer wieder geschafft, die Woge der Wut zwischen ihnen zu glätten. Viele Jahre hatte es immer wieder Streitigkeiten gegeben, aber sie hatten sich doch wieder zusammengerauft.

35 Jahre später, jetzt und hier, allein mit sich, seinen Gedanken in dem alten Anwesen, spürte er so viel Hass auf seinen ehemaligen Freund.

Er hätte ihn viel früher schon kalt machen sollen, er hatte sich seinen Erfolg genommen, war immer drei Schritte schneller gewesen, nun reich, anerkannt und hochnäsig. Hatte ihn mit durchgezogen, immer wieder, fast sein ganzes Leben lang, es war demütigend gewesen. Die Arroganz würde er ihm schon aus seiner dämlichen Visage schlagen, eins wusste er genau: Sein Freund konnte jederzeit hier auftauchen …

Es würde zum Kampf kommen, dessen war er sicher und mehr als alles andere auf der Welt wollte er gewinnen.

Vorbereitungen zu treffen war kein Problem, ein Schnappmesser schnell gekauft und dann noch ein Indiz im Hause seines Freundes mitgehen lassen.

Falls alles aus dem Ruder laufen sollte, hatte er die Jacke mitgenommen. Das würde seine Frau mit ihm als Täter verbinden. Sein Freund sollte sehen, dass sie hier gewesen war, gemeinsame Sache mit ihm gemacht hatte.

Es war ihre Jacke, unverkennbar, mit einem langen Riss im Ärmel.

Er wollte, dass sein Freund wusste, dass sie auch Dreck am Stecken hatte. Die Tatsache, würde ihm den Boden unter den Füssen zusätzlich wegziehen.

Seine scheißgeheiligte Familie, die er für ach so besonders hielt.

Immer loyal und pflichtbewusst, das hatte er schon immer an ihm verabscheut.

Scheinheiliges Getue, wie er selbst fand. Die Alte von ihm, hatte doch erst die Idee auf den Tisch gebracht einen Schlussstrich zu ziehen, ihn kalt zu machen.

So viel zu seiner so großartigen Familie.

Den Tod hatte er da noch gar nicht als Strafe für seinen einzigen, engen Verbündeten ins Auge gefasst. Die Idee dazu war nicht von ihm gekommen.

Er hätte sich zufrieden gegeben ihn zu ruinieren, wirtschaftlich und seelisch.

Aber wie hätte er das anstellen können? Da war ihm ihr Plan plausibler erschienen, schneller und einfacher in die Tat umzusetzen.

Aber nun war die Situation noch besser geworden, er konnte richtig Dampf ab lassen bei einem Kampf. Er selbst war körperlich wesentlich fitter und auch besser trainiert, das war für ihn keine Frage und er würde ihn abstechen.

Einfach so, die Benzinkanister hatte er noch im Auto, dann konnte er hier das ganze abfackeln, lichterloh würde es brennen. Es wäre einfach, und keine Beweise würden zurückbleiben. Und noch ein Vorteil hatte sein Plan: Er konnte das Schwein langsam abschlachten und ein bisschen Spaß haben …

Hier draußen, am Stadtrand würde keiner sein Schreien hören, wenn er ihn langsam sterben lassen würde …

Es war kalt und stürmisch diese Nacht, hoffentlich würde er bald kommen.

Noch eine Nacht weiter würde er es in diesem Gemäuer

nicht aushalten.

Er war schon kurz davor durchzudrehen, wollte nur noch weg von hier.

Alles starrte vor Dreck, er selbst auch, es fing schon an zu jucken überall.

Am Bahnhof hatte er sich ein bisschen Koks besorgt, das hatte ihn gewärmt und aufgeheitert, seine Laune hatte sich schlagartig gebessert. Bedenkenlos hatte er sich zwei Lines gezogen und war sich sicher, dass ihn das stärker und schneller machen würde, er würde kämpfen wie ein Sieger.

Das Messer in der Tasche gab ihm Sicherheit und er stand wirr vor sich hin murmelnd am Kamin, die Zeit zog sich endlos lang dahin. Er war schon immer mehr auf der Spur ins Verderben, in die kranken Gefühle in seinem Kopf.

Dann plötzlich spürte er, dass noch jemand hier war, er konnte die Wut im Raum förmlich fühlen. Zorn und eiskalte Wut.

Seine Nackenhaare stellten sich auf, ein kalter Schauer lief durch seinen vom Kokain sensibilisierten Körper, er schüttelte sich.

Schweiß stand ihm auf der Stirn und er fühlte einen kurzen Anflug der Unsicherheit. Hatte er seinen Freund unterschätzt? War er zu siegessicher?

Als er sich umdrehte, sah er seinen einstigen Gefährten wie einen Rächer im verfallenen Türrahmen stehen, eindrucksvoll, groß und breit.

Dunkel, fast schwarz sah er aus, bis auf sein Gesicht, welches von dem Flackerschein im Kamin erhellt wurde. Es wirkte gespenstisch in dem dunklen Raum, diese fast schwarze Gestalt, mit hellem Gesicht und dem Zorn eines

Racheengels in den Zügen. Drehte er jetzt völlig durch, dass er Angst vor seinem einstigen Gefährten bekam?

Es sah aus, als wenn Blitze in seinen Augen wären.

Er bildete sich ein, schwarze Flügel an den Schultern zu sehen, das musste das Kokain in seinem Körper sein, das ihm vorgaukelte, er wäre ein geflügelter Rächer. Nun überfiel ihn eine innere Unruhe, der Kampf war nah.

Noch nie, seit er ihn kannte hatte er so viel Wut und Zorn in den Augen gesehen, die er schon seit Kindheit in Erinnerung hatte.

Wie ein kalter Gletscher, leuchteten ihn die Augen aus dem Dunkel an.

Es durchzuckte ihn in dem Moment mit völliger Klarheit, trotz des Kokain-Nebels in seinem Gehirn: Den Kampf würde er verlieren, mit so viel Aggression hatte er nicht gerechnet. Diese wutverzerrten Züge kannte er nicht, bei dem sonst so beherrschten Auftreten seines Freundes.

Er selbst musste ihn bis zur Weißglut reizen, dann würde es schnell gehen.

Schmerzen würde er durch das Kokain nicht spüren, jetzt wusste er, diesen Kampf konnte er nicht gewinnen. Aber sein ehemaliger Freund würde auch einiges abbekommen, das versprach er sich selbst. Er wollte ihm wenigstens die Arroganz und Selbstsicherheit aus der Fresse schlagen.

Auch wenn es das letzte war, was er schaffen würde …

„Na, hast du endlich geschnallt was hier läuft, ich dachte mir, dass du mich hier suchen wirst!“ Sein Freund positionierte sich in Kampfstellung und ballte die Hände zu Fäusten. Er selbst ging in Lauerstellung, wie eine Raubkatze.

Sie schätzten einander ab, beobachteten den jeweiligen Gegner genau. Die Miene seines Freundes war starr, nur ein Muskel am Auge zuckte, das Gesicht war eiskalt.

Ein Aufschrei, dann spürte er den ersten Schlag im Gesicht, der die Haut aufplatzen ließ, warm fühlte er sein Blut über die Haut laufen.

Er lachte laut. „Ist das alles was du Drauf hast? Komm schlag zu, denk an deine Schlampe, wie ich sie gefickt habe. Da hatte sie endlich mal n richtigen Schwanz!“ Wieder ein lautes Lachen. Kampflos würde er nicht aufgeben. ...

Spuckte sein Blut aus, maß den Abstand zu seinem Gegner und stürzte sich brüllend auf seinen Angreifer. An seine Raserei und den Stich, den er mit dem Messer ausgeführt hatte, erinnerte er sich hinterher nicht mehr.

Seine Augen waren von den Schlägen zugeschwollen gewesen und als seine Rippen brachen, hatte er so viel Adrenalin im Blut, dass er fast schmerzlos war. Bis auf das Krachen im Brustkorb spürte er nichts, fühlte nur sein warmes Blut im Gesicht. Es kam ihm nicht in den Sinn sich zu ergeben. Aufgeben war keine Option, als sein Kiefer brach und sechs Zähne mitsamt einem Schwall seines Blutes sich im Raum verteilten ging er zu Boden.

Den Tritt gegen seinen Kopf spürte er nicht mehr ...

Er war bewusstlos geworden ...

Als er im Krankenhaus erwachte, war er völlig desorientiert. Knapp war er dem Tod entronnen und wunderte sich, dass niemand an seinem Bett saß. Sein ganzer Körper schmerzte und er spürte seinen Kiefer nicht mehr, alles war starr im Mundbereich. Er konnte weder sprechen noch seinen Mund öffnen. Gott sei Dank, es war vorbei und er lag in einem sauberen Bett.

Nicht nachdenken, einfach nur schlafen …

Das Leben als Paar …

Als beide am nächsten Morgen erwachten, war das Gesicht des jeweils anderen, das Erste, was sie sahen. Er fühlte sich so glücklich wie schon lange nicht mehr, endlich frei von all dem Druck, blickte in ihr Gesicht und küsste ihre Stirn. Ihr Atem ging gleichmäßig, sie schlief tief und fest. Sie rollte sich im Bett zusammen und er stand leise auf.

Der Sturm draußen war abgeklungen, die Sonne schien hell und der Himmel war klar.

Nichts erinnerte mehr an das Unwetter der vergangenen Nacht.

Seine Wunde in der Seite pochte und er ging heiß duschen, kochte anschließend Kaffee und spazierte mit der Tasse in der Hand in den Garten.

Er trug nur eine Jeans und ging barfuß über die Wiese. Es war eiskalt, aber irgendwie spürte er so alle Lebensgeister in sich.

Die Sonne auf seinem nackten Oberkörper und in seinem Gesicht, das Gras unter den Füßen zu fühlen, das alles ließ die gestrige Nacht so seltsam unwirklich erscheinen. Er versuchte sich die Ereignisse in allen Einzelheiten in sein Gedächtnis zu rufen.

Was war passiert?

Er musste erst mal all seine Gedanken sortieren, überlegen wie es weiter gehen sollte, wie ihrer beider Leben aussehen solle, nach diesen ganzen ekelhaften Vorfällen.

Was wollte sie, was wollte er?

Sein Zuhause war nicht mehr seine Heimat, es war nur noch das Haus, in dem seine Söhne aufgewachsen waren. Nicht mehr und nicht weniger.

Er würde es bei der Scheidung seiner Frau überlassen, sie konnte es verkaufen oder behalten. Es war letzten Endes egal, was sie damit vorhatte.

Er wusste auch noch nicht in welchem Ausmaß sie in der ganzen Geschichte ihre Fäden gezogen hatte. Sie war ein kluger Kopf und er konnte sich beileibe nicht vorstellen, dass alles in dem Hirn seines ehemaligen Freundes gereift war.

Sie hatten sich zusammengetan, aber was hatten sie vorgehabt?

Was hatten sie beide in ihren Köpfen geplant, warum war ihrer beider Hass so groß auf ihn?

Hatten sie sich gegenseitig aufgewiegelt und angestachelt?

Er würde es ergründen müssen, eher konnte er nicht ruhig schlafen.

Als er sich zum Haus umdrehte kam ihm der Gedanke, dass er sich hier eigentlich heimisch fühlte. Ein schönes Fleckchen Erde, das hatte er schon gedacht, als er es beim ersten Mal erblickt hatte. Man konnte so einiges in dem kleinen Häuschen umgestalten, dann wäre es perfekt. Perfekt für sie beide.

Hier konnte er sich vorstellen, es eine Weile auszuhalten. Wenn er ihr seine Idee schmackhaft gemacht hatte, würde er dem Besitzer, nach einer Schätzung, ein Angebot machen.

Eins, dass der nicht ausschlagen konnte …

In seine Überlegungen bezog er mit ein, dass sie beruflich von vorne anfangen müsste, er wusste nicht, ob sie das wollte. Eine finanzielle Abhängigkeit von ihm, würde für sie auf keinen Fall in Frage kommen, das wusste er.

Das respektierte und bewunderte er an ihr. Die Eigenständigkeit hatte oberste Priorität für sie, Neid und Missgunst waren ihr fremd. Sie war mit dem glücklich was sie sich erarbeitet hatte, gönnte anderen ihr Geld.

Aber einen Versuch wäre es wert, da er unabhängig war.

Seine Geschäfte könnte er auch von hier aus, im Home Office, führen.

Das Leben musste sich jetzt endlich normalisieren, damit sie beide mit den Geschehnissen abschließen konnten. Er mochte gar nicht an die Gerichtsverhandlung denken, die auf sie zukommen würde. Alles noch einmal durchleben, diesen ganzen Alptraum an Wut und Zorn, Neid und Rachsucht. Er schüttelte sich, die Wunde in der Seite hatte wieder leicht angefangen zu bluten. Wie war es so weit gekommen?

Wie waren die Aggressionen seines Freundes ihm so lange unbemerkt geblieben?

Das alles würde nicht einfach werden, aber er war überzeugt, dass sie beide gemeinsam alle Hindernisse zusammen überwinden konnten.

Er wusste zu dem Zeitpunkt noch nicht, wie hoch die Hindernisse sein würden, die sich vor ihnen beiden, noch auftun sollten …

Ein neuer Wagen, da mussten sie auch gemeinsam überlegen, was für sie in Frage kommen würde, sie musste mobil sein. Gerade hier!

Er liebte seinen 911er über alles, er würde ihr einen Weißen kaufen.

Aber so viel Leistung wie er, bräuchte sie nicht. Das

kleinste Modell würde reichen, 385 PS waren schon viel zu viel für sie. Am liebsten würde er sie überall hinfahren, dann müsste er sich nicht ständig Gedanken machen, wo sie steckte und ob alles in Ordnung wäre. Aber das würde sie sich nicht gefallen lassen. Bei dem Gedanken musste er schmunzeln, dann hörte er ihren Schrei.

Panisch … Angstvoll … Markerschütternd …

Die Kaffeetasse fiel zu Boden und er rannte ins Haus, die Stufen zum Schlafzimmer hoch, nahm er mit vier großen Schritten.

Das Bett war völlig zerwühlt, sie schlief noch immer, die Augen fest geschlossen. Die hellen Locken klebten verschwitzt auf ihrer Stirn, sie rief immer wieder ein Wort: „Nein …“

Er setzte sich auf das Bett und zog sie auf seinen Schoss, schloss fest die Arme um ihren vom Schlaf aufgeheizten Körper und drückte sie an sich.

Wiegte sie in seinem Armen und flüsterte immer wieder: „Alles ist gut, ich bin hier!“ Sie zitterte am ganzen Körper und klammerte sich an ihn.

Was hatte dieses Schwein ihr nur angetan?

Wieder kam ihm der Kampf in den Sinn, das Blut was geflossen war.

Er hatte seine Beherrschung komplett verloren, hatte seinen einstigen Freund töten wollen. Im letzten Moment erst hatte er sich besonnen, sich zusammengerissen, er war erschrocken über seine eigene Mordlust gewesen.

Jetzt lag sie hier und Träume quälten sie, die er ihr nicht nehmen konnte. Die er selbst in ihrer beider Leben gebracht hatte.

Was hatte er ihr nur angetan, indem er dieses Tier in ihr

Leben gelassen hatte? Das würde er sich niemals verzeihen.

In seinen Armen wurde sie wach und er sah ihr an, dass sie orientierungslos war.

Seine Umarmung wurde fester und er fühlte sich hilflos, ihre Gefühle und Alpträume konnte er ihr nicht abnehmen. Auch wenn er es gerne getan hätte.

Dieser ganze Kummer würde sie beide noch lange beschäftigen, ein Trauma in diesem Ausmaß brauchte Zeit, um verarbeitet zu werden.

Das hatte ihm der Arzt schon bei ihrer Entlassung mit auf den Weg gegeben.

Dass sie immer wieder mit diesen Ereignissen konfrontiert werden würden, auch das hatte der Arzt ihm mitgeteilt.

Und das schlimmste war, es war noch lange nicht vorbei!

Aber das ahnten sie beide zu diesem Zeitpunkt noch nicht!

Kapitel 3

Leben danach …

Sie hatte tief und fest geschlafen, hatte nach dem Aufwachen in seine stahlblauen Augen geblickt und war glücklich. Danach, am Morgen war sie nochmal eingeschlafen, das Schlafdefizit der letzten Tage machte sich bemerkbar, irgendwann forderte der Körper was er benötigte.

Im Traum war sie wieder in dem Landhaus, sein ehemaliger Freund auf ihr.

Der Schmerz, das Blut, alles fühlte sich real an, sein Atem, seine Stimme waren ihr ganz nah. Die Qual, die Hilflosigkeit war spürbar gewesen. Ein Traum der immer und immer wiederkehrte. „Wir teilen alles, auch die Frauen!“ Sie sah das schmierige Grinsen, hörte das hämische Lachen. Dann war sie wach geworden. Verwirrt, panisch und angstvoll.

Der Mann, den sie liebte, hatte sie in den Armen gehalten als sie die Augen geöffnet hatte und es war ein gutes Gefühl gewesen, hatte ihre Angst abgeschwächt. In diesem Moment fühlte sie sich beschützt und geliebt.

Irgendwie kam ihr das ganze Leben wie ein Traum vor, mal gut mal schlecht.

Seitdem sie die Klinik verlassen hatte, war es ein Wechselbad der Gefühle.

Hin und hergerissen zwischen Gut und Böse, schön und schlecht, verliebt und gequält. Manchmal wusste sie gar nicht mehr was sie denken oder fühlen sollte.

Wenn er bei ihr war, ging es ihr gut, ohne ihn war ihr Leben unvollkommen.

Aber sie konnte schlecht jede Minute ihres Lebens

auf seinem Schoß sitzen.

Jetzt gerade hatte er wieder diesen strengen Blick und versuchte ihr in die Augen zu sehen, er kehrte gerne seine autoritäre Seite heraus.

Prüfend schaute er in ihr Gesicht, sie wollte jetzt nicht überall das reden, was sie bedrückte. Es brachte im Moment rein gar nichts, sie fühlte sich nicht bereit schon über das Grauen zu sprechen, oder all die Empfindungen, die sie bedrückten. Sie wich seinem Blick aus und stand auf, nach einer heißen Dusche würde es ihr bestimmt besser gehen. Diese Alpträume, ließen sie einfach nicht los …

Immer wieder erlebte sie im Traum Bruchstücke, dieser schrecklichen Momente in jener Nacht …

Sie kam aus dem Bad, nur mit einem Handtuch um den Körper gewickelt.

Er saß noch immer auf dem Bett, genauso wie sie das Zimmer verlassen hatte.

Wieder dieser prüfende Blick, sie stellte sich zwischen seine geöffneten Beine,

strich über sein Haar und sanft über den geschwollenen Kiefer.

Seine Hände waren an den Knöcheln noch immer blutverkrustet.

Was musste für eine Wut in ihm getobt haben. ...

Sie würde nicht fragen, wenn es was zu erzählen gäbe, dann konnte sie warten, bis er bereit dazu war. So wie er geduldig wartete und nicht versuchte alles zu hinterfragen. Er löste den Knoten in ihrem Handtuch und es viel zu Boden. Nackt stand sie zwischen seinen Beinen, die Hände auf seinen Schultern abgelegt, das Verlangen nach ihr brannte in seinen Augen, sie konnte es sehen.

Sie fühlte seine Lust, die ihrer in nichts nachstand. Seine Arme zogen sie an sich und er vergrub seinen Kopf zwischen ihren Brüsten, küsste die weiche Haut, seine Hände zogen ihren Unterleib noch weiter an seine Brust. Das Kribbeln in ihrer Mitte wurde ihr wieder bewusst, wie immer, wenn er sie berührte, noch immer schaffte er es, sie mit seinen Händen und seinen Blicken zu erregen. Eins hatte sich nach all den Strapazen nicht geändert, sie verspürte dieselbe Gier auf ihn, wie vor dem Unfall. Trotz der schrecklichen Erlebnisse, die sie verarbeiten musste, differenzierte sie zwischen dem was war und dem Jetzt und Hier …

Ihr Vertrauen in ihn war grenzenlos geworden …

Er war der Eine, er wusste genau wie er sie anfassen musste, um ihre Erregung in Begierde zu verwandeln. Sie schmiegte sich an ihn und stöhnte leise auf.

Nur er konnte auf ihrem Körper spielen, wie auf einem Instrument und die schönsten Klänge hervorzaubern. Sie spürte seine Zunge an ihren Brüsten und seine fordernden Hände auf ihrer Haut.

Im Moment wollte sie nur seinen Mund fühlen und die Erregung in seinen Augen sehen. Ihr Atem ging schneller, sie wollte ihn, genauso wie er sie wollte.

Sie ließ den Kopf in den Nacken fallen und stöhnte lauter, als er begann ihre Brustwarzen mit seiner Zunge zu liebkosen.

Seine Hände griffen fest um ihre Arschbacken und er stöhnte ihren Namen.

Ihr Schoß war feucht und sie spreizte leicht die Schenkel, langsam schob er ihr seinen Mittelfinger in die Nässe und sah ihr in die Augen dabei.

Sie konnte Lust und Liebe in seinem Blick erkennen.

Mit einem Handgriff öffnete er seine Jeans, sie spreizte die Beine und setzte sich auf seinen Schoß. Langsam rutschte sie auf seinen harten Schwanz, der von selbst den Weg in ihre heiße Nässe fand. Er seufzte auf, wartete, bis sie ganz auf ihm saß. Seine Erregung war so heftig, dass sie nur ein paarmal ihr Becken kreisen lassen musste. Er hatte sich zurückgelegt und hielt ihre Brüste umfasst. Spielte mit seinen Fingern an ihren harten Nippeln. Stöhnend schnappte er nach Luft, als sie die Arme über ihren Kopf hob und ihr Becken vor und zurück schob. Rhythmisch bewegte sie ihre Mitte auf seinem Schoss, spürte die Hitze, die von ihm ausging. Fühlte ihre Erregung, die sich mit jeder Bewegung ihrer Hüfte steigerte, er lag still und ließ sie gewähren, genoss das Gefühl in ihr zu sein. Seine Augen waren geschlossen als er leise ihren Namen sagte. „Halt still, sonst ist es vorbei!“

Sie gehorchte und spürte ihn hart und tief in sich.

Presste ihr Becken auf seinen Schoß und spürte ihre Macht über ihn.

Ruckartig hob er den Oberkörper hoch, umfasste fest ihr Becken und brachte sie gemeinsam mit mehreren harten Stößen zum Höhepunkt. Sein Griff um ihre Hüfte war fast schmerzhaft und sie keuchte erschrocken auf, aber das Feuer der Lust ließ alles andere verlöschen. Ihr Unterleib bebte und sie war erschrocken über ihre eigene Heftigkeit, die Erlösung so stark zu empfinden.

Sie schloss die Augen und entspannte sich allmählich in seinen Armen, sein Kuss ließ sie all die Sorgen und Nöte vergessen.

„Ich liebe dich," seufzte er an ihrer Brust.

Beim gemeinsamen Frühstück kam er dann ganz nebenbei auf das Thema, sich noch ein Auto zu kaufen, das sie dann fahren sollte.

Als sie fragend von ihrem Brötchen hochschaute, zuckte er mit den Achseln und erklärte sachlich, die Diskussion sei für ihn beendet.

Als sie den Mund öffnete und ihn ansah, sagte ihr sein Blick, den Mund wieder zu schließen und sich der Entscheidung zu ergeben. Er wollte keine Argumente von ihr hören und tat das durch seinen Blick unumwunden kund.

Nun ja, dachte sie bei sich, darüber reden wir noch einmal.

„Was machen wir mit unserer Wohnsituation?"

Auch diese Frage klang sachlich von seiner Seite. Wieder blickte sie hoch.

Er begann zu reden, er hätte überlegt dieses Haus zu kaufen und etwas umbauen zu lassen, hier und da etwas zu verändern.

Ein Haus an der Küste wäre doch schon immer ein Traum von ihr gewesen, warf er ruhig ein. Ihm würde es hier gut gefallen, sein Ton war ruhig, aber sie merkte, dass er nervös war bei seiner kleinen Ansprache.

Sie könnten ja pendeln, zwischen ihrer Wohnung und diesem Haus hier.

Er hatte schon alles geplant, was sollte sie dazu noch groß sagen?

Tatsächlich war sie überrascht, dass er so schnell reagierte und plante.

Sonst hatte er für alles immer endlos Zeit gebraucht.

Etwas Zeit würde sie wohl brauchen, um sich an sein neues Ich zu gewöhnen. Aber eigentlich war sie dankbar, dass er ihr sämtliche Überlegungen abnahm, im Moment. Da ihre Gefühle sich drehten, als wenn sie ein Gedanken - Karussell im Kopf hätte, taten ihr seine Fürsorge und schnellen Entscheidungen gut. Sie wollte nicht nachdenken und in einer Sackgasse landen.

Momentan fühlte sie sich noch nicht einmal in der Lage zu entscheiden, was sie anziehen wollte, jeder Entschluss viel ihr unendlich schwer.

Sie griff einfach das erstbeste Teil was ihr in die Finger kam, im Moment trug sie seine Shorts und sein Shirt, es schien ihn nicht zu stören.

Die Kleidungsstücke von ihm hatten auf der Kommode gelegen heute Morgen.

Sein Blick, als sie aus dem Schlafzimmer kam, war erstaunt gewesen, aber er hatte sie lächelnd in den Arm genommen und nur bemerkt, dass es etwas an ihr schlabbern würde. Egal, sie fühlte sich wohl in seinen Sachen, wollte im Moment nichts tragen was sie einengte.

Manchmal bekam sie schlecht Luft und hatte das Gefühl eine Faust krampfte sich um ihre Organe und presste ihr die Luft heraus. Das waren die Momente, wo sie nur noch tief einatmen wollte, Sauerstoff in ihre Lunge pumpen musste.

Dann schnürte sie jedes enge Kleidungstück ein, sie hatte das Gefühl es sofort runter reißen zu müssen, das Atmen viel ihr schwer und der Schweiß brach aus allen Poren ihrer Haut aus. In diesen Momenten, fragte sie sich, was mit ihr los war? Sie verstand ihren eigenen Körper nicht mehr.

Das waren die Nachwirkungen der letzten Wochen hatte der Arzt ihr gesagt, der Körper heile schneller als die Seele. Dann war sie dankbar nichts Enges zu tragen, sie verzichtete komplett auf Unterwäsche, hielt das neuerdings für unnötigen Firlefanz. Er hatte nie Unterwäsche getragen, solange sie sich erinnern konnte. Jetzt konnte sie ihm nach fühlen warum. Nichts was scheuerte oder störte, auf der Haut. Über den Rand der Tageszeitung blickte er sie an und sagte leise: „Wir müssen heute zurück, ich will mit meinem Anwalt noch mal zur Polizei. Ich glaube meine Frau steckt mit in der Sache drin. Ich will eine Härtefall-Scheidung! Ich muss wissen, was sie damit zu tun hat!"

Scharf sog sie die Luft ein, stand auf und setzt sich auf seinen Schoß.

Er schlang seine Arme um sie und küsste sie sanft.

„Du brauchst dir darüber nicht dein hübsches Köpfchen zu zerbrechen, meine Kleine. Es wird alles gut werden." Sie schmiegte sich in seine Arme und überlegte fieberhaft, wie sie ihm helfen konnte. Seine Noch-Ehefrau kannte sie nicht, wusste nicht wer sie war. Was wäre, wenn sie sie kennen lernen würde? Vielleicht sah er Gespenster, bildete sich ein, dass seine Frau in die Ereignisse der letzten Zeit involviert war. Er redete nicht viel mit ihr über die Situationen und Folgen, die sich zugetragen hatten. Sein Versuch sie mit nichts zu belasten, aber manchmal wünschte sie, er erzählte mal was von seinen Sorgen. Sie selbst würde versuchen, die Bekanntschaft seiner Frau zu machen, es würde ihr schon irgendwie gelingen. Vielleicht konnte sie etwas in Erfahrung bringen, was ihm weiterhalf alles zu verstehen. Sobald sie zurück waren, würde sie das in Angriff nehmen und versuchen etwas Licht ins Dunkel zu bringen …

Und sie wusste auch schon wer ihr dabei helfen würde: Ihre beste Freundin …

Zurück in ihrer Wohnung am frühen Nachmittag, fühlte sie sich seltsam.

Irgendwie war es, als wenn sie Jahre nicht hier gewesen wäre.

Alles sah so trostlos und verlassen aus. War das ihre Heimat? Ihr Zuhause?

Wer wohnte hier? Sie fühlte kein Erkennen, hier war nicht mehr ihr Heim.

Fremd im eigenen zu Hause, alles hatte sich verändert in den letzten Tagen und Wochen, nichts war an seinem Platz. Weder ihre Gedanken noch ihr Leben.

Sie öffnete die Fenster und warf erst einmal die vertrockneten Blumen weg.

Beseitigte den Staub und bezog die Betten frisch.

Der Geruch der frischen Bettwäsche erinnerte sie plötzlich an das kleine Landhaus und das Wochenende, das so furchtbar geendet hatte.

Ärgerlich wischte sie die Gedanken fort. Er würde das erste Mal heute hier schlafen und sollte sich wohl fühlen, alles sollte so angenehm wie möglich sein, ihr Bett war schmal, aber es würde schon passen. Sie liebte es in seinen Armen zu schlafen, dafür war nicht viel Platz notwendig, wenn sie eng umschlungen schliefen. Er hatte nur schnell die Reisetasche reingestellt und war mit einem Kuss verschwunden. Allein in ihrer Wohnung, mit sich und ihren Gedanken, alles hier war ihr fremd geworden, es fühlte sich nicht mehr nach ihrer Wohnung an. Sie war noch immer mit ihrer Seele in dem Haus am Meer. Was sollte sie mit sich anfangen, wenn er nicht bei ihr war?

Schnell schüttelte sie ihre trüben Gedanken ab, es wurde Zeit für sie, bald wieder arbeiten zu gehen. Alles sollte wieder seinen gewohnten Gang gehen, so kam ihr die Situation anstrengend vor, sie fühlte sich überfordert.

Wenn sie ihre Augen schloss, sah sie sein Gesicht vor sich und fühlte seine Lippen und Hände auf ihrer Haut. Wie krank, dachte sie bei sich. Noch immer eine völlig obsessive Liebe, die sie für ihn empfand. Herzklopfen wenn er bei ihr war, Schmetterlinge im Bauch, wenn sie wusste er steht gleich in der Tür. Der Unterschied war, dass sie es nun ausleben durfte, mit ihm gemeinsam. So viele Jahre waren vergangen, fast ein Leben, und nun stellte sie fest, dass sich nichts an ihren Gefühlen verändert hatte. Er war immer die große Liebe in ihrem Leben gewesen, es tat gut zu wissen, dass er ähnlich empfand für sie. All die Jahre in denen sie zweifelte, gelitten hatte, immer wieder hinterfragt hatte, waren weggewischt. Nur nicht über die Nacht nachdenken, in der er bewusstlos gewesen war und sein bester Freund über sie herfiel wie ein Tier. Sie träumte davon, immer und immer wieder. Es waren bruchstückhafte Sequenzen, die durch ihr gequältes Hirn schossen, oft konnte sie sich noch nicht einmal richtig erinnern. Das steigerte die Angst vor dem Einschlafen und irgendwie blieb der richtige Tiefschlaf aus. Dadurch fühlte sie sich müde und gerädert. Eigentlich könnte sie schon wieder schlafen, am hellen Nachmittag. Auf dem Sofa sitzend schaute sie aus dem Fenster, und ließ sich ein wenig die Sonne in ihr Gesicht scheinen. Kurz die Augen schließen, dachte sie, ein wenig entspannen. Die bleierne Müdigkeit umfing sie.

Im Einschlafen ging ihr ein Liedtext durch den Kopf: „Ich hatte einen Traum letzte Nacht...

Du warst da und hieltest meine Hände …

Ich dachte, ich sterbe …

Erinnerst Du dich, dass wir so viel Freude hatten …

Ich habe viel geweint, diese Tage sind vorbei …

Erinnerst Du dich …

Bitte bleib bei mir …

Bleib …“

Schon waren ihre Träume wieder da, diesmal konnte sie die Bilder festhalten.

Im Traum sah sie seinen Freund über sich, wie er sie schmierig angrinste, hörte wieder seine hämische Stimme: „Wir teilen alles, auch die Frauen!“

Als sie erschrocken aus dem Dämmerschlaf hochfuhr, war dieser Satz in ihren Gedanken, ließ sie nicht mehr los. Entschlossen griff sie zum Telefon, ihre Freundin würde ihr zuhören und ihr sagen was zu tun wäre.

Mit ihr konnte sie einen Plan festlegen. Sie wollte seine Frau kennen lernen, wollte wissen und ergründen, was dieser Satz aus ihrem Traum sollte.

Bevor sie ihn damit konfrontieren würde, musste sie wissen, ob sein Freund ein Verhältnis mit seiner Ehefrau haben könnte. Er hatte ihr nur gesagt, sie stecke mit drin, inwiefern hatte sie nicht weiter gefragt.

Jetzt musste sie es wissen, es gab kein Zurück mehr …

Sie wählte langsam die Nummer ihrer Freundin und wartete auf das Freizeichen …

Als ihre Freundin die Nummer ihrer liebsten Vertrauten im Display sah, nahm sie sofort den Anruf entgegen. Seit ihrer Entlassung aus der Klinik hatten sie nicht mehr gesprochen, nur kurze Nachrichten im Chat ausgetauscht. Ihrer Freundin ging es gut, hatte sie ihr immer wieder versichert. Nun war es an der Zeit für ein Treffen. Die Vorfreude, die sie verspürte, gleich ihre langjährige Gefährtin wieder in die Arme schließen zu können, war mit etwas Unruhe behaftet. Sie wollte alles hören was in diesen letzten Tagen passiert war.

Nachdem sie aufgelegt hatte, nahm sie Handtasche und Schlüssel, knallte die Haustür zu und ging zu ihrem Wagen, am Ende der Straße.

Beim Einsteigen hatte sie das Gefühl, dass das was ihre Freundin ihr gleich erzählen würde, nicht Gutes wäre. Sie legte den Gang ein und fuhr los.

Es war eine gute viertel Stunde bis zur Wohnung, sie wurde immer nervöser.

Ein komisches Gefühl in der Magengegend, das kannte sie schon. In den letzten drei Jahren hatte sie so viele Höhen und Tiefen in der Beziehung ihrer Freundin mit diesem Mann durchlitten, sie hoffte einfach nur, dass sie sich jetzt täuschte. Dass dieses ungute Gefühl ein Trugschluss war, sich alles in Wohlgefallen auflösen würde und die Zeit der Unsicherheit endlich ein Ende hatte. Aber sie hatte sich komisch angehört, besorgt und ihre Stimme war leise gewesen, sorgenvoll und nachdenklich hatte sie geklungen.

Am Ziel angelangt, parkte sie und ging schnellen Schrittes zum Eingang.

Auf ihr schellen, öffnete sich sofort die Haustür. Ihre

liebste Vertraute stand in der Wohnungstür, blass war sie und hatte ein viel zu großes Shirt nebst einer viel zu großen Joggingshorts an. Es wirkte, als wenn sie die Sachen ihrem älteren Bruder aus dem Schrank gestohlen hätte. Sie nahm sie in die Arme und fühlte eine Welle der Erleichterung, dass ihre Freundin einigermaßen normal wirkte. In der Küche stand schon Tee und Kaffee bereit und sie setzten sich nebeneinander auf die Bank am Küchentisch. Sie wandte sich ihrer jahrelangen Gefährtin zu und nickte aufmunternd.

Auf ihre Frage, wo er sei, antwortete die nur knapp:

„Polizei!"

„Was ist passiert? Erzähl mir bitte von Anfang an! Schön der Reihe nach, damit ich alles verstehen kann!" Mit der Kordel der viel zu großen Hose spielend, begann ihre Freundin den Bericht an der Stelle, wo sie die Einladung von ihm zum Wochenende in das Landhaus bekommen hatte. Den Kopf hatte sie gesenkt, ihre Stimme war leise und heiser als sie begann die Ereignisse der verhängnisvollen Nacht zu schildern.

Dann berichtete sie weiter, mit ihrem Unfall und den daraus resultierenden Wirren. Schließlich bis zu der Nacht in dem Haus am Meer, wo ihr alles plötzlich mit einem Schlag wieder klar wurde

„Du weißt es ja noch gar nicht, ich habe meine Erinnerung komplett zurück."

Dann begann sie die Situation zu schildern, die Rolle des Freundes und der eventuellen Mitwirkung seiner Frau. Er sich eigentlich mit seinen Selbstvorwürfen gequält habe, dass er ihr selbst Gewalt angetan hatte.

Kopfschüttelnd hörte sie zu, wie sehr er sich gequält hatte, wusste sie nur zu gut. Sie erinnerte sich an das Gespräch mit ihm, in der kalten, muffigen Krankenhauskantine. Ihre Freundin fuhr fort, zu berichten. Sie erwähnte kurz, dass er seinen Freund gesucht und ihn auch gefunden hatte und es zu einem grausamen Kampf gekommen war, bei dem er seinen Freund fast totgeschlagen habe. Deshalb wäre er jetzt auch bei der Polizei. Selbst verletzt und gezeichnet von dem Kampf, sei er noch in der Nacht zu ihr zurückgefahren, zu ihr in das Haus was er für sie beide kaufen wollte.

Sie schwieg und blickte hoch in die Augen ihrer treuen Freundin. Diese weinte, schlang die Arme um sie, hielt sie einfach nur fest. Als ihre Freundin sie losließ, schilderte sie ihre Gefühle für ihn, dass dieser unbändige Zorn in ihm getobt hatte. Dass sie glücklich war ihn endlich an ihrer Seite zu haben, aber sie nicht wüsste, wie es jetzt weitergehen sollte. Ob er sich jemals verzeihen könnte, dieses Schwein in ihrer beider Leben gelassen zu haben, die Gerichtsverhandlung, die noch auf sie beide zukommen würde, wegen einer Vergewaltigung durch seinen ehemals besten Freund aus Kindheitstagen.

Dann erwähnte sie den Satz, den ihr Vergewaltiger gesagt hatte:

„Wir teilen alles, auch die Frauen!“

Sie erzählte auch, dass er nach seinem Kampf mit diesem Schwein schon den Verdacht, ihr gegenüber geäußert hatte, dass seine Frau damit was zu tun habe.

Inwiefern war ihr nicht klar, aber sie wollte es herausfinden, für ihn, für sich, für einen neuen Anfang. Sie schloss mit den Worten: „Dafür brauche ich deine Hilfe! Du musst mir helfen, zusammen fällt uns was ein!“

Was konnten sie ausrichten, wie konnten sie ein Kennenlernen mit seiner Frau arrangieren, ohne das es auffiel? Ein dummer Plan reifte in ihrer beider Köpfe, aber sie waren sich einig, das würde eine gute Gelegenheit sein, seine Frau zu sehen. Als es an der Tür schellte, schreckten sie beide aus ihrem Ränke schmieden hoch, eine Vorstellung hatte sich in ihrer beider Köpfe breit gemacht. Er kam rein, zog sie im Flur sofort in seine Arme und küsste sie heftig. Sein Atem ging schnell und er wirkte gestresst, jetzt erst sah er ihre Freundin in der Küche sitzen und gab ihr begrüßend die Hand.

Die Freundin stand auf und sah, das zerschlagene Gesicht, seine kaputten Hände, legte eine Hand auf seinen Arm und sagte leise zu ihm:

„Das du mir gut auf sie aufpasst!"

Dann verabschiedete sie sich und richtete das Wort noch mal an ihre Vertraute:

„Wir telefonieren morgen und schieben das nicht auf die lange Bank!"

Dann verließ sie die Wohnung und ging zu ihrem Auto. Als sie eingestiegen war, um nach Hause zu fahren überlegte sie, ob der Plan gut war, denn sie beide ausgeheckt hatten. Das würde sich bald herausstellen.

Das Anwaltsgespräch …

Nachdem er sich mit einem Kuss von ihr verabschiedet hatte, hatte er sich auf den Weg in die Kanzlei gemacht.

Es war voll in den Straßen. Er wollte nicht allein auf die Wache fahren, um seine Aussage zu machen, hatte sich schon telefonisch bei seinem Anwalt angemeldet.

Ein kurzes Vorgespräch wäre sicher gut und würde ihn selbst etwas beruhigen.

Er gab es nicht gerne zu, aber er war unruhig ob die Verletzungen, die er diesem Vergewaltiger-Schwein zugefügt hatte, als Notwehr durchgehen würden. Warum hatte er sich so gehen lassen und ihm den Tod gewünscht?

So viel Wut in sich hatte er noch nie gespürt. Niemals hätte er gedacht, dass er so außer Kontrolle geraten könnte. Bei jedem Schlag hatte er tiefste Befriedigung gefühlt, das schockierte ihn im Nachhinein. Er war mal sein Freund gewesen, sie hatten so viele Erfahrungen miteinander geteilt, trotzdem hatte er sich fünf Minuten lang gewünscht, sein Gegenüber einfach tot zu prügeln, ihn umzubringen. Dabei hatte er ihr Gesicht nach dem Unfall im Krankenhausbett vor sich gesehen, blass und im Koma liegend. Nicht wissend, ob sie wieder gesund werden würde. Bei jedem Schlag hatte er mehr Zorn in sich und das Schlagwort „Auge um Auge, Zahn um Zahn“ hatte in seinem Kopf gehämmert, hatte ihn regelrecht in Rage versetzt.

Deshalb musste er sich Bestätigung holen und die ganze Geschichte loswerden bei jemandem, der unbeteiligt war, eine andere Sicht auf die Geschehnisse hatte. Auf der Fahrt dachte er daran, was seine Liebe zu ihr mit ihm machte, wie er sich veränderte dadurch. Er wünschte bei sich, dass er diesen Zorn nicht mehr fühlen müsste. Und er hoffte insgeheim, dass sie, seine guten Seiten zum Vorschein holte. Seine Liebe zu ihr war grenzenlos, er würde, ohne mit der Wimper zu zucken, töten wenn sie in Gefahr wäre.

Erschreckende Gedanken, die da durch sein Innerstes gingen.

Er musste einen kühlen Kopf behalten, sonst würde er sich selbst in Schwierigkeiten bringen. Langsam fuhr er seinen schwarzen Porsche in die Tiefgarage, schaute auf seine Rolex am Handgelenk.

Es war fast 15 Uhr, er war pünktlich, wie immer.

Als er ausgestiegen war, zog er seine Jacke an und ging mit dem gewohnten, selbstsicheren Gang Richtung Aufzug. Das hier war eine völlig neue, unbekannte Situation für ihn, aber er würde sich schon in den Griff bekommen.

Jetzt, in diesem Moment hatte er seine gewohnte Selbstsicherheit und Autorität zurück. Für sie würde er Berge versetzten, zusammen würden sie alles schaffen, er wusste es, tief in seinem Inneren.

Im dritten Stock angekommen, bog er links ab und ging durch die Kanzleitür.

Sofort führte die Vorzimmerdame ihn durch zu seinem Kollegen, der wartend am Schreibtisch saß, jetzt aufstand, um ihn zu empfangen.

Die Begrüßung, mit einem Schulterschlag, dann ließ er ihm einen Kaffee bringen. Er saß vor dem großen Schreibtisch und versuchte das Gesicht des Rechtsgelehrten dahinter zu deuten. Aber der hatte genauso ein Pokerface wie er selbst, unergründlich und undurchschaubar. Sie waren sich sehr ähnlich …

Aber das war ihm nun recht, Gefühle waren hier fehl am Platz. Sie mussten die ganze Angelegenheit sachlich betrachten, die Situation analysieren.

Er begann seine Schilderung mit dem Abend am Landhaus, der Vergewaltigung seiner Lebenspartnerin durch seinen Jugendfreund. Auch wenn der Anwalt die Geschichte teilweise schon kannte, wollte er noch einmal alles im

Zusammenhang erzählen.

Damals waren es nur Vermutungen gewesen, bis der Verdacht sich durch die Ergebnisse der Teste bewahrheitet hatte. Sie seine Geliebte zu nennen, fand er abwertend, das war sie nicht. Den Eindruck zu erwecken das sie nur eine Bettgeschichte war, wäre unpassend.

Er teilte alles mit ihr, nicht nur das Bett, sondern sein ganzes Leben.

Seine Träume und Hoffnungen für eine gemeinsame Zukunft.

Nuramitan, das Betäubungsmittel im Single Malt, erwähnte er etwas ausführlicher auch die Bemerkung des Arztes ließ er nicht aus, legte die Tablettenverpackung in einer Klarsichthülle bei. Beschrieb den Fundort und legte die Fotos aus seinem Telefon dazu, erwähnte kurz, dass er erst da misstrauisch geworden war. Dann legte er den Klinikbericht bei und schließlich die Befunde der DNA und Bissanalyse, die er selbst veranlasst hatte, in einem unabhängigen Labor. Sachlich schilderte er weiter, wie er seinen Freund gesucht und gefunden habe, um ihn zur Rede zu stellen.

Auf seinem alten Familienanwesen, also auf Privatgelände und nicht in der Öffentlichkeit. Es habe zu keinem Zeitpunkt eine Gefährdung Außenstehender bestanden. Sein ehemaliger bester Freund war jedoch völlig aggressiv gewesen und mit einem Messer auf ihn losgegangen. Geschockt habe er sich verteidigt, selbst etliche Blessuren nebst einer Stichwunde davongetragen, die sehr schmerzhaft war und vom Notarzt vor Ort versorgt wurde.

Dabei hielt er seine Hände so, dass man die aufgeplatzten Fingerknöchel nicht sehen konnte. Das sah nicht nach Abwehr aus, sondern eher nach Straßenkampf,

er wusste was sein Gegenüber dachte.

Er wollte vor diesem Mann nicht schlecht dastehen, weil er fand sie wären geistig auf einer Ebene. Als er geendet hatte sagte sein Anwalt ruhig, mit einem Anflug von Mitleid im Gesicht:

„Ich hätte genauso gehandelt wie du, nur hätte ich ihn totgeschlagen, für mich hätte es keine Grenze mehr gegeben, aber das bleibt unter uns!"

Er lächelte seinen Klienten aufmunternd an und erwähnte, dass man nun zwei Möglichkeiten hätte und man sich schnell entscheiden müsse, wie weiter zu verfahren wäre. Beide Möglichkeiten fing er an ihm zu erläutern, das für und wider gegeneinander abzuwägen. Das Einfachste wäre, wenn seine Lebenspartnerin die Vergewaltigung zur Anzeige bringen würde. Dann könne man alles aufklären, in Verbindung mit einem Motiv wäre die Sachlage schnell geklärt und eine Verhandlung nur noch eine Formsache vor Gericht.

Was das Motiv seines Freundes gewesen wäre ihn zu vergiften?

Ob er eine Ahnung habe, was hinter dem Hass und dem Angriff auf ihn, steckte? Seine Antwort war ruhig: „650.000 Euro, die er mir schuldet und meine Frau, die er vögelt, das muss schon länger laufen. Er geht schon länger in meiner Abwesenheit im Haus ein und aus, da bin ich von überzeugt. Das kann ich beweisen, ihre Jacke lag bei seinen Sachen und wurde von der Polizei sichergestellt!"

Die Augenbrauen des Anwalts schoben sich in die Höhe, er machte ein nachdenkliches Gesicht, verzog seinen Mund

und schürzte die Lippen.

„Ich kenne deine Frau nur flüchtig von Firmentreffen, meinst du sie wäre fähig da mitzuwirken, was wären ihre Beweggründe dafür?“

Er antwortete schnell: „Sie ist gierig und kalt, liebt ihren sozialen und gesellschaftlichen Status, das wäre bei einer Scheidung alles weg!“

Der Anwalt war schon bei der Geldsumme vom Tatmotiv her überzeugt, zweifelte aber bei der Aussage des Mandanten, in Bezug auf die Ehefrau.

Nun, wie konnten sie das beweisen? Die Theorie war einleuchtend, aber Theorien waren vor Gericht nur heiße Luft. Sie würden bohren müssen, vielleicht würde es niemals ans Licht kommen. Vielleicht war sie so geschickt vorgegangen, dass sie aus allem raus war. Dass sie manipulativ sein konnte, wusste er als ihr Mann, nur zu gut. In der Vergangenheit hatte er oft bemerkt, dass sie andere Menschen gut manipulieren konnte, wenn es um ihren eigenen Vorteil ging.

Mehr als einmal, hatte er sich von ihr zu dem ein oder anderen lenken lassen, sich hinterher darüber geärgert.

„Die zweite Möglichkeit wäre, deine Lebensgefährtin sagt, sie erinnert sich nicht mehr an die Geschehnisse im Landhaus. Das wäre auch machbar und würde ihr die Aussage vor Gericht ersparen. Die Indizien reichen aus um ihn wegen Vergewaltigung, und versuchten Mordes in zwei Fällen hinter Gitter zu bringen! Das erste Mal im Landhaus und das zweite Mal auf deinem Anwesen! Auch wenn das Strafmaß nur ein paar Jahre wäre, so säße er erst mal hinter Gittern, könnte für einige Zeit keinen Schaden mehr anrichten.“

Er zog seine Stirn in Falten und hatte sich eigentlich schon entschieden.

Nach einem kurzen Nicken sagt er zu seinem Anwalt:

„Sie braucht das alles nicht noch mal durchleben, ihre Alpträume sind heftig genug, fast jede Nacht wacht sie schreiend auf. Ich kann ihr Leiden nicht nachempfinden, es macht mich fertig nichts tun zu können. Das Vergessen ist ihr nicht vergönnt, sie durchlebt alles wieder und wieder. Es wäre eine Zumutung das zu verlangen. Ich will nicht, dass sie aussagt … Sie ist so stark und versucht keine Schwäche vor mir zu zeigen, ich kann ihr mit nichts helfen, kann nur trösten sonst nichts. Das macht mich fast verrückt! Hast du schon Akteneinsicht? Wie schwer habe ich ihn zugerichtet und hat er schon ausgesagt?“ Nickend holte der Anwalt eine Akte hinter sich hervor.

Akteneinsicht habe er schon, eine Aussage des Täters liege noch nicht vor und würde so schnell auch nicht möglich sein. Sein Kiefer war mehrfach gebrochen und verdrahtet worden. Sprechen konnte er wohl für einen längeren Zeitraum nicht mehr. Er wollte anregen, dass man ihn schriftlich verhören würde, man konnte davon ausgehen das seine Genesung wohl mehrere Monate dauerte. Die Aussagen der beiden Polizisten, die am Tatort waren, und seine Aussage vor Ort waren stimmig, es gab keine Ungereimtheiten.

Die Jacke war aufgeführt und die Tablettenpackung nebst Messer und diversen Benzinkanistern auch. Was immer sein ehemaliger Freund hatte anzünden wollen, zum Glück, war es nicht dazu gekommen. Nebenbei erwähnte sein Gegenüber noch das sein ehemaliger Freund hochkonzentriert Kokain im Blut gehabt habe, bei dem Mordversuch.

Ob er wüsste, dass sein ehemaliger Freund regelmäßig Koks konsumiert habe? Hatte er schon immer Drogenprobleme gehabt in der Vergangenheit? Wahrheitsgemäß zuckte er mit den Achseln, er wusste es nicht, es wäre auch keine Entschuldigung für die Vorfälle. Es würde nichts ändern, er kannte diesen Mann nicht mehr, das war nicht der Freund, dem er all die Jahre die Treue gehalten hatte. Die Person, die diese gestörten Taten begangen hatte, war wie ein krankes Raubtier, das man hinter Gitter bringen musste, um noch mehr Schaden abzuwenden. Dessen war er sicher, weder Mitleid noch Reue, er empfand gar nichts. Doch, wenn er ganz tief in sich hinein hörte, war es Enttäuschung, die er spürte. Enttäuschung, dass er selbst nicht gemerkt hatte, was vor sich gegangen war, direkt vor seiner Nase.

Die eigene Frau, die anscheinend ihre Finger mit im Spiel hatte und sich in ihrer Affäre mit seinem ehemaligen Freund, auf ein intrigantes Spiel eingelassen hatte. Aber das letzte Wort war noch nicht gesprochen …

Der Anwalt zog seine Jacke über, blickte ihn aufmunternd an und sagte:

„Dann auf zur Wache, der sollte schnellstmöglich ins Gefängnis Hospital, bevor er sich noch überlegt aus der Klinik zu spazieren!“

Doch da, war es bereits zu spät...

Auf der Wache ging es hektisch zu, es war voll und man hatte hier das Gefühl nicht ernst genommen zu werde. Niemand fühlte sich für den Fall verantwortlich, sie liefen zwanzig Minuten durch die Korridore des Präsidiums. Was ein Chaos, dachte er bei sich. Die Sachlage und ihre Ausmaße schienen hier völlig verharmlost zu werde. Er überließ das Sprechen und Erklären seinem Anwalt und machte einfach eine Leidensmiene, verhielt sich ruhig und unbeteiligt. Sich groß in die Gespräche mit einzubringen, hätte nur für Verwirrung gesorgt, hier war schon genug Unruhe und Unverständnis.

Er wusste, dass sein Fall hier nichts Außergewöhnliches war, keine Todesfolge hatte, deshalb auch keine Priorität besaß. Eine unwichtige Tat, die für niemanden außer ihm und seiner Lebensgefährtin, von Belang war.

Die Aussage wurde protokolliert und sein Anwalt wies höflich darauf hin, dass man den Täter doch bitte schriftlich befragen solle.

Entspannt sah er sich das Durcheinander an und nach einer guten Stunde verließen sie die Wache. Jetzt wollte er schnell zu ihr und einfach mal ein paar Stunden nicht über diese Horror Geschichte nachdenken.

Diese ganzen Ereignisse bestimmten momentan ihrer beider Leben, so sollte es nicht weiter gehen.

„Wir haben unsere Pflicht getan, alles angegeben, es wird Post von der Staatsanwaltschaft kommen und deine Lebensgefährtin wird aufgefordert werden sich zum Tatvorgang zu äußern. Wir sind erst mal fertig und harren der Dinge, die da kommen mögen. Ruf mich an, wenn du Fragen hast oder komm jederzeit vorbei, ich habe immer ein offenes Ohr für dich. Egal was ist, ich bin da. Ich helfe euch gerne, wo ich kann!“

Mit diesen Worten, einer Hand auf seiner Schulter, verabschiedete ihn der Anwalt vor der Wache und stieg in seinen Wagen ein.

Nachdenklich ging er zu seinem Porsche zurück, jetzt musste die Polizei handeln. Er konnte nichts mehr tun im Moment. Er startete den 911er und fädelte sich langsam in den Verkehr ein.

Bei ihr zuhause angekommen, wollte er sie nur noch in den Arm nehmen und sich in irgendeine Ecke mit ihr verkriechen, in ihren Armen alles eine Weile vergessen. Ihre Freundin war zu Besuch und sie wechselten ein paar Worte.

Zum Glück verabschiedete sie sich schnell und er war endlich allein mit ihr.

Er sehnte sich nach ihrer Wärme und ihrem Körper, manchmal erstaunte es ihn mit welch einer Heftigkeit er sie begehrt, es schien nicht nachzulassen oder weniger zu werden. An der Hand zog er sie ins Wohnzimmer und zerrte ihr das Shirt und die Hose vom Körper fing an ihren Hals zu küssen, um sich immer weiter nach unten zu bewegen. Seine Hände umfassten ihre Brüste und ihre heiße Haut machte ihn gierig, mehr von ihr zu fühlen. Sein Atem ging stoßweise, er musste sich beherrschen nicht einfach über sie herzufallen. Sie stand an der Wand angelehnt, hatte die Arme über den Kopf und die Augen geschlossen, genoss das Gefühl, was nur er in ihrem Körper erzeugen konnte. So liebte er sie, weich und hingebungsvoll, ohne Fragen, ohne große Worte. Sie ließ sich mit ihm in eine Situation hineinfallen, ohne über das richtig oder falsch nachzudenken. Auf den Knien fing er an ihren Schoß zu küssen, sofort spreizte sie die Schenkel für ihn und stöhnte seinen Namen. Seine Zunge in ihrem Schoss war wie ein Feuer, das alles verzehrte, um sich herum. Er griff um ihre Hüften und zog sie näher heran, ihr Stöhnen wurde lauter. Als er sich aufrichtete, schaute sie ihn fragend an, mit einer Hand öffnete er seine Hose, mit der anderen zog er sein Shirt hastig über den Kopf. Er packte ihren Hintern und hob sie an die Wand gelehnt hoch. Mit einem Ruck zog er sie auf seinen harten Schwanz, ihre Beine umschlangen sein Becken. Er drückte sie gegen die Wand, sein Mund suchte ihre Lippen. Nichts mehr denken ... Nur noch fühlen, jetzt hier mit ihr ...

Mit geschlossenen Augen gab er sich ganz der Situation hin …

Ihre gemeinsame Leidenschaft, war grenzenlos. Alles ausblenden was war, nur im hier und jetzt zu sein, in der Lust gefangen, die für sie beide Vergessen bedeutete …

Am nächsten Morgen fuhren sie zurück in das Haus am Meer.

Es fühlte sich an, als wenn sie eine Weile entfliehen könnten, in eine andere, bessere Welt. Eine Welt, wo all die Vorgänge der letzten Zeit nicht stattgefunden hätten. Wo alles normal war, das Gute regierte und Gefühle wie Hass, Neid, Gewalt und Zorn nicht existierten. Mittags hatte er einen Termin mit einem Gutachter und einem Architekten vereinbart. Er wollte endlich wieder ein zu Hause haben, wissen wo er hingehörte, das Gefühl des Heimkommens spüren. Das ein oder andere musste modernisiert werden, er wollte und musste einiges verändern. Hier konnte er sich wohl fühlen, er meinte zu erahnen, dass auch sie eine Verbindung zu dem Haus hatte. Auf dem Hinweg hatte sie es zu Hause genannt, er wollte, dass es ihrer beider Heim werden würde.

Sie wollte nicht bei den Fachgesprächen dabei sein, er sah

aus dem Fenster wie sie den Weg zur Düne runter spazierte. Der Wind spielte mit ihren Haaren und durch das offene Fenster roch er das Salz des Meeres. Der Himmel war unnatürlich blau und die Wolken weiß wie Schnee, die Sonne schien über den Horizont. Er konnte die Brandung hören und das Rauschen des Windes.

Für einen kurzen Augenblick konnte er erkennen, wie schön sein Leben mit ihr doch war, trotz aller Hindernisse. Lächelnd ging er zur Eingangstür, der Gutachter war da. Er öffnete die Tür und bereitete sich innerlich auf das Gespräch vor.

Seit ihre Freundin da gewesen war, konnte sie an nichts anderes mehr denken als an ihren gemeinsamen Plan. Der Wille etwas heraus zubekommen war da, aber die Umsetzung gestaltete sich schwieriger als gedacht. Zumal ihre Freundin nicht wollte, dass sie selbst seine Frau kennen lernte, zu groß die Angst, dass sie sich verraten würde. Ihre Freundin meinte es wäre besser, wenn sie als unbeteiligte Dritte diesen Part übernehmen würde. Sie kannten das Haus, in dem er gelebt hatte, würde mit ihrer Freundin eine Panne vortäuschen, angeblich ein leerer Handyakku, dann konnte man klingeln mit der Bitte zu telefonieren. Sie würden situationsbedingt, etwas improvisieren müssen. Aber das würde ihnen schon gelingen, sie waren ein eingespieltes Team seit vielen Jahren schon. Ihre Freundin wollte rein gehen, versuchen die Bewohnerin kennen zu lernen und in ein Gespräch zu verwickeln. Es war ein kühner Plan, aber was anderes war ihnen nicht eingefallen. Einen Versuch war es wert, ob es funktionieren würde, wussten sie nicht. Nun musste der Plan aber warten, sie waren zurück nach

Hause, ans Meer gefahren, um einiges zu erledigen.

Es fühlte sich für sie wie heimkommen an,

in eine bessere Welt.

Er hatte Termine gemacht, um das Haus zu kaufen, sie spürte, dass er solche geschäftlichen Dinge lieber ohne sie erledigte. Das Fachliche überließ sie ihm nur zu gerne, von ihr aus musste an dem Haus nichts geändert werden.

Es war perfekt so wie es war. Nichts musste in ihren Augen geändert werden.

Also ging sie runter zum Strand, um den Sand und das Wasser an ihren Füssen zu fühlen, die Kraft und Schönheit der tosenden See, begeisterten sie an jedem Tag aufs Neue. Sie erinnerte sich, schon zweimal an diesem Strand bittere Tränen vergossen zu haben, Tränen der Einsamkeit und des Schmerzes, der Hoffnungslosigkeit und des Scheiterns. Scheitern an ihren eigenen Gefühlen, Angst vor der Enttäuschung und der eigenen Hilflosigkeit.

Heute jedoch hatte sie ein gutes Gefühl und ein Lächeln im Gesicht.

Es würde nicht einfach werden, aber sie würden gemeinsam alle Hindernisse aus dem Weg räumen, auch wenn es schwierig wurde. Er weckte in ihr die Kraft, Mut und Stärke, alles zu überwinden. Sie stand lange am Ufersaum und blickte in die Ferne, fasziniert von der Schönheit und Kraft der Wellen. Als sie sich umdrehte und hoch zum Haus schaute sah sie ihn die Düne runter laufen, er wirkte entspannt und nach langer Zeit, sah er zufrieden aus. Sie lief ihm entgegen, er breitete seine Arme aus, fing sie auf und wirbelte sie einmal um sich herum. Sie sah die Freude in seinen blauen Augen blitzen.

„Wir haben das Haus, der Eigentümer hat unser Angebot

akzeptiert.“

Mit Begeisterung erzählte er ihr, dass der Umbau voraussichtlich vier bis sechs Wochen dauern würde, aber solange würden sie dann halt in ihrer Wohnung leben. Nun musste er Farbe bekennen und sie darum bitten sich zu überlegen, wie ihr Leben beruflich weiter gehen würde. Sie konnten pendeln, aber nicht drei Mal die Woche. Es musste eine Lösung gefunden werden, mit der sie beide gut umgehen konnten. Die Entfernung zu ihrer Firma war zu weit, über kurz oder lang würden sie dann hierherziehen. Ihre Wohnung konnte man trotzdem behalten, er drückte sich sehr vorsichtig aus. Sie bat ihn um Bedenkzeit, bis der Umbau fertig wäre, konnte sie eine Entscheidung fällen, sechs Wochen würden ihr reichen. Sie wusste bei sich, es würde nicht einfach werden. Entscheidungen waren im Moment nicht ihre Spezialität, aber das glückliche Leuchten in seinen blauen Augen war ansteckend. Vielleicht wäre ein Neuanfang mit all seinen Veränderungen keine schlechte Idee, um mit allen Details die Vergangenheit zu schließen. Ganz von vorne anzufangen, alles Belastende hinter sich zu lassen.

Arm in Arm schlenderten sie den Strand entlang und ließen sich den Wind durch die Haare pusten, sie empfand diesen Moment als vollkommenes Glück, mit ihm an ihrer Seite. Endlich würde sich alles zum Guten wenden, und alle Hindernisse würden sich in Luft auflösen.

In diesem Moment konnte sie noch nicht ahnen, dass in ein paar Tagen ihre Welt völlig umgedreht werden würde, mit einer Kette von Ereignissen, die keiner erahnen konnte. Ein Alptraum der kein Ende nahm …

Kapitel 4

Rückkehr in den Alltag …

Die Rückkehr in ihrer beider Alltag, war nicht einfach.

Ihre Freude wieder in ihrem Geschäft zu sein, war nicht so groß, wie sie sich erhofft hatte. Die Arbeit machte ihr keinen Spaß mehr, war nicht mehr ihr Lebensinhalt. Alles was sie hier aufgebaut hatte, war ihr nicht mehr wichtig.

Die Prioritäten hatten sich verschoben, sie wollte bei ihm sein, mit ihm leben.

Eigentlich entschied sie schon nach drei Tagen zu verkaufen, um mit dem Erlös etwas Neues anzufangen, einige Ideen waren schon in ihrem Hinterkopf.

Er schrieb ihr fast stündlich, wirkte nervös und unruhig. Sie fragte sich warum, war es jetzt nicht so wie sie sich beide erhofft hatte?

Wenn sie zusammen waren, drehte sich die Welt weiter, aber jeder für sich allein schien im Chaos zu versinken. Sie hatte das Gefühl, dass es ihm genauso gehe wie ihr, aber reden wollte sie im Moment nicht darüber, erst recht nicht mit ihm. Erst einmal mussten sie sich an den Alltag miteinander gewöhnen, das würde seine Zeit brauchen. Und auch, dass sie beide wieder ihrer Arbeit nachgingen, erforderte Gewöhnung, ihn nicht um sich zu haben, machte ihr manchmal Angst. Die Gedanken kehrten noch immer zu der Nacht im Landhaus und dem Autounfall zurück. Öfter als es ihr lieb war.

Zehn Tage nach dem Treffen mit ihrer Freundin sahen die beiden sich wieder.

Heute wollten sie ihren Plan in die Tat umsetzten. Sie war

aufgeregt und berichtete ihrer Freundin, dass er ihr vor drei Tagen in einem kurzen Gespräch mitgeteilt habe, sie brauche nicht aussagen. Er wollte nicht, dass sie alles noch einmal durchleben musste, sie würde schriftlich bestätigen, dass ihr Erinnerungsvermögen zu dieser Nacht nicht zurückgekehrt war. Seine Tonlage war bestimmend gewesen als er ihr gesagt hatte, er wolle das nicht.

Er hatte mit dem Oberarzt der Klinik gesprochen und ein Gutachten erwirkt.

Wie auch immer er es geschafft hatte. Wahrscheinlich mit einem dicken Spendenscheck. Sie hatte nicht mit ihm diskutiert, eigentlich war es gut, dass er ihr auch diese Entscheidung abnahm, aber manchmal fragte sie sich, wann sie wieder sie selbst wäre. Früher hatte sie es gehasst, wenn etwas für sie entschieden wurde, es war ihr immer wichtig gewesen eigene Entscheidungen zu fällen. Aber sie war froh darüber, sagte sie zu ihrer Freundin.

So musste sie sich die widerlichen Details dieser Nacht nicht in Erinnerung rufen, in aller Öffentlichkeit darüber zu sprechen, würde alle Wunden erneut aufreißen. Ihre Träume wurden langsam weniger, in seinen Armen konnte sie Ruhe und den Schlaf finden, der langsam ihre Seele heilen ließ.

Mit dem Auto ihrer Freundin fuhren sie los, am Ziel würden sie sich den Gegebenheiten anpassen, um an der Haustür klingeln zu können.

Der weiße BMW seiner Frau stand in der Einfahrt, sie erkannten es am Kennzeichen, es waren ihre Anfangsbuchstaben. So würde es gehen, ihre Freundin wendete langsam und ließ sich leicht in den Wagen in der Auffahrt rollen. Es gab einen leisen Knall, ein Knirschen, und Blechschaden.

Um das Auto ihrer Freundin machten sie sich keine Sorgen, es war alt und hatte diverse Beulen und Kratzer. Nun konnten sie klingeln und ihre Idee würde aufgehen. Ein kühner Plan, der funktioniert hatte. So dachten sie beide in dem Moment. Im Wagen sitzen zu bleiben viel ihr schwer, also stieg sie aus und begutachtete den Schaden, während ihre Freundin die Auffahrt hochlief.

Die Tür öffnete sich nach dem zweiten Klingeln.

Da stand sie, seine Ehefrau … Irgendwie war sie geschockt, empfand aber auch Mitleid, sie hatte keine Ehe zerstören wollen. Das Ganze war ihr in ähnlicher Form selbst zugestoßen, das sollte keine Frau durchmachen müssen.

Aber letzten Endes war es seine Entscheidung, nicht ihre. Sie fragte sich selbst, was sie für eine Vorstellung von seiner Frau gehabt hatte? Optisch und auch charakterlich? In ihrer Vorstellung war sie anders gewesen als die Frau, die nun in der Tür stand. Kühl, gelassen und selbstbewusst. In Männeraugen sicherlich attraktiv und sehr gepflegt. Jetzt konnte sie sie deutlicher sehen, leise entfernt ihre Stimme hören. Gesprächsfetzten, wie sie mit ihrer Freundin sprach.

Nicht sympathisch freundlich, eher kühl, beherrscht und berechnend. Nicht dick, nicht dünn, nicht hübsch im romantischen Sinn, irgendwie zu glatt und kalt. Absolut nicht der Typ Frau, den sie selbst sich als Freundin aussuchen würde. Sie versuchte Einzelheiten des Gesprächs zu verstehen, aber nur leise und undeutlich konnte sie die Stimmen hören, schade, sie wäre gern näher heran gegangen. Ihre Freundin erklärte gerade und zeigte immer wieder zum Wagen hin, entschuldigende Worte aus dem Mund ihrer Freundin, die laut und deutlich sprach. Jetzt kamen sie die Auffahrt hinunter, gemeinsam begutachteten sie den Schaden, der gering war. Also einigte man sich darauf, die Versicherungen und Telefonnummern auszutauschen, Polizei war bei dem geringen Schaden nicht notwendig. Seine Frau wirkte gespielt freundlich, irgendwie etwas unangenehm Abschätzendes in ihren Augen. Ihre Freundin ging mit ins Haus, um die Nummern aufzuschreiben. Am Wagen angelehnt betrachtete sie das Haus, von dem sie wusste, er hatte es mit seinen eigenen Händen gebaut. Ein Heim für sich und seine Familie. Sie kam sich vor wie ein Eindringling, der Dinge sah, die er niemals sehen sollte. Plötzlich fühlte sie sich nicht mehr wohl in ihrer Haut. Das Bewusstsein hier mit dem Feuer zu spielen, stieg in ihr auf. Es war falsch was sie hier taten und ihr schlechtes Gewissen machte sich bemerkbar. Er würde ausflippen, wenn er erfuhr, was sie hier tat. Plötzlich wollte sie nur noch weg und fühlte sich unwohl in ihrer Haut.

Sie gehörte hier nicht hin und sollte sich nicht einmischen, was hatte sie da wieder nur angerichtet? Sie betete, dass er niemals von diesem Vorfall erfahren möge.

Er war dabei für sie beide ein zu Hause zu schaffen, hatte ihr gesagt, er wollte dieses Haus hier nicht mehr. Er würde es seiner Frau bei der Scheidung überlassen, wollte fair zu ihr sein, schon der gemeinsamen Söhne wegen.

Sie konnte ihn gut verstehen, würde keine seiner Entscheidungen je anzweifeln.

Das hatte sie in über zwanzig Jahren nicht getan und sie würde jetzt nicht damit anfangen. Einige Entscheidungen hatte sie nie verstanden, aber er würde seine Gründe dafür gehabt haben. Wenn er ihr diese nicht mitteilen wollte, konnte sie es akzeptieren, ohne dass es sie quälen würde. Eines wusste sie ganz genau, er würde nie etwas tun, was ihr persönlich absichtlich schaden könnte, das reichte ihr als Grund.

In Gedanken versunken, bemerkte sie nicht, wie sie aus einem der Fenster im ersten Stock angestarrt wurde, die Gardine bewegte sich. Ein Augenpaar musterte sie abschätzend, voller Hass und Zorn durch die Scheibe.

Der Schatten eines Mannes beobachtete genau, was sich in der Einfahrt abspielte. Lauernd, bedrohlich und voller Zorn … Als ihre Freundin lachend aus der Eingangstür kam, stieg sie langsam wieder ins Auto ein.

Sie beobachtete ihre Freundin, wie sie die Auffahrt herunterkam und sich nochmal lächelnd und winkend umdrehte, um sich von seiner Frau zu verabschieden. Mit zufriedenem Gesichtsausdruck stieg sie auf der Fahrerseite ein, startete den Motor und fuhr los.

„Alles klar, sie geht hier in das Fitnessstudio um die Ecke, das gehört einem Freund meines Bruders, ich werde dann wohl jetzt dort trainieren gehen. Da treffe ich sie dann zufällig wieder.“

Erklärte ihre Freundin ihr mit einem selbstgefälligen Grinsen.

„Das war einfacher als gedacht, wie ist sie so? Traust du ihr was Schlechtes zu, komm schon, du hast eine gute Menschenkenntnis, was sagt dir dein Bauchgefühl? Ich habe plötzlich ein schlechtes Gewissen. Wir hätten das nicht tun sollen, unsere Idee war blöd,“ sagte sie zu ihrer Freundin.

Jetzt platzte sie fast vor Neugier, wollte jedes Wort der

Unterhaltung hören.

Ihre Freundin setzte den Blinker und parkte auf dem Seitenstreifen ein.

Jetzt drehte sie sich langsam zu ihr um und sagte:

„Ganz ehrlich, zwanzig Minuten Unterhaltung haben eigentlich gereicht. Arrogant, eingebildet, selbstsüchtig und gierig. Das merkt man sofort, einfach unsympathisch. Dieser Frau traue ich alles zu. In ihren Augen ist etwas, das ich nicht deuten kann. Ich habe eine böse Vorahnung, ich weiß nicht warum.

Und, ich hatte das Gefühl, dass wir nicht allein waren. Als wenn uns jemand beobachtet, ohne sich zeigen zu wollen. Ich bin mir sicher, dass noch jemand im Haus war. Wir waren nicht allein, auch wenn sie das drei Mal betont hat, dass niemand im Haus sei. Allein das fand ich schon auffällig.

Kennst du das, dir sicher zu sein, dass da noch jemand ist und dich ansieht?“

Ihre Freundin schüttelte sich angewidert als sie ihren Satz beendet hatte.

Eine Gänsehaut lief über ihren Nacken bei den Worten ihrer Freundin, jede Faser ihres Körpers erinnerte sich an die schlimmsten Augenblicke ihres Lebens.

Sie sagte leise: „Ja, ich kenne das Gefühl nur zu gut!“

Sie dachte an die Nacht im Landhaus, wo sie aufwachte und von seinem Freund im Schlaf beobachtet worden war, um dann …

Nein, nur nicht wieder alles hochholen, nicht in diesem Moment.

Jetzt mussten sie erst einmal überlegen, wie sie seine Frau weiter kennen lernen konnten, in der Hoffnung ein winziges Detail zu erfahren, was ihnen half. Nun hatten sie angefangen zu schnüffeln und wollten so schnell nicht aufgeben.

Beide ahnten nicht, was für eine Lawine sie lostraten mit ihrem Plan, die langsam an Geschwindigkeit aufnahm …

Und wer sie durch ein Fenster aus dem oberen Stockwerk beobachtet hatte …

Wer von Hass und Wut zerfressen auf sie herunterstarrte und ihren Tod wünschte, zumindest einer von ihnen …

Als es schellte, fluchte sie innerlich. Wer könnte das sein? Die Post?

Er würde nicht klingeln, es war sein Haus, er besaß alle Schlüssel.

Sie hatte vor zwei Tagen überlegt das Schloss zu tauschen, aber dann war es ihr unnütz vorgekommen. Wenn er wollte, würde er sich schon Zutritt verschaffen.

Jetzt hatte sie auch noch den schwerverletzten Idioten oben am Hals, der aus dem Krankenhaus geflüchtet war. Ihr Kopf arbeitete schon auf Hochtouren, seit er vor gut zwei Stunden hier herein getaumelt war. Was dachte er sich dabei, wenn er hier hereinplatzte, wie ein Elefant im Porzellanladen? Wahrscheinlich hatte er gar nicht gedacht, wie immer. Sein Gehirn schien nicht größer zu sein als eine Erbse. Das Denken überließ er lieber ihr, in seinem Zustand war auch nicht viel aus ihm heraus zu bekommen. Gott sei Dank konnte er nicht reden, da sein Kiefer verdrahtet war. Irgendwie musste sie an einen Arzt kommen, der ihn weiterbehandelte. Dann musste sie schnellstens eine Bleibe für ihn finden.

Hier war es auf Dauer zu gefährlich, wenn ihr Noch-

Ehemann auftauchte, dann würde er wahrscheinlich beenden was er begonnen hatte, wenn er ihn hier vorfand. Er würde diesmal keine Gnade walten lassen, dafür kannte sie ihn gut genug. Als sein Freund hier aufgetaucht war, saß der Schock bei ihr tief im ersten Moment. Sein Gesicht war blau und verschwollen, der Kiefer war zertrümmert und seine Hände waren oben an den Fingerknöcheln blutverkrustet. Wirklich schlimm zugerichtet sah er aus, der Kampf musste brutal gewesen sein, sie wusste nicht im Einzelnen wie es ausgegangen war, doch hatte sie mit ihrem Mann telefoniert, wegen einer Nichtigkeit.

Sie war neugierig gewesen, ihm schien es nicht so schlecht zu gehen.

Mit keinem Wort hatte er ihr gegenüber, einen Kampf erwähnt.

Mein Gott, so kannte sie den Mann nicht, den sie einmal geheiratet hatte.

Er hatte anscheinend völlig die Beherrschung verloren, es würde sie wirklich interessieren warum. Es musste einen Grund dafür geben, er würde sonst nicht so jähzornig agieren. Ihre Neugierde war groß, aber früher oder später würde der Idiot schon erzählen, was sich zugetragen hatte.

Das Häufchen Elend im oberen Stockwerk rückte mit der Sprache nicht raus, aber sie würde schon noch erfahren, warum ihr Mann seinen ehemaligen, besten Freund fast totgeprügelt hatte.

Schnell öffnete sie die Tür und streckte ihren Kopf raus.

In der Einfahrt stand ein fremdes Auto, eine blonde gutaussehende Frau mittleren Alters, begutachtete gerade die Stoßstange des weißen BMWs vor der Garage. Vor ihrer Tür stand eine zierliche, kleine Frau, die ungefähr im gleichen Alter wie sie selbst war. Was denn jetzt, dachte sie. Ihr stört. Höflich fragte sie, was sie tun könne. Sie hätten den weißen BMW vor der Garage leicht beim Wenden angefahren. Die zierliche Frau war aufgeregt und ärgerte sich sichtlich über ihre eigene Dummheit, wirkte zerknirscht.

Die Beifahrerin, die Blonde mit den Locken, war gefasst und grüßte nur höflich nickend in Richtung Haustür. Sie holte einmal tief Luft, wollte freundlich bleiben, nicht genervt rüberkommen. Am liebsten hätte sie gesagt, nicht schlimm, macht euch vom Acker. Aber nach Begutachtung des Kratzers im Lack, wollte sie zumindest die Versicherung der Unfallfahrerin haben und sich den Personalausweis mit dem Handy ablichten. Bei dem Wort Polizei, gingen ihre Nackenhaare hoch. Bloß nicht, wenn der Idiot oben in Panik geriet, wer weiß was dann hier los war. Sie musste vorsichtig sein, auf der Hut, und das gleich für den Idioten mit. Sie wusste nicht, ob er gesucht wurde, ging aber schwer davon aus. Also bagatellisierte sie den Schaden, über den sie sonst sehr erbost gewesen wäre. Ausgerechnet hier musste die Kuh wenden. Ein Stück weiter runter war ein Wendekreis, was ein dummes Stück, dachte sie.

Sie bat die Unfallfahrerin ins Haus und wunderte sich, wie schwatzhaft diese doch war, die hörte ja gar nicht mehr auf zu reden.

Sie sah ihre Sporttasche an der Garderobe, fragte doch tatsächlich, wo sie denn hier zum Fitnessclub gehen würde?

Gott, dachte sie, verpisst euch und nervt mich nicht, ich habe andere Sorgen als den dämlichen Kratzer am Auto. Nach guten zwanzig Minuten schaffte sie es, die aufdringliche Ziege zu verabschieden und atmete erleichtert auf. Als sie die Tür endlich zu machte, stand er schon auf der Treppe mit einem Zettel in der Hand und ruderte mit den Armen. Er hatte Schweißperlen auf der Stirn und wirkte völlig aufgelöst, wie er da auf dem Treppenabsatz stand und sich am Geländer festklammerte. Er sah so lächerlich aus, dachte sie bei sich.

Dabei verzog er sein Gesicht vor Schmerz, irgendwie tat er ihr ja schon leid.

Dass man ihn so verprügelte, hatte er auch nicht verdient.

Ein kleines bisschen Menschlichkeit, sollte man ihr nicht ganz absprechen.

Nun ja, die Genugtuung darüber würden sie beide ihrem feinen Ehemann schon noch austreiben. Sie nahm den Zettel in die Hand, den er ihr zitternd reichte und versuchte, seine kritzelige Schrift zu entziffern, da seine Hände von dem Kampf so lädiert waren. Er musste sich wie verrückt gewehrt haben.

DIE BLONDE DA DRAUSSEN IST SEINE HURE!!!

Sie blickte auf den Zettel und schaute ihn überrascht an.

„Da sieh mal einer an, was haben die beiden Weiber vor? Das Ganze kam mir gleich seltsam vor, warum die ausgerechnet in unserer Einfahrt gewendet haben. Hatte ich den richtigen Riecher! Du musst hier weg, so schnell es geht! Jetzt gleich, nicht dass sie mit ihm zurückkommt, dann haben wir ein richtiges Problem!“ Sie warf den Zettel auf den Garderobenschrank.

Schnell lief sie ins Schlafzimmer und stopfte aus dem Kleiderschrank zwei Trainingsanzüge, Shirts, Socken und ein paar Handtücher in eine Reisetasche.

Sie nahm aus der Kommode alles Bargeld mit, was sie

hatte. Ungefähr 7000 Euro. Fieberhaft überlegte sie wohin mit ihm. Ein Hotel käme nicht in Frage, er war zu auffällig verletzt. Mit dem Gesicht sah er aus, als wenn er einem Gruselkabinett entstiegen war. Sie würden zu viel Aufsehen erregen, wenn sie irgendwo eine Pension oder ein Hotelzimmer nehmen würden.

Jeder sah, dass er in ein Krankenhausbett gehörte und nicht in ein Hotel. Eine Lösung musste her, schnell. Da hatte sie einen kurzen Moment des Verstehens, das war eine Fügung des Schicksals, Glück musste man haben. Die Wohnung ihres Bruders stand im Moment leer, da er beruflich im Ausland weilte, für einige Tage konnte das funktionieren. Die Schlüssel hatte sie unten in der Küche, das würde erst einmal gehen. Ihre Gedanken überschlugen sich, nur keine Panik, dachte sie bei sich, sonst würde der Idiot durchdrehen. Er musste so schnell wie möglich hier aus dem Haus raus, das duldete keinen Aufschub, wenn nicht die Nachbarn schon etwas bemerkt hatten. Erst einmal musste sie ihn gut unterbringen und besänftigen. Anschließend noch einen Arzt auftreiben, der seinen Kiefer von dem Draht befreite. War ihr doch egal ob es schief zusammenwuchs, er war eh nie eine Schönheit gewesen, in ihren Augen.

„Komm!“, herrschte sie ihn an.

„Beweg dich, durch die Garage in mein Auto.“

Sie warf die Tasche in den Kofferraum und startete den Motor.

Er saß Schmerz verkrümmt auf dem Beifahrersitz, mein Gott, er hatte ihn aber auch wirklich übel zugerichtet. Was war in die beiden gefahren?

Beruhigend legte sie ihm eine Hand auf den Arm, und fuhr zu einer nahegelegenen Apotheke. Sie kaufte die stärksten Schmerztabletten, die sie ohne Rezept bekam. Als sie wieder einstig, sah er sie dankbar an.

Jetzt erst fiel ihr auf, er konnte ja gar keine Tabletten nehmen, wegen seines Kiefers. Er bekam den Mund nur für einen Strohhalm auf.

Scheißdreck, dachte sie bei sich. Ich muss einen Arzt auftreiben, der das öffnet.

Aber eins nach dem anderen, sie würde ihm den Mist auflösen und schon irgendwie einflößen. Eigentlich war es ihr egal ob er Schmerzen hatte, aber sie wollte wissen was passiert war, eventuell war es ihr ja auch noch nützlich bei ihrem weiteren Vorgehen. Sie hatte momentan keinen Plan, aber sie würde sich was einfallen lassen müssen … Je mehr Zeit verstrich, desto gefährlicher würde es für sie und den Idioten werden. Wenn er gesucht wurde, mussten sie vorsichtiger sein. Bei ihrem Bruder angelangt machte sie ihm zuerst einen Schmerzcocktail und half ihm, sich ins Bett zu legen. Er jammerte nicht, aber konnte sich kaum bewegen. Als er sich auszog, sah sie seine bandagierten Rippen, Blutergüsse und Prellungen am ganzen Oberkörper. Was war nur vorgefallen? Ihre Neugierde steigerte sich ins Unermessliche.

Sie blickte auf ihn herunter und sagte hart:

„Bleib hier liegen, bis ich wieder komme. Ich versuche einen Arzt zu finden. Schlaf dich aus, hier bist du erst mal sicher!"

Dankbar machte er die Augen zu und sie verließ leise die Wohnung.

Sie entschied sich irgendwo etwas zu trinken, dann telefonieren.

Im Bistro sitzend, bei einer Tasse Kaffee, stellte sie ihre Überlegungen an.

Sie sollte unbedingt herausbekommen, was die beiden Frauen von ihr wollten.

Dass diese Hure, sich überhaupt in die Nähe ihres Hauses gewagt hatte, ließ Zorn in ihr hochsteigen. An Zufälle dieser Art, glaubte sie keine Sekunde lang.

Zuerst hatte ihre Mordlust nur ihrem eigenen Ehemann gegolten, aber jetzt wollte sie diese Dreckschlampe gleich mit erledigen.

Auch wenn sie ihren Mann schon lange nicht mehr liebte, würde ihr keine kleine, dahergelaufene, dreckige Nutte ans Bein pinkeln.

Was konnten die beiden dummen Schlampen vorhaben? Sie zweifelte nicht eine Sekunde daran, dass sie irgendetwas ausheckten.

Was auch immer das war … Die würden sie kennen lernen …

Erst einmal abwarten, was weiter passieren würde.

Oberste Priorität wäre jetzt einen Arzt zu finden, sie nahm ihr Telefon aus der Handtasche und ging in das Nummernverzeichnis. Sie hatte eine entfernte Freundin, die OP-Schwester gewesen war, und immer in Geldnöten steckte. Solche Leute waren nicht mit Gold aufzuwiegen. Da würde sie erst mal ihr Glück versuchen, Arzt oder Schwester machte doch keinen Unterschied …

Sie berührte das Display und der Ruf ging durch …

Am anderen Ende wurde abgenommen und sie meldete sich mit einschmeichelnder Stimme, begann mit höflichen Floskeln ihr Anliegen vorzutragen. Sie hatte Glück mit ihrer Bitte. An diesem Abend schon, würde die wie immer in Geldnot steckende Bekannte, kommen. Wenn die Drähte erst einmal offen waren, konnte sie in Erfahrung bringen was genau und wo es passiert war. Und was der Auslöser zu so einem Kampf gewesen war. Vielleicht konnte er ihr dann so das ein oder andere erklären, oder vorlallen, dachte sie grimmig. Langsam wurde das Ganze anstrengend, jetzt würde sie erst mal nach Hause fahren und versuchen etwas zu entspannen.

Ihre Stunde der Abrechnung würde noch früh genug kommen …

Er hatte im Büro eher Feierabend gemacht, weil er wusste, sie würde schon zu Hause sein. Den ganzen Tag freute er sich schon auf den Abend, weil sie dann wieder bei ihm war. Seufzend stieg er in den Porsche, was er doch für ein weicher, gefühlsduseliger Mann geworden war, eigentlich hatte er so etwas immer verabscheut. Aber zum Glück, galt das nur in Bezug auf sie.

Egal, Feierabend, keine dunklen Wolken am Himmel und keine dunklen Gedanken. Er wollte nur noch nach Hause. Sicher lenkte er seinen Wagen durch die vollgestopften Straßen, was war den heute nur los? Warum war es so voll? Er wollte schnell zu ihr. Als sein Telefon piepte, nahm er den Anruf über die Freisprecheinrichtung an. Sein Anwalt, und er hoffte auch gleichzeitig ein neuer Freund …

Er könnte einen Vertrauten gebrauchen, manche Dinge besprach man besser nur unter Männern. „Hallo. Was gibt es Neues in unserem Fall?“

Er war gespannt, ob schon ein Verhör durch die Polizei im Krankenhaus stattgefunden hatte, gute Neuigkeiten konnten sie jetzt brauchen.

„Nichts Gutes, dreh jetzt bitte nicht durch, versuch ruhig zu bleiben. Er ist weg, nicht mehr in der Klinik. Sie haben versucht ihn zu verhören, aber er war angeblich so schwach, dass es nicht möglich war. Am nächsten Tag wollten sie es noch einmal versuchen, da war er schon weg. Es wird nach ihm gefahndet, aber du weißt, wie so was meistens verläuft. Man stuft ihn nicht als gefährlich ein, da er recht schwer verletzt ist!"

Schlagartig spürte er ein dumpfes Gefühl in der Magengrube, ihm wurde übel.

„Nicht gefährlich? Verdammte Scheiße, er ist eine tickende Zeitbombe, in Kombination mit meiner Frau doppelt so gefährlich, für mich und meine Partnerin! Er ist komplett irrsinnig geworden, das habe ich in dieser Nacht zu spüren bekommen!"

Wütend legte er auf und wendete mit quietschenden Reifen den schwarzen Porsche, das war doch wirklich nicht normal. Irgendetwas ging immer schief, nichts lief in letzter Zeit wie erhofft.

Er würde zu seinem Haus fahren und seine Frau zur Rede stellen, wenn sie etwas damit zu tun hatte oder diesem Arschloch Unterschlupf gewähren würde, dann Gnade ihr Gott. Er würde sich vergessen.

Ruhig Blut, mahnte er sich, nur Tatsachen zählen, keine Vermutungen.

Sein Telefon piepte weiter, weil sein Anwalt ständig weiter versuchte ihn zu erreichen. Er ignorierte die Anrufe und gab Gas, er musste Gewissheit haben. Am Haus angekommen, parkte er ihren weißen BMW vor der Garage zu und stieg aus dem Auto. Es war ruhig in der Sackgasse.

Am späten Nachmittag war niemand auf der Straße zu sehen. Er registrierte den kleinen Schaden hinten am Heck ihres Wagens, blendete es aber aus. Das ging ihn nichts mehr an, sie hatte ihr eigenes Leben. Mit mehreren großen Schritten war er die Auffahrt hoch und schloss die Tür auf, stürmte in den Hausflur und knallte das schwere Türblatt zu. Im Haus herrschte Stille, er ging durch die untere Etage und rief laut ihren Namen.

„Hier oben," hörte er die Stimme seiner Frau.

Immer zwei Stufen auf einmal nehmend, war er mit ein paar Sprüngen im oberen Stockwerk. Geradeaus den Flur entlang … Er stieß die angelehnte Tür auf, betrat den hell erleuchteten Raum.

Sie war im Schlafzimmer und räumte ihren Schrank auf, setzte sich aufs Bett als er hereinkam, sah ihm erwartungsvoll entgegen. Zufrieden stellte sie fest, dass auch er von dem Kampf gezeichnet war, sein Kiefer war auch geschwollen und seine Hände wiesen etliche Blessuren auf.

Hämisch lächelte sie in sich hinein und setzte eine besorgte Miene auf.

„Was ist denn passiert? Du siehst schrecklich aus, wer hat dich denn so zugerichtet, mein Gott, das sieht wirklich nicht gut aus! Warst du schon beim Arzt? Was ist denn passiert?"

Sie bemühte sich sehr, schockiert zu klingen, glaubte auch, dass es ihr ganz gut gelang, mühte sich ihr Lächeln zu unterdrücken. Aber sie sah den Ausdruck von Misstrauen und Härte in seinen stahlblauen Augen, er misstraute ihr, aus tiefstem Herzen. Sie kannte ihn über zwanzig Jahre, er sollte nicht vergessen, wie gut sie ihn einschätzen und in seinen Zügen lesen konnte.

„Lass Gott aus dem Spiel!“, knurrte er sie an.

Knapp berichtete er von der Schlägerei mit seinem ehemals besten Freund und beobachtet sie argwöhnisch dabei, über den Grund des Kampfes, ließ er nichts verlauten. Sein Blick lag prüfend auf ihrem Gesicht, bohrte sich in ihre Augen.

„Hat das Schwein sich hier blicken lassen? Ich schwöre dir, wenn ich herausbekomme, dass du da mitmischst, dann vergesse ich meine gute Erziehung!“, drohend leise seine Stimme. Sie bekam eine Gänsehaut, in all den Jahren ihrer Ehe hatte er ihr noch nie gedroht. Was bildete er sich ein?

Ihr Ton war eiskalt: „Die hast du bei mir doch schon vor langer Zeit vergessen!“ Sie spuckte ihm die Worte regelrecht entgegen.

Jetzt trat er an sie ran und legte eine Hand um ihren Hals, drückte leicht zu.

„Wenn ihr oder mir auch nur ein Haar gekrümmt wird, dann mach ich euch beide fertig, das verspreche ich dir! Ich weiß, dass du was mit ihm am Laufen hast, es ist mir auch egal, ich warne euch beide. Und das nur einmal, beim zweiten Mal ist es vorbei. Er kann dir erzählen was ich mit ihm gemacht habe, das dreckige Stück Scheiße! Das nächste Mal zögere ich nicht!“

Sie zog sich von seiner Hand zurück, er konnte ihre Angst förmlich riechen.

So kannte sie ihn nicht, aber es interessierte ihn auch nicht im Mindesten.

Er konnte in ihren Augen das Schuldbewusstsein lesen, sie hatte ein schlechtes Gewissen. Er hatte also das richtige Gefühl verspürt.

„Wenn es um deine dreckige, kleine Hure geht,

dann drehst du wohl durch?

Ich weiß nicht, wie du auf die Idee kommst, dass ich etwas mit diesem Looser zu tun habe. Nicht jeder wildert in fremden Gärten, so wie du!“

Befriedigt über ihren Ausspruch, lächelte sie amüsiert und stand auf.

Er trat an sie heran und kam immer näher. Sein Gesicht war nur noch zwei Zentimeter entfernt, sie konnte jede Pore sehen und seinen Atem riechen.

Die Nasenspitzen berührten sich fast, als er sich zu ihr herunterbeugte.

Es sah fast so aus, als wenn er sie küssen wollte, sie schloss für einen Moment die Augen. Dann flüsterte er leise:

„Ich schwöre dir, bekomme ich raus, was du mit der ganzen Sache zu tun hast, wirst du beten, nie geboren worden zu sein!“

Mit diesem Satz drehte er sich um und verließ das Zimmer, er hatte die Angst in ihren Augen erblickt, das reichte ihm. Sie, hatte die kalte Wut in seinen Augen aufblitzen gesehen und setzte sich zitternd auf die Bettkante.

Was für ein schleimiger Sumpf an Intrige ihn umgab, das ahnte er noch nicht wirklich, welche Ausmaße die Ereignisse noch annehmen würden.

Jetzt wollte er nur noch nach Hause und sich den Dreck aus den Poren baden, seine Wut war noch immer nicht verraucht. Anschließend musste er sie vögeln, er wollte abschalten und vergessen, das konnte er nur in ihren Armen.

Diese Art des Vergessens schaffte er nur mit ihr, sie hatten ein Band in frühster Jugend geknüpft, was nie zerrissen war. Nur verknotet über einen längeren Zeitraum …

Sie hatte ihm letzte Woche etwas gesagt, was ihn völlig gerührt hatte, dabei hasste er kitschige Aussprüche.

Manchmal war sie etwas poetisch veranlagt, lächelte er in sich hinein.

„Ich habe dir vor vielen Jahren mein Herz geschenkt und nie ganz zurückbekommen ... Ein Stück war immer bei dir ... Jetzt ist es wieder ganz ...!“

Er war noch immer beunruhigt, aber nun hatte er seine Frau gewarnt und hoffte, dass seine Worte sie zur Vernunft bringen würden.

Er wendete den schwarzen Porsche und machte sich auf den Heimweg.

14 Tage später hatte sich alles entschieden, sie hatten einen Käufer für ihren Betrieb und der Umbau des Hauses ging gut voran. Sie freute sich das Haus nach dem Umbau zu sehen, er hatte ihr nicht wirklich gesagt, was er vorhatte zu verändern. Wenn sie ihn fragte, lächelte er immer nur und sagte, sie solle sich doch überraschen lassen. Ihre Neugierde steigerte sich mit jedem einzelnen Tag, aber sie würde sich wohl noch ein wenig gedulden müssen, der Umbau dauerte noch mindestens drei Wochen. So lange wollte sie nicht hinfahren, sie überließ alles ihm, da es ihm Freude zu machen schien, er blühte regelrecht auf.

Und doch, war da immer dieser Schatten in seinem Gesicht, die tiefe Falte in der Stirn, die ihn sorgenvoll aussehen ließ. Das Geschäft war verkauft und sie war tagsüber viel bei ihrer Freundin. Alle Überlegungen wie es weiter ging, schob sie vor sich her. Im Moment sorgte er für alles, versuchte alles von ihr fernzuhalten. Sie wusste nicht, dass ihr Vergewaltiger auf freiem Fuß war, er wollte den richtigen Zeitpunkt abwarten, um ihr diese schlechte Nachricht mitzuteilen. Ihre Alpträume waren fast weg und er wünschte sich, dass sie bald auch wieder zu ihrer alten Entschlusskraft finden würde.

Er hatte mit ihrer Freundin gesprochen und diese gebeten, auf sie aufzupassen, egal wie groß die Anstrengung sein würde. Es musste sein, auch wenn im Moment alles ruhig verlief. Seine Sorge um sie, würde ihn noch den letzten Nerv kosten. Mit Sicherheit wusste er Eins, seine Frau würde ihre Wut an seiner neuen Partnerin auslassen wollen.

Sie würde ihm weder sein Glück noch seine Zufriedenheit gönnen, geschweige denn sein Geld. Das hatte er bei dem Gespräch mit ihr festgestellt. Zum Glück kannte seine Frau sie nicht, das verkleinerte seine Sorge und ließ ihn etwas entspannter werden. Dennoch hoffte er, dass seine klare Ansage bei seiner Frau, Früchte getragen hatte. Dass, das Duo Infernale, so nannte er insgeheim seine Noch-Frau und seinen Exfreund, gelernt hätte. Aber er glaubte nicht daran, war immer auf der Hut.

Seine Nerven waren angespannt und er lebte mit dem Druck, dass irgendwann etwas Schreckliches passieren könnte.

Am späten Nachmittag hatte er einen Termin mit seinem Anwalt, mittlerweile hatte er Vertrauen zu diesem Mann gefasst, mit dem er vorher eher lose bekannt gewesen war. Er war zu einem Freund geworden, wo er auch mal seine Situation und Sorgen loswerden konnte. Die enge Freundschaft zwischen ihm und seinem Jugendfreund fehlte ihm, auch wenn sie sich nicht häufig gesehen hatten, in schlechten Zeiten hatten sie sich doch immer wieder den Rücken gestärkt, gegenseitig. Oft fragte er sich, ob er etwas anders hätte machen können, ob es an ihm gelegen hatte, dass ihre Freundschaft, so in Hass umgeschlagen war. Es machte ihn traurig, dass sich alles so zum Negativen gewendet hatte. Wann war sein Freund so ein Tier geworden, dass er selbst vor Vergewaltigung nicht zurückschreckte?

Dass, er ein Mörder war, konnte er sich nicht vorstellen, das glaubte er bis jetzt noch immer nicht. Hass ja, Neid und Wut, ja das konnte sein, aber Mord?

Er konnte nicht glauben, dass sein langjähriger Weggefährte ihn kaltblütig ermorden würde, aber bei dem Kampf hatte es sich gezeigt. Der Stich mit dem Messer, das war gezielt ausgeführt. Und das Nuramitan? Das hörte sich eher an, als wenn seine Frau etwas damit zu tun hatte.

Irgendwie fühlte er sich mitverantwortlich an allem, an all diese Verkettungen unglücklicher Umstände, die zu so einem Dilemma geführt hatten.

Sein Anwalt munterte ihn immer wieder auf und bestärkte ihn, nach vorn zu schauen, nicht zurückzublicken. Das war einfacher gesagt als getan, er wollte von Anfang an fair zu seiner Frau sein, was die finanziellen Mittel betraf.

Aber jetzt in der Verhandlung mit Unterhaltsansprüchen, sah er ihren gierigen Charakter, spürte die Wut auf ihn, ihren Zorn.

Hatte er es all die Jahre nicht bemerkt, oder war es erst in der Verbindung mit ihrer Affäre mit seinem besten Freund resultiert? War es so, dass die beiden sich gegenseitig anstachelten in ihrer unersättlichen Geldgier?

Verband die Beiden nichts weiter als, Gier, Hass, Neid und Missgunst?

Das waren starke Argumente, aber einem normal denkenden Menschen doch wirklich unverständlich. Sie erhielt eine hohe Abfindungssumme laut Ehevertrag, auch hohen Unterhalt monatlich, sie würde gut leben können. Zum Glück waren seine Söhne aus dem ganzen raus, erwachsen und alt genug für sich selbst aufzukommen. Seinen Söhnen würde es an nichts mangeln, dafür würde er schon sorgen, sie waren das Positive nach zwanzig Jahren Ehe. Er gestand sich ein, dass er auch dazu beigetragen hatte, dass seine Ehe irgendwann nicht mehr funktionierte. Aber die Zeiten ändern sich nun mal, man entwickelte sich weiter, sah viele Dinge in einem anderen Licht, setzte andere Prioritäten. In der Mitte seines Lebens hatte er erkannt, dass Glück, Liebe und Leidenschaft für ihn wichtiger geworden waren als alle materiellen Dinge. Geld zu haben, war ein gutes Gefühl, aber nichts war mit den Gefühlen und der Leidenschaft zu vergleichen, die er in ihren Armen fand.

Diese Ruhe und innere Zufriedenheit, war ihm lange fremd gewesen, jetzt mochte er sie nicht mehr missen. Er war süchtig nach diesem Gefühl geworden, das nur sie ihm geben konnte. Sie war seine Droge, und er wollte keinen Entzug erleben müssen. All diese Dinge schwirrten in seinem Kopf, als er den Aufzug betrat. Sein Anwalt würde ihn auf bessere Gedanken bringen, vielleicht hatte er schon positive Nachrichten, und man hatte den Flüchtigen endlich geschnappt. Dann würde er auch wieder ruhig schlafen können, seine Sorgen würden sich verkleinern und er könnte sich entspannen.

Als er das Büro seines neuen Freundes betrat, sah er schon in dessen Gesicht, dass es nichts Positives gab, was er ihm zu berichten hatte.

„Deine Noch-Frau war hier, was für eine fürchterliche Giftspritze. Was ist da passiert? Ich kannte sie eher flüchtig, aber so wie gestern habe ich noch keine Frau gesehen. Sie ist völlig durchgedreht, als ich ihr die Abfindungssumme und Unterhaltssumme mitgeteilt habe. Sie hat nicht nur dich übelst beschimpft, sondern auch deine neue Lebensgefährtin. Die blond gelockte Mist-Schlampe hat sie sie genannt, das war noch ein eher netter Ausdruck. Die anderen Schimpfwörter möchte ich nicht wiederholen. Woher weiß sie wie deine Freundin aussieht? Ist sie blond und hat Locken? Wenn es den Tatsachen entspricht, würde ich mir an deiner Stelle Sorgen machen, und sie nicht mehr aus den Augen lassen. Das könnte übel enden. Ich bin mir sehr sicher, dass sie mit deinem Unglücks-Freund zusammen was ausheckt. Es ist klar, dass die beiden Kontakt haben, auch da bin ich mir sicher. Wir sollten sie beobachten lassen. Was hältst du davon? Die Polizei scheint das nicht hinzubekommen! Wir sollten was tun, nein, ich denke wir müssen was tun. Sonst nimmt das alles ein böses Ende!“

Sein neuer Freund sah besorgt aus bei seinen letzten Worten, trommelte mit den Fingerspitzen auf seiner Schreibtischunterlage herum.

Er blickte starr auf den Schreibtisch und fuhr sich mit den Händen über sein Gesicht. Alle Schwellungen vom Kampf waren verschwunden nur noch ein kleiner Bluterguss im Kinnbereich war zu sehen.

„Veranlasse alles was dir notwendig erscheint, ich muss nach Hause!

Ich will sie nicht lange allein in der Wohnung lassen!“

Mit diesen Worten war er aufgestanden und zog hastig seine Jacke über.

Er nickte dem Anwalt zu und verließ das Büro, er nahm die Treppe zur Tiefgarage runter, der Aufzug war ihm zu langsam. Er sprintete durch das Parkdeck auf seinen 911er zu, entriegelte die Schlösser noch im Laufen.

Eine Minute später quietschten seine Reifen durch das Parkhaus, weil er den Porsche um die Kurven des Parkdecks jagte. Er hatte es eilig, ein schlechtes Gefühl in seiner Magengegend machte sich breit. An ihrer Wohnung angekommen, parkte er seinen Wagen und lief den schmalen Weg zur Haustür entlang.

Er schloss die Tür auf und nahm die zwei Stufen mit Schwung hoch zur Wohnungstür, Anspannung und Nervosität machten sich in seinem Inneren bemerkbar. Ein Gefühl das langsam sein ständiger Wegbegleiter wurde.

Die Tür knallte an die Wand als er hastig die Wohnung betrat.

Er rief ihren Namen, hörte das Badewasser laufen, Gott sei Dank, alles war gut.

Musik kam aus dem kleinen Flur vor dem Badezimmer. Erleichtert atmete er auf, die Anspannung ließ nach, sie war im Bad. Im Wohnzimmer zog er sich nackt aus, ließ seine Sachen achtlos auf dem Boden liegen und ging ins Badezimmer.

Das Licht war aus und ein paar Kerzen standen flackernd auf der Fensterbank. Sie hockte in der Badewanne und hatte sich klein gemacht. Aus Unmengen von Schaum lächelte sie zu ihm hoch. Es roch nach Orangenöl.

Durch das heiße Wasser wirkte das kleine Bad wie eine Sauna. Der Dampf waberte wie Nebel durch den Raum.

Sie streckte ihm beide Hände entgegen und er stieg in das heiße Badewasser. Als er saß, zog er sie von hinten auf seinen Schoß und küsste ihren Nacken und ihren Haaransatz, fühlte ihren weichen Körper. Nun fiel auch der letzte Rest an Druck von ihm ab. Seine Hände schlossen sich um ihre vollen Brüste und sein Schwanz wurde sofort hart. Sie lehnte sich an ihn und seufzte zufrieden. Das Wasser schwappte über den Rand der Wanne, als er ihren Arsch anhob und sie langsam auf seine Latte runterrutschen ließ. Sie stöhnte laut und er schloss seine Augen, genauso hatte er sich den Feierabend heute vorgestellt. Mit ihr hier in der Badewanne, die Sorgen des Alltags zu vergessen, nur noch zu fühlen, an nichts mehr zu denken.

Sie von hinten durchzuvögeln und nichts anderes mehr im Kopf als ihren warmen Körper und die weiche Haut unter seinen Händen. Es war heiß und glitschig und das Wasser entspannte seine Muskeln, sie bewegte sich langsam auf seinem Schwanz und er seufzte zufrieden. Ihr Atmen wurde lauter und er spürte, dass er sich gehen lassen konnte, er war endlich zu Hause …

Viel später, als sie gemeinsam im Bett lagen und sein Körper sich langsam völlig entspannte, er nur noch ihre Nähe fühlen wollte, wusste er, jetzt war der Zeitpunkt gekommen. Sie lag zufrieden in seinen Armen und er strich ihr eine Locke aus dem Gesicht. Küsste ihre Stirn und überlegte einen guten Einstieg in das zu finden, was er ihr mitteilen wollte. Er fing an ihren Nacken zu streicheln und wog ab, wie viel er ihr sagen wollte. Sie sollte sich nicht eingeschränkt oder belastet fühlen, aber das würde sie zwangsläufig, wenn sie hören würde, dass ihr Peiniger frei in der Welt herumspazierte.

Er fing leise an, berichtete von seinem Besuch in der Anwaltskanzlei am Nachmittag, dass er ein ernstes Gespräch mit seinem Anwalt geführt hätte.

Sie hörte ihm aufmerksam zu, aber er merkte, wie ihr Rücken an seiner Brust sich langsam anspannte. Mit jedem Satz merkte er, wie ihr Körper sich mehr versteifte und er konnte Angst in ihrem Gesicht sehen. Als er endlich dann mit der Sprache rausrückte, hatte sie den Kopf von ihm weggedreht. Er endete mit den Worten: „Woher weiß meine Frau, wie du aussiehst?“

In seiner Stimme schwang Erstaunen mit, Zweifel lag in der Frage.

Sie setzte sich im Bett auf, fing an mit einem Zipfel der Bettdecke zu spielen. Sie sah schuldbewusst aus. Er setzte sich ebenfalls hin und nahm ihr Kinn in seine Hand, zwang ihren Kopf hoch und schaute in ihre dunklen Augen.

„Was hast du zu erzählen? Raus damit! Jetzt sofort!“

Seine Stimme war autoritär, er wusste, dass in ihren Augen gleich Tränen schwimmen würde, das kannte er. Dann fühlte er sich hilflos, konnte nicht mit ihren Tränen umgehen. Also schürte er seine Wut, die sich jetzt gegen sie richtete, sein Blick war streng.

„Was hast du angestellt?“ Er wurde langsam ungehalten, schlug die Bettdecke zurück. Mit einem Ruck zog er sie bäuchlings auf seinen Schoß und ließ seine flache Hand auf ihren nackten Hintern klatschen. Sie zuckte zusammen und stöhnte leise. Er blickte auf ihren Arsch. Sofort sah man seinen Handabdruck rot auf der hellen Haut, sie wand sich in seinem Griff und er merkte, dass er einen Ständer bekam. Gott, so hatte er es sich jetzt nicht vorgestellt.

„Ich war ein böses Mädchen“, flüsterte sie leise.

Er holte aus und klatschte wieder auf ihren Hintern, sie stöhnte lauter auf.

„Böse Mädchen werden bestraft“, sagte er streng.

Sanft zog er ihren Kopf an den Haaren nach hinten und schaute in ihre Augen.

„Strafe muss sein!“ Er lächelte, als er mit der Hand von hinten zwischen ihre Beine fuhr, sie würde ihm gleich schon noch erzählen, was sie angestellt hatte. Das konnte warten. Er hatte jetzt Wichtigeres zu erledigen …

Sie spreizte die Beine für ihn und reckte ihren Arsch hoch. So hatte das nicht laufen sollen, grinste er in sich hinein. Jetzt musste er sich erst mal Gedanken über ihr Strafmaß machen, er war schon wieder geil und spürte den Druck in seinen Lenden. Er fühlte ihre nasse Hitze und wollte nur noch vergessen, egal was sie schon wieder Dummes angestellt hatte, er würde sie noch mal vögeln an diesem Abend. Sie seufzte und wand sich in seinem Griff hin und her. Ihr Atem kam stoßweise, als er wieder auf ihren Hintern klatschte. Ihr Arsch wies seine Handabdrücke auf, was ihn noch geiler werden ließ. Wenn das ein Ablenkungsmanöver für seine Wut war, machte sie es wirklich gut. Seine Wut war komplett verraucht und er wollte nur noch vögeln.

Sie hockte vor ihm und hatte ihren geilen Arsch in die Höhe geschoben.

Er kniete sich hinter sie und griff mit beiden Händen in ihre Haare, zog ihren Kopf in den Nacken. „Ich war so schrecklich böse!“, flüsterte sie.

„Bestrafe mich!“ Es fing an ihn so richtig aufzuheizen, wieder klatschte er auf ihren Hintern mit einer Hand, dann schob er ihr langsam seinen Mittelfinger von hinten in die Nässe. Jetzt stöhnte sie lustvoll seinen Namen.

Er fühlte, dass es ihr genauso Spaß bereitete wie ihm, sie hatte ihre Hände in die Laken gekrallt, und bewegt ihren Unterleib in seine Richtung.

Er drückte mit seinen Beinen ihre Schenkel auseinander und kniete sich hinter sie. „Jetzt zeige ich dir, was ich mit bösen Mädchen alles anstelle!"

Langsam schob er seinen harten Schwanz in ihre heiße Mitte und hielt inne, um das Gefühl auszukosten, in ihr zu sein, eins mit ihr zu sein.

Er griff um ihre Taille und zog sie an sich ran, ihr Stöhnen geilte ihn auf, er konnte fühlen, wie sie immer feuchter wurde.

Ihr Körper bebte, mit festem Griff legte er seine Hände an ihre Hüften.

„Strafe muss sein, meine Kleine. Wer nicht hören will, muss fühlen!"

Mit diesen Worten überließ er sich ganz der Situation und ihrem Körper.

Als sie später entspannt und müde in seinen Armen lag, nahm er ihr Kinn wieder in seine Hand und zwang sie, in seine Augen zu schauen.

„Jetzt erzähl es mir, ich bin zu müde für noch eine Lektion", dabei zwinkerte er ihr zu und lächelte. Sie bot ihm ihre Lippen und er küsste sie, diesmal sanft und zärtlich. Stockend berichtete sie ihm von dem fingierten Unfall und ihre Stimme wurde immer leiser. Sie wusste, jetzt würde er richtig sauer werden. Er war sofort hellwach und sprang mit einem Satz aus dem Bett.

„Seid ihr Beide völlig durchgeknallt, warum tut ihr so was? Das ist erstens Versicherungsbetrug und zweitens die dämlichste Idee, die ich je gehört habe, ich hätte große Lust, dir den Arsch noch mal richtig durchzuprügeln, sag mal spinnst du?“ Er stemmte die Hände in seine Seiten und schnaubte wütend.

Sein Blick war böse, was angesichts der Tatsache, dass er nackt vor ihr stand, sich nicht einfach gestaltete. Was war denn nicht richtig in ihrem Kopf, dass sie so mit dem Feuer spielte. Beide, was war denn in die beiden blöden Hühner gefahren? So viel Dummheit auf einen Haufen …

Ihrer Freundin würde er auch mal richtig die Meinung geigen.

Die Narbe an seiner Seite schmerzte, und ein wenig Blut sickerte auf seine Hüfte. Seine Wut verrauchte genauso schnell, wie sie gekommen war.

Er war müde von der ständigen Anspannung und Angst, die ihn tagtäglich begleitete. Wann war es endlich vorbei, dass er sich Sorgen machen musste?

Sie nahm ein Papiertuch vom Nachtisch und tupfte vorsichtig den Blutstropfen von seiner Hüfte. Seine Hand schoss nach vorne und hielt ihr Handgelenk fest, er schaute ihr in die Augen, eine Hand unter ihrem Kinn. Zwang sie ihn anzublicken, sie hatte Tränen in den Augen, jetzt tat sie ihm leid.

„Mach keinen Mist, ich ertrage es nicht, wenn dir etwas passiert.“

Ein Blick in seine Augen, sie sah die Liebe und Sorge darin.

Sie senkte den Kopf und sagte leise: „Aber eins wissen wir jetzt genau, er muss an dem Tag im Haus gewesen sein

und mich gesehen haben.
Sonst könnte sie nicht wissen, dass ich es war!“

Schnell berichtete sie ihm von dem Gefühl ihrer Freundin an dem Tag, dass noch jemand anwesend war, als sie im Haus war, bei seiner Frau.

Jetzt bekam er Angst, nicht um sich, er konnte sich wehren …

Aber was war mit ihr, wenn er nicht bei ihr war?

Die OP-Schwester hatte, gegen 1000 Euro in bar, alle Drähte gelöst, sie erwähnte, sie mache es nicht gerne, da der Kiefer keine Stabilität habe ohne die Verdrahtung. Die Heilungsphase eines gebrochenen Kiefers erläuterte sie ihr genau, plus den Folgen der gelösten Verdrahtung. Sie hatte die ewig pleite, entfernte Bekannte nur angeschaut, genickt, und bei sich gedacht: Wenn du wüsstest, wie scheißegal mir das ist.

Was interessiert mich der Idiot, ich will nur endlich erfahren was los ist, um weiter zu überlegen. Sie hatte keine Ahnung was passiert war, und wie sie jetzt weiterkommen würde, was sie planen sollte. Aber er hatte nicht sprechen, nur lallen können. Sie hatte kein Wort von seinem Gestammel verstanden.

Schreiben konnte dieser Halbleghasteniker anscheinend auch nicht, seine Hände waren am Anfang so verschwollen, dass er keinen Stift vernünftig in der Hand halten konnte. Manchmal tat er ihr leid, wenn er vor Schmerzen stöhnte, sie sah, dass es ihm schlecht ging. Was war er doch nur für ein Weichei, sie hatte ihm etwas Koks besorgt, damit schien es ein wenig besser in seinem Kopf zu werden. Aber sie konnte ja hier nicht den Drogenkurier spielen, er musste sich schon allein wieder hochrappeln.

Zehn Tage hatte sie sich nun um diesen Idioten gekümmert, und ihn mit Essen und Schmerzmitteln versorgt. Sein Gesicht war noch immer blutig, aber die Schwellungen gingen langsam zurück. Vorne fehlten ihm im oberen Bereich alle Schneidezähne. Er sah furchtbar aus, ein attraktiver Mann war er nie gewesen, aber nun wirkte er wie ein Penner, die fehlenden Zähne gaben seinem Gesicht etwas Verkommenes. Aber darüber machte sie sich keine Gedanken, nicht ihr Problem. Sie hatte Glück, Sex wollte er keinen, nur bemuttert und bemitleidet werden. Mittlerweile fühlte sie sich wie seine Krankenschwester, was waren Männer doch nur für Schlappschwänze!

Bemitleidenswerte Kreaturen, wenn ihnen ein Wehwehchen zustieß. Langsam war sie es leid, hoffentlich konnte er bald wieder sprechen. In zwei Wochen würde ihr Bruder von seiner Geschäftsreise aus Asien wieder kommen, dann musste er hier weg. Er konnte nicht ewig hier hausen, sie hatte auch keine Lust mehr, diesen Schweinestall ständig aufzuräumen. Aber so wie es aussah, würde es klappen, er wurde von Tag zu Tag fitter, und als sie am heutigen Morgen das Wohnzimmer betrat, machte er Liegestütze auf dem Boden. Sie sah, dass er sich bemühte, endlich wieder auf die Beine zu kommen.

Er schnaubte wie ein Walross dabei, aber wenigstens bewegte er sich wieder und lag nicht nur faul im Bett herum. Als er mit seiner Fitnesseinheit fertig war, schickte sie ihn duschen. Nackt kam er in die Küche, während sie Kaffee kochte.

Vor sich hin summend, erledigte sie automatisch die dazu nötigen Handgriffe. Dann hörte sie seinen Atem, spürte seine Körperwärme im Nacken.

Sie drehte sich erschrocken um, er stand direkt hinter ihr und sie schaute auf seine durchtrainierte Brust, berührte leicht den bunt schillernden Bluterguss in Höhe des Brustbeins. Er hatte einen schönen Körper, das war etwas was sie nicht verstand. Sein Körper zog sie an, sein Charakter stieß sie ab.

Sie strich langsam seine Brust entlang, nur mit den Fingerspitzen.

Das war ihr Fehler … Er hielt ihre Hand fest und verdrehte ihr den Arm, so dass sie runter auf die Knie musste. Der Schmerz durchzuckte sie bis in den Nacken. Er war einfach ein Schwein, schoss es ihr durch den Kopf.

Sie musste würgen als sie auf seinen harten Schwanz blickte, sie schaute hoch zu ihm und er nickte ihr auffordernd zu.

„Lass uns lieber vögeln“, säuselte sie.

Der Gedanke, jetzt seinen riesigen Schwanz in den Mund nehmen zu müssen, erfüllte sie mit Würgereiz. Sie würde kotzen, der Ekel vor ihm steigerte sich von Tag zu Tag in ihrem Inneren. Er ließ sie aufstehen und zog ihr mit einem Ruck, die Hose mitsamt der Unterwäsche runter. Dann drückte er sie mit dem Oberkörper auf die Arbeitsplatte, und drang mit einem Grunzen von hinten grob in sie ein. Es schmerzte, aber sie wagte nicht zu widersprechen.

Ein widerliches Monster, das sie da erschaffen hatte, das gefühllos und grob war, schoss es ihr durch den Kopf. Sie schrie auf, was ihn noch richtig aufgeilte. Er war jemand, den es scharf machte, Frauen Gewalt anzutun, das hatte sie von Anfang an bemerkt, quälen lag ihm im Blut.

Das war seine Welt, er war ein Sadist wie er im Buche

stand. Zehnmal rein und raus, und er war fertig mit ihr.

Sie ließ es einfach über sich ergehen, er würde ihr noch nützlich sein können. Das war der Preis, den sie bereit war zu zahlen, wenn sie seine Hilfe wollte. Er war brutal und skrupellos, außerdem geldgeil und gewissenlos, er würde ihr noch nützen können.

Auch seine sadistische Ader, würde ihr vielleicht noch behilflich sein bei ihren weiteren Plänen, wer wusste das schon. Irgendwann würde sie mit diesem Tier abrechnen können, dessen war sie sich gewiss. Als er fertig war, ging er aus der Küche, um sich anzuziehen, sie bereitete weiter das Essen zu.

Alles musste für ihn püriert werden, er konnte noch immer nicht kauen.

Widerlich ...

Er kam zurück und setzte sich hinter sie, dann versuchte er zu sprechen.

Am Anfang eher unverständlich, dann fand er seinen eigenen Sprachrhythmus da er den Kiefer nicht richtig bewegen konnte. Mann musste sich dran gewöhnen, dann verstand man ihn ganz deutlich. Er konnte zwar den Mund nicht viel bewegen, aber sich jetzt gut verständigen.

„Warum hat er dich fast totgeschlagen?“ Sie richtete das Wort direkt an ihn.

„Von dem Versuch ihn zu betäuben, kann er doch nicht gewusst haben, woher?“

Leicht lallend antwortete er ihr:

„Er hat Eins und Eins zusammengezählt, er ist nicht dumm, unterschätze ihn nicht, das habe ich getan! Als ich seine Hure beleidigt habe, ist er völlig durchgedreht, ich habe geglaubt, er schlägt mich tot. Er war wie von Sinnen, dieses Drecksstück muss das goldene Loch haben, pah, davon habe ich nichts gemerkt als ich sie durchgefickt habe!“, erschrocken hielt er inne. Er hatte sich verraten in Gedanken, ihr gegenüber. Jetzt wusste sie über seine kleine Extratour Bescheid. Sie wirbelte herum und starrte ihn an. Fassungslos …

„Wann? Wann hast du die Schlampe gefickt?“, ihre Frage stand im Raum.

Jetzt musste er antworten, erzählte von der Situation im Landhaus, wie er sie in Fesseln vorgefunden hatte. Und sein ehemals bester Freund, wie tot daneben und er sich selbst gedacht hätte, ein schneller Fick müsste ihm doch vergönnt sein. Es wäre nichts Besonderes gewesen, weil eigentlich stünde er ja nur auf sie und ihren Körper, sie wäre die einzig Wahre für ihn.

Bei diesen Worten grapschte er nach ihr. Angeekelt wich sie seinen großen Pranken aus, sie hatte das Gefühl, dass sie sofort kotzen musste.

Was war er doch für ein unberechenbares Monster geworden, nicht eine Sekunde hatte er überlegt, einfach seinem animalischen Instinkt nachgegeben.

„Du dummer, primitiver Vollidiot. Was bist du doch für ein Schwein!

Warum hast du das verdammte Haus nicht abgefackelt, wenn sie gefesselt war? Hast du Angst vor der eigenen Courage bekommen, oder wie? Was bist du doch für ein Tier, vergewaltigen ja, aber hinterher den Dreck wegräumen willst du nicht. Da wunderst du dich, dass er dich fast umgebracht hat? Du warst sein bester Freund und kennst ihn doch gar nicht!“

Sie drehte sich weg von ihm und überlegte fieberhaft.

Das machte alles komplizierter, ihr Mann würde auf der Hut sein.

Was war der Idiot doch für ein Blödmann, der sich von seinen tierischen Trieben steuern ließ. Ohne Worte, dachte sie bei sich. Deshalb war er also so durchgedreht, es hatte sich jemand an seinem Eigentum vergangen. Jetzt war er gewarnt, dass es ihm ans Leder ging, ihm und seiner kleinen Nutte.

Wahrscheinlich hatte er ihre Pläne durchschaut, längst begriffen, was sie und sein ehemals bester Freund vorhatten. Die Erinnerung an seine Drohung schwebte noch über ihr, sie konnte die Angst noch immer fühlen, jetzt wusste sie, er würde vor nichts zurückschrecken. Der Zorn, den sie in seinen Augen gesehen hatte, war echt gewesen. Er würde sie beide umbringen, wenn er sie bei irgendetwas erwischte. Wenn er Gewissheit hatte, würde er nicht mehr zögern. Der nächste Plan musste funktionieren, sie mussten beide weg. Schnell und sauber, bevor die Scheidung durch war. Er und seine kleine Hure mussten schnell und sauber verschwinden. Auf Nimmerwiedersehen …

Sonst hatte sich das mit der reichen Witwe erledigt, wenn sie erst geschieden war, würde ihr nichts als die Scheidungsvereinbarung bleiben.

Das war ihr zu wenig, sie wollte alles. Dieser Idiot saß hier trotzig wie ein Kleinkind und war zudem noch eine feige Sau, ein paar menschliche Gefühle waren ihm wohl doch noch geblieben. Alles musste man selbst erledigen.

Sie hatte ihn falsch eingeschätzt, hatte ihm alle Menschlichkeit und jegliches Mitgefühl schon abgesprochen.

Er war wohl doch nicht so sadistisch,
wie sie es sich erhofft hatte.

„Pass auf, ich habe eine Idee ... Heute in der Post war die Kaufbestätigung für einen neuen Porsche, das ist unsere Chance. Jetzt oder nie.

Er hat sich mal eben ein neues Auto bestellt, nächste Woche wird er ausgeliefert. Ich besorge Bargeld und du besorgst jemand aus deinem zwielichtigen Bekanntenkreis, der das Ding manipuliert. Kein tödlicher Unfall aber so, dass er stehen bleibt, am besten irgendwo, wo es einsam ist!“

Er blickte hoch und sagte in seiner komischen, lallenden Sprechweise:

„Wir brauchen keinen der manipuliert, ich werde mir einen schnellen Wagen besorgen und ihn von der Straße abdrängen, wo es einsam ist! Dann erledige ich ihn endlich!“

„Gut “, antwortete sie.

„Mach es diesmal richtig, um die kleine Hure kümmere ich mich dann. Mir wird schon was einfallen. Verbock es nicht schon wieder …“, sagte sie scharf.

Er schüttelte seinen Kopf und sie konnte den Hass in seinen Augen sehen.

Das war gut, das sicherte ihr, dass der Plan gelingen würde …

Kapitel 5

Der Anwalt ...

Er saß an seinem Schreibtisch und ordnete gerade die Akten für ein Gerichtsverfahren vor, steckte alles in eine Schublade.

Seine Vorzimmerdame steckte den Kopf in die Tür, sie machte ein verzweifeltes Gesicht, rollte mit den Augen.

„Da ist jemand mit Papieren zu der Scheidungssache, von der hysterischen Hyäne von letzter Woche. Sie will es nur persönlich abgeben."

Sie zuckte entschuldigend mit den Schultern und trat beiseite. Eine Frau trat ein. Sie war klein, zierlich, dunkelhaarig und hatte ein hübsches Gesicht.

Bei näherem Hinsehen erkannte er, dass sie wunderschöne Augen hatte.

Graugrün, mit goldenen Sprenkeln darin. Glücksaugen, dachte er. Er musterte sie von oben bis unten.

„Was kann ich Ihnen denn Gutes tun?"

Er deutete mit der Hand an, dass sie doch Platz nehmen sollte.

Damenhaft setzte sie sich auf die Stuhlkante und schlug die Beine elegant übereinander. Er blickte auf ihre schlanken Fesseln, die in Nylons und hohen Stilettos steckten. Das konnte eine interessante Unterhaltung werden, in seinem sonst eintönigen Büroalltag, dachte er schmunzelnd.

Er war kein Kostverächter, und sie war auf eine sonderbare Weise schön für ihn, sie wirkte gefasst und unnahbar. Noch einmal genauer hinsehend, entdeckte er in ihrem hübschen Gesicht Lachfältchen um die Augen, die er bei Frauen sympathisch fand. Ohne Zweifel war sie eine sehr attraktive Frau, wo man gerne mal mehr als einen Blick riskierte. Ihr braunes Haar schimmerte mit goldenen Reflexen in dem Dämmerlicht seines Büros, sie war gepflegt und ganz der Typ Geschäftsfrau. Er strich sich, mit einer lockeren Geste, sein welliges Haar nach hinten, ordnete den Kragen seines Hemdes. Setzte sich aufrechter hin und faltete seine Hände auf der Schreibtischplatte zusammen.

Plötzlich wünschte er sich, dass er morgens mehr Wert auf die Wahl seines Hemdes gelegt hätte, der Termin beim Friseur, war auch lange überfällig. Er war nicht eitel, aber in diesem Augenblick wünschte er sich, er wäre es. Sie hatte irgendetwas an sich, was ihn nervös machte. Seit seiner Scheidung vor drei Jahren, war er allein. Ab und an gönnte er sich mal eine kurze Affäre, aber nie etwas Ernstes. Eine Frau musste ihn fordern und reizen, es musste alles passen und bis jetzt war ihm die richtige Mischung Frau, die alles vereinte, noch nicht wieder begegnet. Er konnte seinen neuen Freund verstehen, der in der Mitte seines Lebens noch mal all diese Eigenschaften, die ein Mann sich bei einer Frau wünschte, gefunden hatte und nicht mehr loslassen wollte. Manchmal war er neidisch, wenn sein Freund ihm die neue Partnerin in den schillerndsten Farben beschrieb, seine Begeisterung war ansteckend.

Sie waren über diesen Fall zu Vertrauten geworden. Beide beruflich eingespannt, beide Seflmademänner, beide autoritär und selbstbewusst, mit den Beinen fest im Leben stehend. Jetzt blickte er sie auffordernd an und sagte noch einmal: „Was kann ich tun?“

Sie setzte zum Sprechen an, und als sie den ersten Satz sagte, bekam er eine leichte Gänsehaut, die feinen Härchen in seinem Nacken stellten sich auf.

Sie hatte eine wunderschöne Stimme, er könnte ihr Stunden zuhören.

Er stützte sich auf seine Ellbogen und beugte sich nach vorne, um näher an sie heranzukommen, ihren dezenten Parfümduft erahnend.

Sie roch nach Veilchen, ganz leicht konnte er den Geruch wahrnehmen.

Er versuchte sich auf ihre Worte zu konzentrieren, hörte aber doch nur das Klangvolumen ihrer Stimme. Ob sie wohl singen könnte? Er stellte sie sich auf einem Felsen vor, in einem weißen Kleid, das im Sturm wehte und sie ein Lied singen würde, das nur er und der Wind hören konnten.

Gott, er musste sich zusammenreißen, er war gerade dabei, sich zu einem Idioten zu machen vor ihr, nun starrte er sie auch noch dümmlich an.

Was war denn mit ihm los, er war doch sonst nicht so. Sie hatte etwas Verstörendes an sich, ihre Augen wirkten geheimnisvoll, aber auch irgendwie traurig. Was hatte sie erlebt, dass so viel Traurigkeit in diesem schönen Blick lag? Kein Ehering, registrierte er, schöne Hände, dezenter Nagellack.

Herrgott, jetzt bekam er doch tatsächlich einen Ständer, er musste sich nun aber wirklich zusammenreißen. Ob sie wohl mal mit ihm Essen gehen würde?

Er könnte sie fragen, unsicher schaute er zu ihr herüber.

„Hören Sie mir überhaupt zu?“, sie sprach ihn laut an.

„Natürlich, Entschuldigung, ich war mit meinen Gedanken woanders, sorry! Noch mal von vorne bitte, ich bin jetzt ganz für Sie da!“, seine Stimme war nervös, er musste sich mehrmals räuspern.

In Gedanken sagte er sich, und wie ich da bin, ich hätte Lust was anderes mit dir zu machen, als zu reden. Er ignorierte den Druck in seiner Hose und wandte sich ihr erneut zu. Nun konzentrierte er sich auf das Gespräch, er war ein erwachsener Mann und kein pubertierender 16-Jähriger. Sein Freund hatte sie mit einigen Vermögensunterlagen geschickt, beziehungsweise ihre Freundin sollte das eigentlich erledigen. Aber die fühlte sich heute nicht so, da habe sie das kurzerhand übernommen, um ihrer Freundin den Weg abzunehmen.

Sie wolle das nur eben abgeben, dann sei sie auch schon wieder weg.

„Oh, schade. Ich habe viel von ihr gehört, nur Gutes, hätte sie gern einmal selbst kennen gelernt!“, bleib doch noch ein bisschen, sagte seine innere Stimme.

Und wieder zu sich selbst: Ein Glück, das sie nicht konnte, sonst hätte ich dich nie getroffen. Wie konnte er es jetzt anfangen, sie hatte den Briefumschlag schon auf den Tisch gelegt und stand auf, er hatte sich zum Trottel gemacht und fing an zu schwitzen. Er war in so etwas nicht so geschickt, wie manch anderer seiner Geschlechtsgenossen. Sein Blick klebte an ihrem kleinen, runden Arsch in dem engen Rock. Süße, geh nicht, schrie alles in ihm.

Er räusperte sich und zwang sich zu einer ganz sachlichen Stimme.

Im Gerichtsaal beherrschte er das schließlich perfekt, jetzt musste das hier auch gehen. Als sie sich an der Tür umdrehte, um ihn zu verabschieden, sagte er ruhig, mit fester Stimme:

„Das ist sonst nicht meine Art, aber würden Sie wohl mal mit mir ausgehen?“

Erstaunt hob sie ihre schön geschwungenen Brauen hoch und nickte lächelnd.

Jetzt drehte sie sich auf dem Absatz um und blieb in der Tür stehen.

„Warum nicht, gerne...“, mit diesen Worten kam sie zurück zu ihm, nahm einen Kugelschreiber vom Schreibtisch und schrieb ihren Namen mit Telefonnummer auf einen Zettel, den er ihr über den Tisch zugeschoben hatte.

Dann war sie weg, ihr Veilchenduft hing noch süß in der Luft.

Er musste sich hinsetzen und schwitzte noch immer. Herrje, das war ihm in den letzten drei Jahren nicht mehr passiert. Er tippte die Nummer seines neuen Freundes in sein Telefon und wartete, dass er abnahm, trommelte nervös mit den Fingern auf seinem Kalender. Endlich nahm der Freund das Gespräch entgegen, das wurde aber auch Zeit. Ein lautes „Hallo“, als Begrüßung.

Er bedankte sich für die Zusendung der Papiere durch die Freundin und setzte zugleich zu mehreren Fragen an, alles auf einmal, er geriet leicht ins Stottern.

Wer war sie, wie alt war sie?

Was machte sie beruflich?

Was konnte er ihm über sie berichten?

Die wichtigste Frage: War sie Single?

Ob er mal mit ihr ausgehen solle?

Er wäre nervös...

Schließlich war er schon drei Jahre Single, und wisse nicht mehr wirklich, wie man das anstellt, wenn man es ernst meint mit einer schönen Frau.

Sein Freund lachte, fragte ihn was er dieses Wochenende vorhatte, ob er Zeit und Lust habe, mit an die See zu fahren.

Er erwiderte: „Nichts, was ich nicht aufschieben könnte!"

Gut, war die Antwort am Telefon. Dann sollte er mit zum Haus am Wasser kommen, sie wollten den Umbau ansehen, wie weit die Handwerker waren.

Und er könnte ihre Freundin abholen und mitnehmen. Das wäre die perfekte Gelegenheit für ihn, sie näher kennen zu lernen.

„Wir sind Samstag gegen neun Uhr bei dir, nimm was zum Übernachten mit!"

Mit diesem Satz hatte sein Freund aufgelegt. Das war schon übermorgen, da konnte er ihr einfach eine Nachricht schreiben, dass er sich freue, auf ein Wochenende mit ihr, unbekannterweise.

Abends, als er mit einem Glas Wein in der Hand an seinem Kamin saß, stellte er fest, wie leer sein Haus doch war. Er hatte alles erreicht im Leben, was er sich erträumt hatte. Nur die richtige Frau war ihm leider noch nicht begegnet, um das alles zu zweit genießen zu können.

Sein Telefon in die Hand nehmend, überlegte er was er ihr jetzt schreiben könnte. Er kannte sie nicht einmal.

Was schrieb man jemanden, dem man nur einmal begegnet war, für zehn Minuten, den man gar nicht kannte?

Er glaubte nicht an die Liebe auf den ersten Blick, aber so nervös wegen einer Frau war er lange nicht mehr gewesen. Kurz und knapp, entschied er sich.

Nichts Schwülstiges, man musste ja nicht gleich mit der Tür ins Haus fallen.

Er tippte seine Nachricht und drückte auf Senden.

„Ich freue mich auf ein Wochenende an der See!"

Es dauerte keine zwei Minuten, dann hörte er den Signalton seines Handys.

Sie antwortete genau so kurz: „Ich auch!“

Lächelnd legte er sein Telefon beiseite. Jetzt konnte er sich auf ein entspanntes Wochenende mit ihr freuen, sie näher kennen zu lernen, war ein schöner Gedanke, zum Abschluss eines langen Tages.

Der Samstagmorgen war ein wunderschöner, sonniger Tag mit strahlend blauem Himmel. Nachdem er aufgestanden war, duschte er, rasierte sich und war besonders sorgfältig bei seiner Kleiderwahl. Die Reisetasche war schnell gepackt. Er stürzte einen Kaffee runter und nahm seine Schlüssel.

Seine Laune war bestens, so gut hatte er sich lange nicht mehr gefühlt.

Man konnte ruhig sagen, dass er aufgeregt war und sich fühlte, als wenn er wieder zwanzig wäre. Lächelnd erinnerte er sich an die Zeit der ersten Rendezvous zurück, wo er genau so ein Kribbeln im Bauch gehabt hatte.

Er setzte sich freudestrahlend in seinen weißen Mercedes und startete den Motor, jetzt würden sie ihre Freundin abholen. Der schwarze Porsche seines Freundes, zog vor ihm aus der Parklücke und er folgte ihm durch das dichte Gewirr der Gassen in der Stadt. Nach fünf Minuten, hielten sie vor einem Mehrfamilienhaus, da kam sie auch schon heraus. Heute sportlich, schmale Hose, Sneakers. Stand ihr auch gut, stellte er fest. Jetzt wurde er richtig nervös.

Er stieg aus und wünschte ihr fröhlich einen Guten Morgen.

Dann nahm er ihr ihre Tasche ab und packte sie in den

Kofferraum. Ging lässig zur Beifahrertür und hielt diese für sie auf.

Sie bedankte sich höflich, glitt auf den Sitz und schnallte sich an.

Er stieg ein und setzte sofort den Blinker. Der Porsche vor ihm war schon am Ende der Straße. Jetzt musste er sich mit ihr unterhalten. Was sollte er sagen?

Er fing schon wieder an zu schwitzen, es würde eine lange, heiße Fahrt werden für ihn. Er hoffte, dass seine Nervosität sich gleich legen würde und er zu seiner gewohnten Fassung zurückfinden konnte. Die Selbstsicherheit wie im Gerichtssaal, wollte sich hier und heute leider nicht einstellen. Nervös strich er sich die Haare nach hinten. Sein Mund war trocken und er musste sich ständig räuspern. Bestimmt hielt sie ihn schon für einen Trottel mit einem Halsleiden. Gott, reiß dich zusammen, mahnte er sich selbst. Sie tat ihm den Gefallen und fing zuerst eine zwanglose Unterhaltung an. Über das Wetter und dass sie lange nicht mehr an der See gewesen wäre, sie sich auf eine Nacht von zu Hause weg freuen würde. Mal raus aus dem Alltag, was anderes sehen, einfach abschalten.

Dass sie ihre Freundin schon ein Leben lang kenne und froh war, dass sie endlich den richtigen Mann an ihrer Seite habe, und nun hoffentlich alles gut werden würde. Er lauschte dem Klang ihrer Stimme und fühlte sich schon wieder wie ein kompletter Blödmann, seine Antworten waren einsilbig und unsicher. Herrgott, er war Rechtsanwalt und früher mal 4 Jahre in einer Spezialeinheit gewesen. Im Umgang mit Waffen erprobt, Nahkampferfahren und im Moment völlig ungeschickt. Er kannte Situationen im Leben, die hart und brutal waren, aber er war hier nicht in der

Lage, eine lockere Unterhaltung zu führen? Das war vollkommen lächerlich, was war den bloß los mit ihm?

Er musste sich zusammennehmen um nicht völlig als Versager abgestempelt zu sein. Der Veilchenduft war im ganzen Innenraum und er musste sich beherrschen, ihr nicht einfach die Hand aufs Knie zu legen.

Er würde sie zu gern in den Arm nehmen, sie küssen und ganz nah in ihre schönen Augen blicken. Sie schaute seitlich aus dem Autofenster und hatte aufgehört zu sprechen.

„Sorry, dass ich nicht rede, aber ich weiß nicht was ich sagen soll, eigentlich bin ich ganz redegewandt, aber du machst mich schrecklich nervös. Ich war lange nicht mehr mit einer so wundervollen Frau unterwegs, hört sich das alles blöde an. Ich komme mir wie ein Volltrottel vor!"

Jetzt war es raus, wenn er eins gelernt hatte im Leben, dann das man mit Ehrlichkeit immer am besten punktete. Sie drehte sich zu ihm und lächelte ihn an. „Das sind genau die richtigen Worte!"

Dann legte sie ihre Hand auf seine, die locker auf seinem Bein lag, und sagte:

„Ganz entspannt, ich war auch schon sehr lange nicht mehr mit einem so großartigen Mann zusammen. Ich freue mich auf unser gemeinsames Wochenende und dich einfach näher kennen zu lernen!"

Er atmete auf und konnte doch jetzt tatsächlich reden, ohne sich wie Vollidiot zu fühlen. Der schwarze 911er vor ihm, jagte in die Autobahnauffahrt, sein Freund gab ordentlich Gas. Er schaltete hoch und trat das Gaspedal durch.

Sie zogen hintereinander direkt auf die linke Spur, die Autobahn war frei und keiner wollte dem anderen Vorsprung schenken. Seine Vorfreude auf zwei schöne Tage mit ihr stieg an, er lächelte. Sie hatten jetzt eine lockere Unterhaltung und er fühlte sich wohl in ihrer Gegenwart, seine Hemmungen legten sich langsam ihr gegenüber. Es würde ein wundervolles Wochenende werden. Lange noch, würde er an diese Tage zurückdenken, denn genau eine Woche später begann sein Leben sich auf den Kopf zu stellen...

Aber davon ahnte weder sein Anwalt noch die Freundin etwas ...

Sie freute sich unendlich, das Haus wieder zu sehen nach fast vier Wochen, es war das Gefühl nach Hause zu fahren. Heim zu kommen, ein Heim was nur ihnen beiden gehörte. Sie war gespannt, er hatte ihr nicht ein einziges Foto gezeigt und sie immer wieder auf später vertröstet.

Sie hatte keine Pläne gesehen, was war verändert worden? Allen Fragen war er ausgewichen, hatte immer nur geheimnisvoll gelächelt. Jetzt war sie aufgeregt, wie ein kleines Kind vor Weihnachten. Er hatte neben ihr eine so lächerlich selbstzufriedene Miene, ab und zu grinste er zu ihr rüber. Er griff nach ihrer linken Hand und küsste ihren Handrücken. „Ich liebe dich!“

Sie lächelte, wie viele Jahre sie darauf gehofft und gewartet hatte und wie locker er es jetzt aussprach. Als wenn es das Normalste der Welt wäre.

Der Kummer über die Ereignisse der letzten Wochen, hatte sich von ihnen entfernt, es kam ihr manchmal vor, als wenn Monate oder gar Jahre dazwischen lagen.

Sie dachte an ihre Jugendzeit zurück, ein warmes Gefühl, sie hatte viel gelitten wegen dieses Mannes.

Aber eins wusste sie jetzt genau, das Leiden und auch das

Warten hatten sich am Ende gelohnt.

Hinter ihnen, in dem weißen Mercedes, war ihre Freundin mit seinem Freund, dem Anwalt, ein schönes Wochenende zu viert war geplant. Sie selbst kannte den Anwalt noch nicht, hatte aber zwei Tage lang von ihrer Freundin gehört, was für ein Traummann er wäre. Wie faszinierend er war, seine Augen, seine Statur, seine Stimme, seine Haare, sie hatte lachen müssen.

So aufgeregt hatte sie ihre Freundin in den letzten zehn Jahren nicht mehr erlebt, dass ihr mal jemand gefiel, war eher selten.

Hmmmm ... ihre Freundin war nicht so leicht zu begeistern, das wollte schon was heißen, wenn sie nach einer 48 Stunden Bekanntschaft, so positiv von einem Mann sprach. Ein wenig Glück wäre ihr zu gönnen, und wenn ein Wochenende an der See helfen sollte, wäre sie selbst zu allem bereit.

Er lächelte neben ihr und sagte:

„Unser Herr Anwalt ist hin und weg von deiner Freundin, ich würde es ihnen beiden gönnen. Ich mag ihn und ich mag sie, was läge da näher als ein Paar daraus zu machen!“ Seine Kuppler-Instinkte brachten sie zum Schmunzeln.

Sie lachte und legte eine Hand in seinen Schoß: „Keiner ist so glücklich wie wir, herrje, bin ich aufgeregt. Ich will endlich da sein!“

Er lachte und trat das Gaspedal durch. Den Gefallen konnte er ihr tun.

Ein Blick in den Rückspiegel zeigte ihm, sein Hintermann hielt gut mit.

Bei strahlendem Sonnenschein fuhren sie nacheinander

die schmale Auffahrt zum Haus hoch, es war spät am Mittag. Sie sprang sofort aus dem Auto und reckte ihr Gesicht dem Wind entgegen. Hüpfte wie ein kleines Kind hin und her, sie wirkte so aufgeregt, dass er lachen musste, so hatte er sie schon lange nicht mehr erlebt. Glücklich und gelöst, zufrieden mit sich und der Welt.

„Nun komm schon!“ Sie zerrte an seinem Ärmel, zog ihn zum Eingang.

Er schloss die Tür auf und sie wollte sofort losstürmen, aber er hielt sie am Arm fest, griff um ihre Taille, hob sie hoch und trug sie über die Schwelle.

Im Flur stellte er sie ab und sagte: „Wie es sich gehört!“

Ihre Freunde draußen kamen sich einen Moment lang vor wie ein Störfaktor.

„Geht nur schon rein, wir gehen erst mal zum Strand runter!“

Mit diesen Worten zog ihre Freundin den Anwalt mit sich den Weg zum Wasser hinunter.

Im Flur stehend, versuchte sie alle Einzelheiten in sich aufzunehmen. Dass Haus hatte sich verändert, Wohnzimmer und Küche waren eins geworden.

Er hatte den alten Kamin so belassen, der Mix aus alt und neu wirkte auf sie märchenhaft. Der Architekt hatte mit ihm zusammen ganze Arbeit geleistet.

Er hatte den Arm um sie gelegt, irgendwann zu ihr gesagt: „Alt und neu gemixt, wie wir!“

Es sah hell und wunderschön aus. Sie war begeistert, hatte es sich nicht so perfekt vorgestellt. Eigentlich hatte sie, überhaupt keine Vorstellung gehabt, da war seine Fantasie besser gewesen. Sie fiel ihm um den Hals und küsste ihn heftig, er lachte und sagte leise: „Warte ab, bis du das Badezimmer siehst!“

Gemeinsam gingen sie Hand in Hand ins Badezimmer, mit einer Doppelbadewanne, die in Raummitte in ein Podest eingelassen worden war. Die Fenster waren größer und das Bad wirkte lichtdurchflutet.

„Ich freue mich die neue Badewanne mit dir zu testen, auch wenn es nicht dieses Wochenende wird“, lächelnd schaute er sie an. Nacheinander gingen sie die schmale Treppe in den oberen Bereich des Hauses hoch. Hier waren neue Fenster in die beiden Schlafräume gekommen und ein kleiner begehbarer Kleiderschrank war eingebaut worden. Das Kinderzimmer war einem neuen Badezimmer gewichen, in der oberen Etage, und einem hellen Büro.

Er sah sie an: „Ist es gut so?“

Ihre Antwort: „Gut? Es ist perfekt...ich liebe dich, unser Zuhause ...“

Er nahm sie in die Arme und küsste sie gierig, hier in diesem Haus hatten sie einige glückliche Stunden geteilt ... Seine Zuversicht und Hoffnung, dass sie hier noch viele weitere perfekte Glücksmomente verleben durften, war groß.

Doch ahnte er bereits, dass sich bald etwas ändern würde. Er hatte ein ungutes Gefühl in der Magengegend, seit er wusste, dass ihr Peiniger, sein ehemals bester Freund auf freiem Fuß war. Eine Situation, die ihn stresste und ängstigte, um ihretwillen.

Als sie am Abend zu viert am Kaminfeuer saßen, fragte sie leise ihre Freundin.

„Willst du hier unten auf dem Sofa schlafen, oder soll deine Begleitung auf dem Sofa bleiben, wie ihr mögt?“ Dabei zwinkerte sie ihr zu.

Ihre Freundin lächelte sie an und sagte mit einem Funkeln in den Augen: „Ich denke, wir bleiben beide hier am Kaminfeuer!“

Gegen 23 Uhr nahm sie seine Hand und zog ihn mit sich ins Schlafzimmer.

Sie hatte so Lust auf ihn, seine Hände und seine Lippen zu fühlen, das Glück zu genießen, das Leben war kurz und man musste jede Minute auskosten. Morgen konnte alles schon anders sein...

Jetzt, hier und heute, wollte sie nur glücklich sein. Glücklich mit ihm.

Als sie allein im Zimmer waren, schob sie die Tür zu und drückte ihn an die Wand. Sie schmeckte den Wein auf seinen Lippen und zog ihm das Shirt über den Kopf. Mit nacktem Oberkörper stand er vor ihr an die Wand gelehnt, nur noch mit seiner Jeans bekleidet. Das Kaminfeuer warf flackernde Schatten auf seinen durchtrainierten Körper und ein Kribbeln breitete sich in ihrem Bauch aus. Wie sehr sie ihn liebte, wie sehr sie ihn doch begehrte.

Er erregte sie nur durch seine Blicke, wenn sie seine Begierde sah, vergaß sie alles andere. Dann wurde das Leben einfacher, dann gab es nur sie beide.

Mit den Lippen glitt sie über seine Brust hinunter zu seinem Hosenbund, sie konnte seine Atmung hören, als sie die Hose etwas hinunterzog. Ihre Zunge spielte mit der weichen, dünnen Haut an seiner Lendengegend. Er stöhnte und sie griff in seinen Schritt, spürte die Härte und sein Verlangen.

Sie richtete sich auf, blickte in seine blauen Augen, in deren Tiefe sie sich verlieren konnte. Dann zog sie ihre Jacke über die Schultern und löste die Kordel der Jogginghose, die sofort zu Boden glitt. Nackt stand sie vor ihm und schüttelte ihre Locken aus. Das weiche Licht ließ ihre Haut schimmern und auf ihn wirkte sie, wie eine Gestalt aus einer anderen Welt.

Er nahm ihre Hand und setzte sich in den Sessel am Fenster, mit einem Griff hatte er seinen Gürtel und die Hose geöffnet, sie konnte seine Erregung sehen und schloss die Augen als sie sich rittlings langsam auf seinen Schoß schob.

Sie sah das Lächeln in seinem Gesicht, die Lider halb geschlossen.

Fest packte er ihr Becken und drückte sie langsam auf seinen harten Schwanz.

Ein Stöhnen kam aus ihrem Mund, dass er sofort mit einem Kuss erstickte.

Er wollte keine Zuhörer heute, das war ihre Zeit hier, und ihre Leidenschaft, das teilten nur sie beide. Sein Mund auf ihrem, spielte er mit ihrer Zunge und seine Hände umfassten ihre Brüste. Ihre Nippel reckten sich ihm hart entgegen. Laut schnappte sie nach Luft. Ihn so in sich zu spüren, war für sie noch immer mit einer so großen Lust verbunden, die sie jedes Mal aufs Neue erstaunte.

Sie hatte das Gefühl, ihre Geilheit und Gier auf ihn, würden niemals enden, seinen Körper zu fühlen, würde ihr nie langweilig werden. Dieser Moment der Verbundenheit, wenn sie gemeinsam den Höhepunkt erreichten, war für sie jedes Mal wie eine Offenbarung seiner und ihrer Gefühle, die sie miteinander teilten. Wenn sie nur seinen Mund, seine Hände und seine nackte Haut spüren konnte, war alles so klar für sie … Dann war alles so einfach …

Sich fallen zu lassen, glücklich mit ihm zu sein, nichts anderes zählte mehr. In seinen Armen zu liegen, war die Erfüllung all ihrer Träume, seit sie ihn kennen gelernt hatte, vor vielen, vielen Jahren.

Niemals hätte sie sich gewagt zu denken, diese Gefühle mit ihm teilen zu können, die seltenen Momente im Leben, die einem perfekt erschienen.

So einen Augenblick erlebte sie gerade, die Leidenschaft machte sie blind für jedes andere Gefühl und im Gegensatz zu ihm, verspürte sie keine böse Vorahnung. Versunken in ihre gemeinsame Welt der Lust, ließ sie sich treiben und stöhnte seinen Namen …

Sie konnte noch nicht wissen, welche dunklen Wolken am Horizont aufzogen!

Er war im Auto schon aufgeregt gewesen, langsam spürte er wie der Druck, sich als amüsanter Unterhalter zu erweisen, nachließ. Sie schien auch nicht zu erwarten, dass er den Pausenclown machte. Glück für ihn, das war nicht so seine starke Seite, andere Menschen zu unterhalten oder zu amüsieren.

Er war eher ein ernster Mann, der zwar gerne mal lachte, aber nie vergaß, wie hart die Wege des Lebens waren. Das hatten ihm vier Jahre Elitetruppe einer Undercover Einheit gezeigt, dass im Leben nicht immer alles so lief, wie man es sich wünschte. Die Unterhaltung stockte ab und an, aber er fand es nicht unangenehm. Man musste nicht ständig reden, aber er hatte das Gefühl, dass ihr das dümmlich glückliche Grinsen in seinem Gesicht auffallen würde.

Am Ziel angekommen, blickte er auf das kleine Haus

oben am Dünenkamm.

Sein Freund hatte sich da ein schönes Grundstück ausgesucht, er war gespannt, wie es jetzt von innen aussah. Viele Bilder hatte er in den letzten Wochen gesehen, sein Freund hatte mit Begeisterung alle Veränderungen an dem Haus geplant. Er war regelrecht euphorisch gewesen, dieses Haus noch schöner zu machen, als es ohnehin schon war. Allein die Lage und der Blick waren schon traumhaft. Schmunzelnd hatte er bei sich gedacht, der Freund baue ein Nest, ein Liebesnest. Aber er selbst war ein Gönner, jeder hatte Glück verdient und die beiden hatten es schwer genug gehabt in letzter Zeit. Wenn er nur an die Vergewaltigung und den daraus resultierenden Unfall mit seinen Folgen dachte, drehte sich ihm der Magen um. Er selbst bewunderte die Zurückhaltung im Kampf, die Beherrschung, die sein Freund an den Tag gelegt hatte.

In dem Wissen, er selbst hätte das Schwein mit seinen bloßen Händen erwürgt, wenn er die Chance dazu gehabt hätte. Insgeheim hoffte er jede Minute auf einen Anruf, dass der Täter endlich dingfest gemacht worden war.

So ein Tier, der einer hilflosen Frau so etwas antat, durfte nicht frei herumlaufen. Jeden Tag hoffte er inständig, dass die Ruhe bestehen bliebe, sein Freund mit seiner Partnerin zusammen, endlich ein normales Leben führen konnte.

Sofern das nach all den Erlebnissen momentan möglich war, beide würden noch lange immer wieder damit konfrontiert werden. Die Detektei war eingeschaltet und er wünschte sich, in den nächsten Tagen positive Ergebnisse.

Allein damit die beiden mal wieder ruhig schlafen konnten.

Jedes Mal, wenn er mit seinem Freund sprach oder ihn

sah, konnte er den Druck spüren, der auf ihm lastete. Die Sorge um seine Partnerin, konnte er in seinem Gesicht sehen. Er hielt sich bewundernswert gut dafür, versuchte ihr gegenüber alles zu verbergen, stellte er jetzt in diesem Moment fest.

Die Mimik seines Freundes sagte, dass alles gut wäre, aber in den langen Gesprächen, die sie geführt hatten, erwähnte er immer wieder seine Sorge um sie. Er könne sich wehren, sie nicht, dass versetzte ihn in Angst und Schrecken.

Nun verstand er was seinen Freund so faszinierte an dieser Frau, er sah sie jetzt zum ersten Mal. Sie trug einen schlabberigen Jogginganzug, der so aussah, als wenn er ihr nicht gehören würde. Mindestens vier Nummern zu groß, stellte er sachlich fest. Aber sie strahlte eine Lebensfreude und Energie aus, die einfach mitreißend war, ihre Ausstrahlung war ansteckend. Er beobachtete beide, sah die Liebe seines Freundes für diese Frau und er sah ihre Liebe zu ihm. Wie sie miteinander umgingen, zeigte ihm die große Verbundenheit, die zwischen ihnen herrschte. Er lächelte und erfreute sich an dem Glück der beiden, hatte ein bisschen das Gefühl, er wäre ein Spanner. Aber es war schön so vollkommenes Glück zu sehen und miterleben zu dürfen, auch wenn in diesem Leben nichts für die Ewigkeit war. Der Moment lohnt sich zu leben, dachte er in diesem Augenblick. Nur das Hier und Jetzt zählte.

Ihre Freundin nahm seine Hand, rief etwas zu den beiden herüber und zog ihn die Düne, Richtung Strandweg entlang.

„Da stören wir beide nur“, sagte sie leise und lächelte zu

ihm hoch.

Langsam schlenderten sie durch den weichen Sand in Richtung der Wellen.

Er wollte ihre Hand nicht loslassen, es war schön auch etwas Verbundenheit mit einer Frau zu fühlen, das hatte er lange nicht mehr gespürt.

Also spazierten sie langsam, Hand in Hand weiter. Er forderte sie auf, von sich zu erzählen, was sie so mache und wie ihr Alltag aussähe.

Sie kam seiner Aufforderung gerne nach, hatte er das Gefühl.

Eine gute Erzählerin war sie, witzig und authentisch, keine Spur von Selbstgefälligkeit oder Oberflächlichkeit. Stundenlang hätte er ihr so zuhören können, in der letzten Zeit hatte er nur Frauen kennen gelernt, von denen er gedacht hatte, es wäre besser, wenn sie nicht viel redeten, am besten den Mund ganz zu ließen. Das hier war etwas völlig anderes, sie hatte Charakter und Temperament, war interessant und konnte mit Sicherheit den Horizont eines Mannes erweitern. Am Dünenkamm hielten sie inne und legten eine Pause ein.

Sie setzten sich in den warmen Sand und er hörte ihr zu, blickte sie von der Seite an, sah ihr schönes Profil und wie der Wind mit ihren Haaren spielte.

Die Sonne wärmte ihre Körper, aber auch sein Gemüt.

Das Wasser glitzerte und er hörte die Brandung, den Geruch des Meeres in seiner Nase. Er schmeckte das Salz der Luft auf seinen Lippen.

Naturgewalten in voller Schönheit, alles traf hier aufeinander. Seine Sinne waren in diesem Moment weit offen, er war auf dem besten Weg, sich in die Frau neben sich zu verlieben. Sie hatte ihm gerade eine Frage gestellt und sah in auffordernd an. Er hatte nicht zugehört, hatte geträumt, jetzt beugte er sich einfach zu ihr und küsste sanft ihren kleinen roten Mund.

Niemals zuvor hatte er so schnell eine Frau geküsst, aber das hier fühlte sich so selbstverständlich, so richtig an. Er zog sie auf seinen Schoß und wunderte sich, wie leicht sie war. Dann schaute er in ihre Augen, lächelte und setzte zum Sprechen an. Sie kam ihm zuvor, hatte die Arme um seinen Hals gelegt und strich sanft über seinen Nacken.

„Ich weiß schon, es ist sonst nicht deine Art, meine auch nicht, aber bitte hör nicht auf mich zu küssen!"

Das musste sie ihm nicht zweimal sagen, er schlang seine Arme fest um sie, atmete ihren Veilchenduft ein und suchte ihre Lippen. Sie öffnete ihren Mund und er fühlte ihre Zunge. Die ganze Welt um sie herum, versank in diesem einen Kuss …

Lange hatte er sich nicht mehr so gelöst und glücklich gefühlt. Ewig hätte er mit ihr dort sitzen können, die ganze Welt ausblenden und nur noch nach den eigenen Sinnen handeln. Als sie zum Haus zurückkamen, Hand in Hand, lächelte er sie an. Er glaubte, er habe die Frau gefunden, die endlich Herausforderung und Leidenschaft für ihn bedeutete.

Insgeheim hoffte er, dass sie genauso für ihn empfand. Obwohl sie sich kaum kannten, spürte er, dass sie etwas Besonderes in sein Leben bringen würde.

Seit drei Jahren immer auf der Suche, hatte er jetzt das Gefühl, er sei am Ziel angelangt, seine Suche hatte einen Abschluss gefunden. Plötzlich freute er sich auf jeden Tag, der noch vor ihm lag. Jeden einzelnen Tag seines noch vor ihm liegenden Lebens, den er hoffentlich mit ihr verbringen würde.

Es war zu spät, er hatte sich bereits in sie verliebt … Ein sonst eher nüchterner Mensch, klar, zielstrebig und immer auf alle Situationen im Leben gefasst, hatte sich Hals über Kopf in eine Zufallsbekanntschaft verliebt. Binnen drei Tagen hatte sie sein Herz erobert. Er konnte es nicht fassen, als er mit ihr den Weg zum Haus hoch ging. Seine Entscheidungen die Liebe betreffend, waren eher rational und gut durchdacht gewesen, selbst seine Ehe hatte so zehn Jahre gut funktioniert. Aber das hier war absolutes Neuland für ihn, zog ihm den Boden unter den Füßen weg, nahm ihm die Luft beim Atmen. Er legte den Arm um sie, zog sie an sich bevor er mit ihr ins Haus ging, schaute in ihre wunderschönen Augen.

„Du bist eine fantastische Frau, geh nicht wieder weg aus meinem Leben, ich will dich kennen lernen!"

Er küsste sie mit einer Heftigkeit, die ihn selbst erschrak, aber sie schmiegte sich an ihn und erwiderte seinen Kuss. Die Dankbarkeit, die er in diesem Moment fühlte, hätte er mit Worten nicht beschreiben können.

Das Wochenende, was sein Freund eingefädelt hatte, würde zu seinem Schicksal werden. Er musste sich bei ihm bedanken, er wusste, er stand tief in seiner Schuld und würde alles für ihn tun, um diese Schuld zu begleichen.

Er ahnte da noch nicht, dass er bald die Gelegenheit dazu bekommen würde...

Der Abend zu viert verlief harmonisch, beide Frauen liefen im Haus umher und möblierten in Gedanken jedes Zimmer, vor ihrem inneren Auge.

Die Männer, mit einem Glas Wein vor dem Kamin, lachten über die aufgeregte Begeisterung der Frauen. Sein Freund beugte sich zu ihm vor und sprach ihn leise an.

„Kannst du mich jetzt verstehen? Wenn ihr einer auch nur ein Haar krümmt, drehe ich durch, sie ist die Liebe meines Lebens, bei ihr finde ich alles.

Achtung, Respekt, Lust, Leidenschaft, Spannung. Jeder Tag mit ihr ist für mich eine neue Herausforderung … Ich will mit ihr hier gemeinsam alt werden. In diesem Haus!“

Er nickte, sagte ihm, dass er ihn verstehe, nur zu gut und dankte ihm von ganzem Herzen für dieses Wochenende. Sein Schicksal habe es gut mit ihm gemeint, fuhr er fort, diese Frau, ihre Freundin und er …

Schilderte ihren Strandspaziergang in jeder Einzelheit.

Der Freund sah das Leuchten in seinen Augen bei der Erzählung, legte ihm die Hand auf die Schulter und grinste ihn freudig an:

„Herrje, unser Anwalt hat sich verliebt! Ich freue mich für euch!“

Er zweifelte in keiner Sekunde daran, dass ihre Freundin nicht ähnlich fühlte, das munterte den Anwalt auf. Der Abend neigte sich dem Ende zu und die Nacht brach an. Zur Schlafenszeit sagte man sich gute Nacht.

Sein Freund ging mit seiner Partnerin lachend ins obere Stockwerk, er hört wie die Schlafzimmertür zuging. Dann war es ruhig im Haus, er konnte nur noch das Knistern der Flammen im Kamin hören. Er streckte die Beine aus und starrte in die flackernde Glut des Feuers. Er fühlte sich zufrieden und glücklich, wie schon lange nicht mehr. Da kam ihre Freundin aus dem Badezimmer, sie hatte eine Leggings mit einem Trägertop angezogen und ihre Haare hochgesteckt zur Nacht. Ihr Gesicht war ungeschminkt, und er sah die feinen Fältchen des Lebens um ihre Augen. Er griff nach ihren Händen und zog sie auf seinen Schoß, sie schmiegte sich sofort in seine Arme. Seine Jeans drückte im Schritt, aber er würde es diesmal langsam angehen lassen. Dieses eine Mal, sollte es nicht darauf hinauslaufen, am ersten Abend gleich alles zu bekommen.

Er wollte nicht mit der Tür ins Haus fallen, aber sie war schon dabei sein Hemd aufzuknöpfen und seine Brust zu küssen. Was sollte er jetzt tun? Das war nicht langsam, wenn er es jetzt hier, vor dem Kamin, schon mit ihr tun würde. Natürlich konnte er sich zurückhalten und nur ihrem Körper geben, was er verlangte. Er packte um ihren kleinen Arsch und hob sie rittlings auf seinen Schoß. Ihre Haare hatte er schon gelöst, wühlte mit seinen Händen darin, küsste die zarte Haut am Hals. Ihr Atem ging stoßweise und er überlegte fieberhaft, ob er sie vögeln sollte oder nicht. So konnte man auch vieles zerstören, er wollte sie kennen lernen, nicht nur mal eben durchvögeln. Also würde er sich zurückhalten und ihr alles Weitere überlassen.

Das war ihr erstes Date, er würde sie entscheiden lassen, wie weit sie gehen wollte. Sie hatten alle Zeit der Welt, in seinen Augen. Er entspannte sich etwas, wenn er auch das Gefühl hatte, seine Hose würde gleich platzen.

Dass sie auf seinem Schoß saß, machte es nicht besser. Aber sie so leidenschaftlich zu küssen, reichte ihm hier und heute erst einmal. Ihre Haut zu fühlen, ihren Geruch zu genießen, ihre Hände auf seiner nackten Brust ...

Alles andere würde sich ergeben …

Kapitel 6

Blut Lust …

Er fühlte sich wieder etwas besser, die Wunden in seinem Gesicht heilten gut ab. Seit die Drähte weg waren, bekam er endlich auch wieder anständig Luft und konnte sich vernünftig bewegen. Jede Berührung seines Kiefers schmerzte, und die gebrochenen Rippen machten ihm auch manchmal zu schaffen.

Wenigstens konnte er jetzt etwas festere Nahrung zu sich nehmen, das pürierte Zeug nervte ihn. Die blöde Kuh hatte ihm Koks besorgt, das hatte die Schmerzen erträglicher werden lassen, er hatte sogar einige Liegestütz machen können. Seine körperliche Fitness war ihm wichtig, er war immer groß und kräftig gewesen, so sollte es auch bleiben. Aber das bisschen war schnell auf gebraucht gewesen, er würde wohl selbst noch mal losmüssen, sich was besorgen. Wenn er sein Gesicht sah, könnte er in sein Spiegelbild reinschlagen.

Irgendwie schief in der unteren Gesichtshälfte, und oben fehlten ihm sechs Zähne, seine Oberlippe war noch immer geschwollen.

Blau, grün, rot und rosa, so schillerte seine komplette Kinnpartie, die Blutergüsse am Oberkörper verblassten langsam. Für ein ordentliches Steak wäre er bereit zu töten, normale Nahrung würde er wirklich wieder zu schätzen wissen, wenn es so weit war. Die einfachsten Dinge im Leben, die man jeden Tag bekommen konnte, wusste man erst zu schätzen, wenn sie weg waren.

Dazu gehörten Essen und Trinken, Sprechen und Lachen. Das hatte ihm das Arschloch genommen, indem er seinen Kiefer in Stücke zertrümmert hatte. Beim nächsten Mal würde er alles richtig machen, und ihn langsam und genüsslich umbringen.

Das ganze Dilemma hier, hatte er dem Arschloch zu verdanken, sein Hass wurde immer stärker …

Er wollte ihn leiden sehen und schreien hören, er sollte vor Angst um Gnade flehen, für sich und seine Schlampe. Die dumme Nutte hatte doch erst ihre Freundschaft entzweit, wäre sie nicht in das Leben seines ehemaligen Freundes getreten, dann wäre vielleicht noch alles wie früher, hätten sie sich nie so entzweit. Er bräuchte sich keinen Kopf machen, wie es jetzt weiter gehen würde. Und sein Gesicht wäre dann auch nicht eine verschwollene Masse, vom Essen wollte er gar nicht erst reden, das steigerte seinen Appetit.

Aber nein, sie hatte ihm ja völlig den Kopf verdreht, er hatte nur noch Augen und Ohren für seine eigenen Sorgen mit dieser billigen Hure gehabt.

Seinen Freundeskreis, also ihn, hatte er völlig vergessen. Das alles nur für vögeln mit der Schlampe. Er konnte es nicht verstehen, ein Fick war ein Fick, dieses ganze Gesülze von Liebe und Freundschaft, war ihm schon immer auf den Sack gegangen. In seiner Familie, egal ob Vater oder Mutter, hatte es sich immer nur um Geld gedreht. Es war nie viel da gewesen, seine Mutter hatte als Haushälterin in der Familie seines Freundes gearbeitet. So hatten die beiden ungleichen Jungen zueinander gefunden, waren Freunde fürs Leben geworden.

Damals hatte sein Freund ihn nie spüren lassen, dass er mehr besaß als er selbst. Er hatte alles mit ihm geteilt, immer begierig darauf, dass sie beide gleichgestellt waren. Nie hatte er seine Herkunft ausgenutzt, immer hatte er ihn wie einen Bruder behandelt. Die letzten drei Jahre erst hatte er ihm das Gefühl gegeben, dass er etwas Besseres wäre und er selbst nur ein armes Schwein.

Ohne viel Liebe aufgewachsen, hatte er nie tiefe Gefühle gehegt, das was er liebte, waren Luxus und Geld. In seinen Augen konnte man damit alles kaufen, was Spaß machte. Autos, Frauen und Drogen.

Das war schon immer sein Verderben gewesen und mangelnde Selbstreflektion.

Nie wäre ihm der Gedanke gekommen, dass er diese einzigartige Freundschaft schamlos ausgenutzt hatte, sich immer auf seinen reicheren Freund verlassen hatte. Aber er würde seinem Exfreund schon noch das selbstgefällige Grinsen aus der dämlichen Fresse prügeln. Und für seine Nutte würde er sich besonders viel Zeit nehmen. Die war auf jeden Fall fällig, das letzte Mal war er viel zu schnell mit ihr fertig gewesen, hatte nicht jede Sekunde richtig ausgekostet.

In seinem kranken, von Hass gezeichnetem Hirn, hatte er Folter- und Mordfantasien, malte sich alle Einzelheiten bis ins kleinste Detail aus.

Blutige Szenarien von Qual und Pein, das geilte ihn in all den Nächten auf, in denen er allein in der fremden Wohnung weilte. Beim nächsten Mal würde er nicht nur ein Messer dabeihaben, nein auch eine Schusswaffe.

Seine Träume und Fantasien, über warmes, rotes Blut, nahmen kein Ende. Er konnte sich selbst nicht mehr verstehen, irgendetwas hatte sich im letzten halben Jahr verändert. Würde er eine bipolare Störung wie sein Vater bekommen?

Oder hatte er sie schon? War das Ganze vererbbar?

Manchmal war er selbstsicher, bestimmend und euphorisch und dann wieder düster, wütend und reizbar. Dann schätzte er jede Situation falsch ein.

So auch der Kampf mit seinem ehemaligen Freund, er hatte sich selbst maßlos in der Situation getäuscht. Das würde ihm nicht noch Mal passieren, dass er ihn so unterschätzte. Er war zu selbstsicher gewesen, sein verschobenes Gesicht würde ihn immer daran erinnern. Wut verzerrte seine Züge, als er die Hände zu Fäusten ballte. Jetzt wollte er Rache, er würde aufpassen und sich besser vorbereiten. Aber er wollte einen blutigen Kampf, eine Szenerie, die ihm Spaß machte und ihn forderte. Er wollte spielen, mit seinen Opfern …

Blutig wollte er ihn prügeln, bis nur noch ein Klumpen rohes Fleisch vor ihm auf dem Boden herumkriechen würde. Skrupellos wie er war, verspürte er nicht die normale Hemmschwelle vor Gewalt, die in seinem ehemaligen Freund fest verankert war, er selbst hatte diese Schwelle längst überschritten. Er selbst, würde keine Gnade kennen, er würde ihn töten, ohne zu zögern. In seiner kranken Gedankenwelt malte er sich stundenlang aus, wie er die kleine Schlampe bis zur Bewusstlosigkeit vögeln würde. Ja, das Arschloch müsste gefesselt zusehen, wie sie vor seinen Augen langsam das Leben aushauchen würde. Wie er ihre Kehle zudrücken würde, bis sie qualvoll nach Luft schnappte. Allein bei dem Gedanken bekam er einen Ständer, und nachts träumte er wieder und wieder von dem Tod der Schlampe, durch seine Hände. Anschließend würde er ihn zu Tode prügeln, nicht mit den Fäusten, nein, er würde sich einen Schlagstock besorgen.

Da hatte er mehr Spaß dabei, er wollte auf seine Kosten kommen.

Als Kind hatte er schon immer gerne Tiere gequält. Tiefste Befriedigung hatte er jedes Mal verspürt, wenn die armen, kleinen Kreaturen vor ihm krochen und wimmerten, er Gott spielte und sie mit einem letzten Tritt tötete.

Niemand in seinem Umfeld hatte je geahnt, welch eine tickende Zeitbombe er war, welch ein massives Gewaltpotential in ihm schlief. Sein ganzes Leben lang in der eigenen Familie gedemütigt, immer arm zu sein, nie gleichgestellt zu sein, hatte ihn schon in seiner Kindheit seltsam werden lassen. Da hatte er schon gelernt, seine wahren Gefühle zu verbergen, mit seinen Aggressionen umzugehen. Hatte sich beim Sport ausgepowert, eine Zeit lang funktionierte das ganz gut. Keiner hatte gesehen, dass aus dem kleinen, frechen Jungen irgendwann mal ein bösartiges Monster werden würde, obwohl alle Weichen gelegt, alle Anzeichen da waren. Immer ein perfekter Schauspieler, konnte er sein krankes Ich unter Kontrolle halten, vor allen anderen verstecken.

Trotz der psychischen Vorerkrankungen in seiner Familie, hatte nie jemand auch nur eine Vermutung gehegt.

Im Geschäftsleben später, war sein Freund derjenige, der ihn immer wieder gestützt und beschütz hattet, ihm aber oft genug mit auf den Weg gab, dass es nicht ewig so funktionieren würde. Dass er erwachsen werden müsste. Lernen sollte, allein sein Glück zu suchen, auch in der Finanzwelt. Es war mühsam in der normalen Welt unauffällig zu bestehen, er brauchte manchmal ein Ventil, da half ihm dann das Kokain.

In den letzten Jahren hatte er zu viele Fehlentscheidungen getroffen und war immer wieder mit seinem Scheitern konfrontiert worden.

Das hatte seinen Hass gegen die ganze Gesellschaft geschürt, sein Freund war der einzige Mensch gewesen, dem er noch vertraut hatte.

Aber der hatte ihn für eine billige Nutte verraten.

Seine Welt war verdreht, das schon seit frühster Kindheit, jetzt war sie aus den Angeln gehoben …

Er würde sich das nicht gefallen lassen, er würde sich an allen rächen, sie würden schon sehen, was sie davon hätten.

Dumpfes Brüten und Rachegedanken, beherrschten in der Einsamkeit seinen Tagesablauf. Wenn die blöde Kuh

erschien, reagierte er sich an ihr ab, in dem er mal schnell einen Wegsteckte. Das befriedigte ihn seit kurzem aber nicht mehr wirklich. Eigentlich war er schon so weit, dass er sie schlagen wollte, wimmern wollte er sie hören, sie nervte schon durch ihre bloße Anwesenheit.

Sie war auch nur eine dumme Schlampe, die er allmählich hasste.

Eigentlich war sie es, die das Tor zur Hölle in ihm geöffnet hatte.

Ihre Worte hatten immer wieder das Feuer des Zorns geschürt, den Hass genährt. Jetzt war er nicht mehr zu stoppen, konnte Realität und Wahnsinn nicht mehr unterscheiden. Jetzt lebte er in seiner eigenen Welt.

Aber sie half ihm und er brauchte sie, um an das viele Geld zu kommen.

Wenn er das intrigante Stück erst einmal geheiratet hatte, würde er ihr schon einen netten kleinen Unfall bescheren und sich anschließend ins Ausland absetzten.

Mittlerweile lief er wie ein gefangenes Tier in der Wohnung auf und ab.

Er musste hier raus, er würde irgendwann durchdrehen, wenn er nicht bald etwas Kokain bekäme. Den Schlüssel von der Flurkommode greifend, zog er sich mit der anderen Hand die Kapuze tief in sein Gesicht. Es wurde schon dunkel draußen. Die blöde Kuh hatte ihm ein Auto gemietet, einen Porsche Cayenne. Er musste gut motorisiert sein, wenn sie ihren Plan ausführen wollten. Als er sich auf den Sitz rutschen ließ, dachte er eigentlich an gar nichts. Wollte sich nur ein bisschen Kokain am Bahnhof besorgen, dann wieder zurück in die leere Wohnung. Ein, zwei Lines und es würde ihm wieder besser gehen, er wäre wieder klar im Kopf und könnte seinen Hass ausblenden.

So lange würde er nicht mehr warten müssen, bis sie ihren Plan in die Tat umsetzen würden. Der neue Wagen, ein weißer Porsche, war schon an seinen ehemaligen besten Freund ausgeliefert worden. Ein weißer 911er natürlich ...

Das Arschloch würde schon wie der König damit durch die Gegend fahren und auf dicke Hose machen. Ruhig mahnte er sich, tief durchatmen, er musste los lassen für ein paar Stunden, sonst würde sein Hass auch noch den letzten Rest seines Verstandes verzehren. Die Straßen waren leer, das würde schnell gehen, erleichterte ihm sein Vorhaben. Am Bahnhof angelangt, stellte er das Auto ab und zog die Kapuze noch tiefer in sein Gesicht.

Hier war es dunkel und keiner beachtete einen Mann, mit tief ins Gesicht gezogener Kapuze, der nach unten blickte. Langsam ging er zum Hinterausgang, er wusste genau, wo er hinwollte.

In der Sackgasse am Ausgang hielten sich immer Junkies, Dealer und Nutten auf. Da bekäme er, was er wollte. Er hatte die Hände tief in den Taschen und sein Gang war selbstsicher. Der Dealer seines Vertrauens war schnell gefunden, er kannte sich aus, war öfter schon hier gewesen.

Er kaufte sein Kokain und machte sich auf den Rückweg durch die Hintergasse.

Da passierte es:

„Hey Süßer, soll ich dir einen blasen, nur n` Fünfziger kostet dich der Spaß!"

Die junge Nutte war aus einem Hauseingang gekommen, hatte blonde, lange Locken, ein verbrauchtes Gesicht. Eine richtige Crack- Hure, fand er.

Entgeistert starrte er sie an, fing sich aber schnell wieder.

Sie war dünn, jung und hatte kleine Titten, entsprach seinem Beuteschema.

Die Ähnlichkeit im Dunkeln, durch die hellen Locken, war frappierend, nur das Alter stimmte nicht, obwohl diese hier alt aussah, wesentlich älter, als sie wahrscheinlich war. Die Statur stimmte nicht wirklich, aber er war auf die hellen Haare fixiert, in seinem kranken Kopf.

„Warum nicht." Er sprach leise und gehetzt, zog sich wieder die Kapuze tief ins Gesicht.

Die Nutte kichert laut und nahm ihn an die Hand, stöckelte neben ihm her.

Sie führte ihn durch ein Gewirr von Gassen und blieb vor einem schäbigen, alten Haus stehen. Sie schloss die Tür auf und zerrte ihn am Ärmel herein, in die linke Erdgeschosswohnung. Nur noch gut genug, um die Bude abzufackeln, stellte er fest. Es war ein Zimmer mit Bad, alles starrte vor Dreck und ein muffiger Geruch hing in der Luft. Die Beleuchtung war eine kaputte Deckenlampe, die flackerte. Sie ging in das winzige Badezimmer und er setzte sich auf das schmutzige Bett in der Zimmerecke. Die Laken waren fleckig und versifft, hier würde er sich niemals reinlegen. Er würgte schon bei dem Gedanken daran. Widerlich, wenn man so leben musste, schoss es durch seinen Kopf. Was mache ich hier eigentlich? Will ich das, was jetzt kommt?

Bezahlen musste er noch nie dafür, hatte immer genug Frauen bekommen, die dachten, er habe Geld, Macht und gesellschaftliches Ansehen.

Und er hatte einen guten Körperbau und einen großen Schwanz, das hatte ihm in seiner Jugend den Spitznamen „Pferd“ eingebracht. Die Mädchen damals waren nicht mit seinem Schwanz zurechtgekommen, heute schätzte man ihn deshalb. Es schmeichelte ihm, wenn Frauen Spaß an seinem Riesending empfanden, das machte ihn selbstgefällig.

Da kam sie aus dem Badezimmer, die Haarfarbe und Frisur waren identisch, wenn auch Figur und Gesicht anders waren. Sie hatte nur noch ihren kaputten Tanga und ein schmieriges Shirt an. In dem schlechten Licht sah er, dass sie vergammelte Zähne hatte und ihre Haut fahl aussah. Sie wirkte schmuddelig und ungepflegt. Crack-Hure, hatte er gleich auf den ersten Blick gesehen. Er stand auf und lehnte sich an die Wand, sah nach unten. Was ein Drecksloch hier, dachte er. Für ein bisschen Crack würde die hier alles machen, die Sorte Nutte kannte er hier vom Bahnhof.

„Was ist mit deinem Gesicht passiert? Ist auch egal, ich will dich ja nicht heiraten!“ Mit diesen Worten kniete sie sich vor ihn, öffnete seine Hose.

Als sie seinen riesigen Schwanz sah, schnappte sie erschrocken nach Luft, fing sich aber gleich wieder. Er grinste schmierig, kannte seine Wirkung auf Frauen, wenn sie das erste Mal seine Hose öffneten.

„Zeig mir deine Titten“, forderte er sie auf, er würde in dieser ranzigen Bude keinen Ständer, ohne optische Anreize bekommen.

Sie zog das schmuddelige Shirt über die Schultern runter und er konnte ihre kleinen Titten sehen, die schon anfingen zu hängen. So würde er keinen Steifen kriegen, warum war er mit ihr gegangen?

Umständlich machte sie sich an seinem Schwanz zu schaffen, jetzt hatte sie ihn endlich im Mund. Er schloss für eine Sekunde die Augen, als er sie wieder öffnete, bot sich ihm ein klares Bild. Er konnte nur noch ihre blonden Locken sehen, wie sie ihren Mund über seinen Schwanz schob. Sie sah genauso aus, wie die kleine Hure seines ehemals besten Freundes.

Wut packte ihn … Blasen konnte sie auch nicht richtig … Sie bekam ihn nicht in ihren Mund rein … Du kleine dreckige Nutte, dachte er.

Mit beiden Händen packte er zu, griff fest in ihre Haare und zog sie mit einem heftigen Ruck daran hoch. Vor Überraschung und Angst, weiteten sich ihre Augen, einen Sekundenbruchteil dachte er, sie würde schreien.

Er ballte eine Faust und spannte sich an, dann schlug er mit voller Kraft zu.

Der Schmerz in seiner Hand tat gut, zeigte ihm, wie lebendig er war.

Jetzt hatte er einen Ständer, wie lange nicht mehr.

Er war richtig geil, wollte ihr Blut sehen, warm und rot sollte es fließen.

Seine Faust krachte nach vorne in ihr Gesicht, brach ihr das Nascnbcin.

Er hörte den Knochen knacken. Das hatte er schon lange einmal tun wollen.

Ein heißer Schwall Blut spritze auf seine Hand und er machte die Augen zu.

Rot und warm, so wie er es sich gewünscht hatte … Er wollte es fühlen und riechen … Blut sollte überall sein.

Er schloss seine Augen, und die Muskulatur im ganzen Körper spannte sich an.

Stöhnend schnappte er nach Luft, endlich …

Er fühlte die Erleichterung in seiner Lendengegend.

Heiß spritzte das Blut in Strömen aus ihrer Nase und sie fiel in sich zusammen.

Ohnmächtig lag sie am Boden, eine große dunkle Lache breitete sich unter ihr aus. Das helle Haar färbte sich tiefrot, sie rührte sich nicht mehr.

Er packte seinen Schwanz wieder in die Hose, er war gekommen, als er das warme Blut auf seiner Haut gefühlt hatte.

Es war gigantisch gewesen, wie der Fick des Jahrtausends.

Blut hatte Macht, Blut war Leben und Tod …

Warum hatte er das nicht schon früher ausprobiert?

Dieses Gefühl, musste er bald wieder spüren, er wusste auch schon genau mit wem … Mit dem Fuß trat er die Nutte beiseite, warf einen Fünfziger aufs Bett.

„Den hast du dir redlich verdient, Süße!“ zischte er und verließ mit einem brutalen Grinsen auf den Lippen, die kleine, schmuddelige Absteige.

Während er das Haus verließ, lachte er, er konnte gar

nicht mehr aufhören.

Es hallte schaurig in der Gasse wider. Selten hatte er sich so befreit gefühlt, er wusste jetzt, warum er ständig von Blut und Mord träumte. Es befreite ihn, hellte seine Stimmung immens auf. Stark und unbesiegbar, so fühlte er sich jetzt in diesem Moment …

Das war ein Spaß gewesen, so eine Gefühlregung hatte er noch nicht kennen gelernt. Er wollte mehr davon, sehnte sich nach etwas Verbotenem …

Seine Lust zu quälen war jetzt richtig angefacht, es war egal, er hatte die Hemmschwelle hinter sich gelassen, erkannte nicht mehr, was richtig oder falsch war.

Die junge Nutte sah ihn schon in der Bahnhofshalle und war ihm gefolgt.

Er sah nach Geld aus, teurer Trainingsanzug und teure Turnschuhe. Er hatte auf dem Parkplatz einen Porsche Cayenne abgestellt, das hatte sie durch die Glastür beobachtet, ihre Augen folgten seinem Weg durch die Halle.

Der würde einen Fünfziger für sie übrighaben, da war sie sich sicher. Und er wirkte sauber und gepflegt. Sie hatte die schmuddeligen, stinkenden alten Säcke so satt. Dieser hier hatte einen guten Körperbau, das erkannte man von weitem. Seine Augen konnte sie nicht sehen, er hatte eine Kapuze tief ins Gesicht gezogen und hielt den Blick gesenkt. Aber sie brauchte auch keinen Schönheitskönig, Hauptsache etwas Crack, und er war sauber und roch nicht.

Sie konnte es sich nicht leisten wählerisch zu sein, der Entzug der Droge hatte bereits eingesetzt. Ihr war schon kotzübel, das musste was werden jetzt.

Vielleicht hatte er Lust auf mehr, das würde ihr Crack für

zwei Tage sichern.

Sie stöckelte ihm durch die Halle hinterher und platzierte sich in der Gasse in einem Hauseingang, hier musste er auf dem Rückweg wieder entlang. Sie würde ihn erwarten. Diese reichen Typen kannte sie, holten sich mal ein bisschen Koks hier, für Fickpartys oder einfach zum Ausprobieren.

Die waren nicht süchtig, nur gelangweilt von ihrem Leben, suchten einen Kick.

Das war die größte Fehleinschätzung ihres Lebens, die sie in einer Stunde bitter bereuen würde. Aber davon ahnte sie jetzt noch nichts. Sie freute sich auf einen zahlungskräftigen Kunden und zog voller Euphorie ihren Lippenstift nach.

Blutrote Lippen, turnten die Freier an beim Blasen. Das kannte sie schon, da waren alle gleich. Jetzt hörte sie Schritte in der Gasse. In dem schummerigen Licht erkannte sie die Gestalt wieder, glitt aus dem Hauseingang und sagte mit süßlicher Stimme ihr Sprüchlein auf. Es zog, er gab ihr ein „Warum nicht“, als Antwort. Also stöckelte sie in ihren 11cm Absätzen vor ihm her in das schmuddelige Zimmer, was sie sich mit ein paar Kolleginnen stundenweise teilte. Bis 22 Uhr war sie dran. Es blieb nur noch eine Stunde, er war ihre letzte Hoffnung. Sie hatte heute noch keinen Cent verdient. Sie würde ihn schon glücklich machen.

Manchmal fand sie ihren Job ekelerregend, aber Not machte erfinderisch.

Ihre Drogensucht musste irgendwie finanziert werden.

Sie zog ihn in den verkommenen Hausflur und schloss die Tür zu der Absteige auf. Er folgte ihr und blickte sich angewidert um, so reagierten sie alle, wenn sie eintraten.

Angewidert und Ekel im Blick …

Dann musste er sich eine Edel-Hure nehmen, wenn ihn ranzige Laken störten.

Es interessierte sie nicht, sie verschwand in dem kleinen Badezimmer und fuhr sich mit dem dreckigen Waschlappen durch den Schritt, falls er doch noch ficken wollte. Bestens vorbereitet verließ sie das Badezimmer, in dem es vor Dreck starrte. Keiner wollte den Siff hier wegwischen, sie auch nicht.

Den Minirock und die Stilettos hatte sie ausgezogen und wackelte aufreizend auf ihn zu. Er wirkte abgetörnt, wieder so einer, der keinen Ständer kriegen würde. Den Typ kannte sie schon. Das würde ein Stück Arbeit bedeuten, ihn zum Abspritzen zu kriegen. Innerlich stöhnte sie auf. Ihr blieb auch heute nichts erspart. Die ganze Woche war schon Scheiße gewesen, das war hier der krönende Abschluss. Sie ahnte noch nicht wie sehr …

Als sie sein Gesicht sah, zuckte sie zurück. Er hatte die Kapuze runtergenommen. Völlig demolierte Visage, dachte sie. Mehrfacher Kieferbruch, sie kannte sich aus, war gelernte Krankenschwester. Vor ihrem Leben mit den Drogen. Aber es war ihr egal, sie musste ihn nicht schön finden, sondern ihm nur einen blasen. Sie machte einen dummen Witz und beugte sich runter, ging auf die Knie und machte seine Hose auf.

Er wollte ihre Titten sehen und sie zog das Top einfach über die Schultern runter, betete, dass es so schneller ging, sie wollte nach Hause und nicht ihrer Kollegin begegnen, der sie noch die Miete schuldete.

Sie holte seinen Schwanz aus der Hose und zuckte abermals zurück. Der war riesig, ficken konnte er vergessen, mit ihr auf keinen Fall. Da konnte gerne ihre Kollegin ran, die mochte so große Teile. Sie nicht. Auch beim Blasen bekam man da schon Kieferstarre, aber die fünfzig Euro lockten sie. Also stopfte sie sich das Teil halbherzig in ihren knallrot geschminkten Mund.

Warum musste ihr das immer passieren?

Das Leben meinte es nicht gut mit ihr, immer kam sie an die seltsamen Freier.

Ihre Kolleginnen hatten da eindeutig mehr Glück, sie schloss genervt die Augen und gab ihr Bestes. Sie hätte sich bei seiner Körpergröße denken müssen, dass er gut bestückt wäre, aber die Gier auf das schnelle Geld, hatte sie blind dafür gemacht. Sie verfluchte sich innerlich, schalt sich selbst wegen ihrer Dummheit. Aber Crack vernebelte mit der Zeit das Gehirn, man verlor die klare Sicht auf die realen Dinge im Leben. Nach gut zwei Jahren Sucht, war man in einer nicht endenden Abwärtsspirale gefangen.

Sie bekam kaum Luft und musste würgen, wer konnte mit so einem Schwanz schon was anfangen. Egal, sie musste da jetzt durch. Als sie es endlich geschafft hatte, dass er halbherzig steif wurde, riss er sie plötzlich an den Haaren hoch. Sie wollte schreien und ihre Augen weiteten sich vor Schreck, aber sie war wie gelähmt. Wie in Schockstarre, blickte sie in sein verzerrtes, blutig geschundenes Gesicht.

Dann donnerte seine Faust mit einem krachenden Geräusch auf ihr Nasenbein und sie sah ihr eigenes Blut durch den Raum spritzen. Sie hörte ihn stöhnen und wusste, dass sie an einen Perversen geraten war.

Das war ihr letzter Gedanke, bevor sie bewusstlos wurde.

Ihre Kollegin fand sie eine halbe Stunde später, im eigenen Blut liegend, rief sofort den Notarzt. Er hatte ihr nicht nur das Nasenbein völlig zertrümmert, sondern auch das Jochbein. Die zweite Nutte, die den Notarzt rief, beschrieb noch sein schauriges Lachen, das sie in der Gasse bei ihrer Ankunft gehört hatte. Hier im Bahnhofsviertel waren solche Dinge völlig normal, aber selbst der Notarzt erwähnte der Polizei gegenüber, mit welcher Wucht der Schlag ausgeführt wurde. Die Buschtrommeln im Nutten-Viertel warnten darauf hin, vor einem irrsinnig kichernden Schläger.

Diesen blutigen Vorfall, der aus der Fehleinschätzung von Nancy-Lou resultierte, behielt man noch lange in Erinnerung.

Nancy-Lou selbst, würde nie mehr in dieses Viertel zurückkehren.

Sie blieb ein Pflegefall für den Rest ihres Lebens, da das zertrümmerte Nasenbein hoch in ihr Gehirn geschoben war, durch die brutale Wucht des Schlages.

Im Nutten-Viertel am Bahnhof war Nancy-Lou noch lange das Tages- und Nachtgespräch. Angst war eine Zeit lang der ständige Begleiter aller Mädchen, die dort arbeiteten.

Kapitel 7

Die Noch-Ehefrau …

Wo war der Idiot, wo steckte er? Sie war in die leere Wohnung zurückgekommen. Heute früh, hatte er noch einen guten Eindruck gemacht, alles war normal gewesen. Wie konnte er mit diesem Gesicht das Haus verlassen? Auch wenn es schon dämmerte, sah doch jeder, dass mit ihm etwas nicht in Ordnung war. Die Schwere seiner Gesichtsverletzungen war selbst für einen Halblinden erkennbar. Lange würde sie ihn nicht mehr bändigen können, sie hatte schon bemerkt, dass sie sich mit einem unberechenbaren Raubtier eingelassen hatte. Sie hatte es übertrieben, nun war er nicht mehr zu stoppen.

Die Kreatur, die sie sich erschaffen hatte, würde sich irgendwann gegen sie wenden, wenn sie nicht auf der Hut war.

Von dem einstigen Mann, den sie als Freund der Familie gekannt hatte, der mit ihren Kindern auf seinen Schultern durch den Garten lief, war nichts mehr übriggeblieben. Es hatte keine drei Jahre gebraucht, um ihn so zu reizen und zu manipulieren, dass sie die Fäden in der Hand hielt. Aber langsam schien er ihr zu entgleiten, er löste sich von ihr. Früher konnte sie ihn einschätzen, nun war er nicht mehr zu durchschauen. Ging seinen eigenen Plänen nach, langsam wurde er gefährlich, auch für sie. Er war ein von Hass und Zorn zerfressener Mensch geworden, der ein Ventil suchte, um seinen Aggressionen Luft zu machen. Ihre Intervention war ausgereizt, sie hatte den Teufel gelockt, und der Abgrund der Hölle hatte sich vor ihr aufgetan. Schnellstens musste sie jetzt agieren, er sollte ihrem Ehemann schon morgen auflauern, ihn mit dem Wagen von der Straße abdrängen.

Dann konnte er mit ihm machen, was er wollte. Hauptsache war, ihr Mann verschwand auf Nimmer Wiedersehen. Dann würde sie den Idioten an die Polizei verraten. Es wäre ein anonymer Anruf, er war ja schließlich flüchtig.

Aber erst sollte er seinen Job erledigen, und sie zur Witwe machen.

Der Höhepunkt seines Hasses war erreicht, sie konnte es spüren.

Die Pforten der Gewalt hatten sich geöffnet und sein Wunsch Blut zu sehen, kannte keine Grenzen mehr. Wenn sie die Wohnung betrat, hatte sie eine Gänsehaut. Der Idiot, wollte sie sofort ficken, kaum hatte sie die Tür geschlossen, und von Tag zu Tag wurde er brutaler. Sie konnte seine Wut auf alles und jeden fühlen, wenn er grob mit ihr umsprang, sie brutal anfasste.

Nur ihrer Beherrschung hatte sie es zu verdanken, dass sie nicht vor Schmerz aufschrie, wenn er hart in sie eindrang. Wenn sich seine Hände um ihren Hals schlossen, hatte sie jedes Mal Angst, dass sie diesen Fick nicht überleben würde.

Panik, dass er sich vergessen könnte und sie einfach dabei erwürgte, weil es ihm Spaß machte. Mein Gott, auf was hatte sie sich da nur eingelassen, als sie ihn zu ihrem Werkzeug gemacht hatte? Wie tief war sie gesunken, und das alles nur für Geld?

Nein, sie straffte ihre Schultern, nicht nur das Geld, sie wollte auch ihre Rache.

Die besten Jahre ihres Lebens hatte sie sich um alles gekümmert, hatte sie ihrem Noch-Ehemann geopfert. Ihren Beruf aufgegeben, um seine Karriere zu fördern. Hatte zu allem Ja und Amen gesagt, war immer bereit gewesen einzuspringen. Sie vergaß, dass sie sich ein schönes Leben mit seinem Geld gestaltete, dass auch sie profitiert hatte, von allem was er leistete.

Dass Reichtum für sie selbstverständlich geworden war, das wollte sie nicht mehr erkennen.

Und sie vergaß auch, dass er sich ihr gegenüber nie geizig gezeigt hatte, sich auch jetzt mehr als fair erwies, mit dem, was er ihr als Abfindung anbot.

Sie war im Laufe der Jahre selbstgerecht, gierig und verwöhnt geworden. Konnte sich nicht mehr vorstellen arbeiten zu gehen, geschweige denn, auf den ihr gewohnten Luxus zu verzichten. Geliebt hatte sie ihren Mann schon lange nicht mehr. Wenn sie sich zurückerinnerte, schon die letzten fünf Jahre nicht mehr. Aber sie gönnte ihm auch sein Glück nicht, wollte ihn bluten sehen. Warum sollte es ihm besser gehen als ihr?

Warum sollte er sich ein schönes Leben gestalten können mit seiner Hure, während sie allein mit wenig Geld ihr Dasein fristen musste?

Sie hatte den Bezug zum Geld schon lange verloren, das war auch ein ewiges Streitthema in ihrer Ehe gewesen. Er hatte ihre Geldgier bemerkt, hatte manchmal ihr wahres Gesicht zu sehen bekommen und sie gefragt, wann sie sich so verändert hatte.

Er blühte mit der kleinen Nutte an seiner Seite auf, und sie als seine Frau, war einsam zu Hause.

So hatte sie sich ihr älter werden nicht vorgestellt.

Allein, die Kinder aus dem Haus, auch wenn sie ihn nicht mehr liebte, hatten sie doch einen gemeinsamen Tagesablauf gehabt. Jetzt fühlte sie sich verloren und wollte sich mit dem Geld trösten. Ihr war der Tod ihres Mannes lieber, als dass er nochmal sein Glück fand. Sie war verbittert, zynisch und hart geworden.

Die Maske der Freundlichkeit, konnte sie noch gut aufsetzen, aber sie tat es nicht mehr gerne. Nur noch, wenn sie es musste.

Sie goss sich ein Glas Wein ein, wartete jetzt schon über eine Stunde auf den Idioten, wurde langsam nervös. Wo trieb sich der Penner nur herum, mit dem Gesicht würde er doch überall auffallen!

Bestimmt war er wieder zum Bahnhof gefahren, um sich Kokain zu holen.

Herrgott, er war unberechenbar geworden, morgen würde sie ihn loswerden, dann konnte sie wieder entspannter schlafen. Ihr Bruder würde auch nächste Woche wieder kommen, dann bräuchte sie die Wohnung hier leer, müsste auch noch alles reinigen lassen, damit nichts bemerkt werden würde.

Aber wenn alles glatt ging, dann würde der Idiot bis dahin einsitzen.

Sie hatte keine Skrupel ihn zu opfern, er gehörte eh

Weggesperrt, er war gefährlich. Ihm würde sowieso keiner glauben, was er erzählte.

Geflüchtet, zwei Mordversuche, eine Vergewaltigung …

Sein Strafmaß konnte nicht gering sein und ein psychiatrisches Gutachten würde wohl auch zeigen, wo seine Defizite zur Gesellschaft lagen.

So einfach würde er nicht vor der Justiz davonkommen, dafür würde sie schon sorgen. Aber sie war bereit sich um ihn zu kümmern und ihm ein bisschen Geld in der Haft zukommen zu lassen, natürlich nur, wenn er sich vernünftig benahm.

Doch eigentlich rechnete sie eher damit, dass er weggesperrt wurde, in die forensische Psychiatrie. Wenn er erst einmal Psychopharmaka bekam, würde er sich an gar nichts mehr erinnern, dann wäre er ein unbrauchbarer Zeuge für die Polizei. Sie würden ihn ruhigstellen und er würde nur noch vor sich dahinvegetieren. Das war für ihn, eine gute Aussicht.

Dann wäre sein Leben endlich mal hass- und gewaltfrei.

In ihre Gedanken vertieft, hatte sie nicht bemerkt, dass der Idiot in die Wohnung geschlichen war. Er stand hinter ihr, griff um sie herum und quetschte schmerzhaft ihre Brüste zusammen, vor Schmerz schrie sie leise auf.

Sie erschrak und fühlte wieder das Raubtier in ihm, sie musste ihn nur noch heute besänftigen, morgen würde sie schon nicht mehr kommen müssen.

Nur noch heute, noch dieses eine Mal … Sie schaute auf seine Hände, sie waren voller getrocknetem Blut. Schockiert blickte sie ihn an, ekelte sich vor ihm und würgte. Mit einem Achselzucken erzählte er ihr, er habe Nasenbluten am Bahnhof bekommen, hätte keine Taschentücher dabeigehabt. Sie glaubte ihm kein Wort, aber es war ihr auch egal. Er war so mit Blut besudelt, dass sie dachte, er hat sich einen Vorgeschmack geholt. Sie schüttelte sich angewidert. Das passte zu ihm, nichts anderes hatte sie erwartet. Noch hätte sie ihn bremsen können, aber die Abwärtsspirale aus Hass und Gewalt hatte sie beide schon mitgerissen.

„Morgen platzierst du dich bei der kleinen Schlampe vor der Wohnung, ich werde ihn anrufen und rauslocken! Dann mach ihn endlich kalt!“

Längst hatte sie gesehen, wo er wohnte, auch dem Haus an der See hatte sie schon einen Besuch abgestattet. Ihr Mann war ahnungslos, dass sie sein E-Mail Passwort kannte, er wusste auch nicht, dass sie den Safe-Code besaß.

Bargeld hatte er komplett aus dem Safe geräumt, auch seine drei Rolex Uhren waren weg. Ihr Schmuck und ihre beiden Uhren waren noch da, sämtliche Versicherungsunterlagen, die sie und die Kinder betrafen, waren auch noch im unteren Fach des Safes.

Sie hatte noch etwas gefunden im Tresor …

Aus ihrer Handtasche nahm sie langsam die 9 mm Luger ihres Mannes, legte sie in die Mitte auf den Küchentisch. Die Pistole glänzte im Licht, sah in ihren Augen nicht bedrohlich aus. Der Idiot starrte fasziniert auf die Waffe, wie hypnotisiert griff er danach. Wog das Gewicht des Revolvers ab in seinen beiden Händen. Schmatzend leckte er sich über seine Lippen.

Zielte auf sie und kicherte.

„Peng! Du bist tot!“

Wieder kicherte er dieses grausige Lachen eines Irren.

„Lass das!“ maulte sie ihn an, aber sie wusste, sie sollte jetzt gehen.

„Versaue es nicht wieder, sieh zu, dass du die Leiche loswirst, es sind unterwegs genügend Felder und Wälder. Dränge ihn von der Straße ab, töte ihn, mir ist egal wie. Lass den Porsche stehen.

Selbst wenn wir ihn erst ein Jahr später für tot erklären lassen können, sorge dafür, dass er nicht wieder auftaucht!" Mit diesen Worten verließ sie die Wohnung und hoffte, dass sie die Visage von dem Idioten so schnell nicht wiedersehen musste.

Er stand noch immer, mit der Waffe in der Hand, in der Küche und starrte fasziniert sein Spiegelbild in der Fensterscheibe an, die Waffe im Anschlag.

Er war verliebt in sein eigenes Spiegelbild, völlig fern der realen Welt.

Versunken in Mordlust und Rachegedanken.

Als sie das Haus leise verließ, dachte sie noch, jetzt schnappt er völlig über.

Teil 2
Die Entführung

Kapitel 8

Ein Abend wie jeder andere …

Als ihre Freundin anrief und sie um Hilfe bat, überlegte sie nicht lange.

Es war gegen 20 Uhr, er würde gleich heimkommen. Aber sie musste ihre Freundin nur eben von der Werkstatt abholen und nach Hause fahren, in einer guten Stunde wäre sie zurück. Es würde nicht lange dauern, sie freute sich auf einen entspannten Abend mit ihm an ihrer Seite. Vielleicht ein Schaumbad, ein Glas Wein, seine nackte Haut und Sex, sich entspannen.

Sie schickte eine Nachricht und nahm den Autoschlüssel vom Tisch.

- bin gleich zurück-ich liebe dich -

Sie schlüpfte in seine Jogginghose und zog die Kordel in der Taille fest, dann schnürte sie ihre Turnschuhe zu. Noch immer trug sie mit Vorliebe seine Trainingsanzüge, am besten war es, wenn er den Sweater getragen hatte.

Wenn auch nur drei, vier Stunden, dann konnte sie ihn an sich riechen, wenn er nicht bei ihr war. Er wusste davon und legte ihr immer ein Sweatshirt von sich beiseite, war gerne bereit diese Macke von ihr zu unterstützen.

Dafür liebte sie ihn umso mehr, er fragte nicht, sondern handelte, ohne groß zu diskutieren. Dunkel lag die Straße vor ihr, als sie das Haus verließ.

Es war kühl draußen und sie schob ihre blonden Locken unter die Kapuze des Sweaters, jetzt wirkte sie fast androgyn. Man konnte nicht erkennen, ob sie Mann oder Frau war. Sie zog die Kapuze tiefer ins Gesicht und sprintete auf den weißen Porsche zu, der Wind blies kalt um die Häuserwände und wirbelte Blätter durch die Luft. Es fing gerade an zu nieseln und die Nacht brach heran.

Düster und ruhig in den Straßen, ein stürmischer Abend.

Scheiß Wetter, dachte sie und ließ sich auf den niedrigen Ledersitz gleiten, startete den Motor. Der Regen wurde heftiger, prasselte auf die Scheiben.

Anschnallen, Blinker setzen und los. Vorsichtig und langsam zog sie den Porsche aus der engen Parklücke, sie fuhr ihn erst den vierten Tag, die Maße waren ihr noch fremd, und es war stockduster. Innerlich verfluchte sie ihn, ein kleineres Auto hätte es für sie auch getan. Sie brauchte kein Statussymbol, auch wenn sie den Wagen klasse fand, sah sie für sich keine Notwendigkeit darin. Luxus den sie nicht brauchte. Sie nannte die Autos liebevoll seine Straßen-Penisse, lächelnd gestand sie sich ein, dass er das ja gar nicht nötig hatte, da war genug vorhanden. Wieder dieses Ziehen im Bauch, Sehnsucht nach ihm. Immer wenn sie an ihn dachte, hatte sie das Gefühl, mit ihm war die Welt heller und bunter, er holte ihre guten Seiten zum Vorschein, machte alles etwas besser. Gleich wäre sie zu Hause, würde sich nackt ausziehen und in der Badewanne auf ihn warten. Ein kalter Schauer schüttelte sie leicht und sie stellte die Heizung höher, sehnte sich nach Sonne und Wärme.

Der Regen war hier weniger stark, der Asphalt noch trocken.

Sie fuhr auf die leere Bundestrasse auf und gab Gas, hier waren nur Felder und heute Abend keine Autos außer ihrem auf der Straße. Jetzt konnte sie mal sehen, was der Wagen so brachte, ausreizen würde sie ihn nicht, aber mal Antesten.

Bei 240 km/h nahm sie langsam den Fuß vom Gas. Schön, dachte sie bei sich, gefällt. Jetzt konnte sie verstehen, warum er seinen Porsche so mochte.

Starke Motoren und starke Männer, dafür hatte sie schon immer eine Schwäche gehabt, nun hatte sie beides, eigentlich vollkommenes Glück.

Ihre Geschwindigkeit betrug noch immer 150 km/h, jetzt begann es auch hier zu regnen.

Nun war es nass und dunkel auf der Bundestraße, die Sicht war schlecht und sie konzentrierte sich auf die Fahrbahn, die vor ihr lag.

In diesem Moment schoss links in einem Affenzahn, ein dunkler, großer Geländewagen an ihr vorbei. Was ein dummer Vollidiot, murmelte sie vor sich hin. Der schwarze Geländewagen bremste vor ihr ab und passte seine Geschwindigkeit ihrem Wagen an.

Nun fuhr er direkt vor ihr, sie erkannte, dass es auch ein Porsche war.

Sie hatte plötzlich ein schlechtes Gefühl in der Magengegend, drückte auf seine Telefonnummer im Display, wollte seine Stimme hören. Das Freizeichen ertönte laut über die Freisprecheinrichtung, sie schaute auf den dunklen Wagen vor ihr, der langsam auf ihre Höhe zurückviel. Er nahm sofort ab, seine Stimme hörte sich freudig an.

„Wo steckst du, meine Kleine. Ich bin noch eben beim Anwalt, mache mich aber jetzt auf den Weg! Bist du noch im Auto?“

Er saß im Büro seines Freundes und hörte ein Rauschen und Knacken, seine Nackenhaare stellten sich auf. Die Verbindung war schlecht …

Hier stimmte etwas nicht, wo war sie? Warum rief sie an?

Sofort hatte er das Gefühl, er bekäme einen Schlag in die Magengrube.

Er drückte auf die Lautsprechertaste, sein Freund konnte jetzt mithören.

Ihre Stimme war panisch, weit weg und hörte sich abgehackt an …

„Ein schwarzer Geländewagen. Hier stimmt was nicht! Schatz? Hörst du mich?“ Lautes Rauschen und Knacken in der Leitung …

Er war leichenblass geworden und hatte das Gefühl, seine Knie würden einknicken.

Seit einigen Tagen hatte er ein drohendes Unheil verspürt, es aber seiner Einbildung und dem Stress zugeordnet. Sein Gespür war nicht getrübt gewesen, sein Gefühl hatte ihn warnen wollen. Warum hatte er nicht auf seinen Bauch gehört?

„Nicht anhalten, fahr weiter!“ Das war alles, was sie verstehen konnte …

Es rauschte und knackste, dann war die Leitung tot.

Mist, die Verbindung war abgebrochen, was sollte sie nun tun?

Sie versuchte es erneut, aber kein Freizeichen ertönte …

Sie bremste ab, wurde erheblich langsamer, was war das für ein Idiot.

Was für ein Schwachsinniger fuhr so riskant, bei dem Wetter und der schlechten Sicht. Zudem war der Asphalt durch den einsetzenden Regen spiegelglatt.

Es wurde immer nebeliger.

Mittlerweile war der Regen stärker geworden, wie eine

Wand wirkte das niederprasselnde Wasser.

Eigentlich fühlte sie sich sicher in dem Wagen, was sollte ihr hier schon groß geschehen, im Auto? Was konnte schon passieren, wenn sie nicht anhielt und ausstieg? Sie durfte sich nur nicht ablenken lassen, weiter konzentriert fahren, sie ging noch mehr vom Gas runter. Gleich musste die nächste Ausfahrt kommen, abfahren und rein in die belebteren Straßen. Langsam hätte sie eine bessere Chance, sich ein Rennen hier zu liefern, hielt sie für überflüssig, sie kannte das Auto auch noch zu wenig, um zu versuchen zu flüchten. Wovor auch sollte sie flüchten? Der schwarze Geländewagen war jetzt links neben ihr und kam immer näher. Es war ein Porsche Cayenne, den Fahrer konnte sie von ihrer niedrigen Sitzposition aus nicht sehen. Immer näher zog der Geländewagen an ihre linke Seite. Der kalte Schweiß brach ihr aus, das ungute Gefühl wurde intensiver und Angst durchflutete ihren Kopf, ihr Hals wurde trocken, es schnürte ihr die Kehle zu.

Er versuchte sie abzudrängen, langsam und stetig …

Sie gab wieder etwas mehr Gas, das konnte doch nicht wahr sein, wer war dort in dem Wagen? Was für ein Idiot versuchte bei dem Wetter so dicht heranzufahren? Jetzt setzte er sich schräg vor sie, ihre Chancen standen schlecht, sie musste wieder abbremsen …

Der Abstand betrug nur noch wenige Zentimeter …

Sie hielt die Luft an, fühlte sich völlig hilflos …

Jetzt hatte er sie schon angestoßen, sie krampfte ihre Hände um das Lenkrad, nur nicht verreißen oder lockerlassen, dann würde sie in die Leitplanke krachen. Ihr Kopf hämmerte und das Herz raste …

Jetzt knallte er mit Schwung in ihre linke Seite, Panik erfasste sie, sie konnte kaum noch atmen vor Stress …

Sie fühlte die Angstattacke in sich aufsteigen, gleich würde sie nicht mehr in der Lage sein, zu handeln …

Jetzt hörte sie das Blech knirschen und bremste noch weiter ab, der Aufprall vorne, hatte sie immer näher an die Fahrbahnbegrenzung gebracht.

Es dauerte ungefähr zehn Sekunden, dann hatte er sie an die Leitplanke gedrückt und festgekeilt, die Geräuschkulisse schmerzte in ihren Ohren.

Sie würgte, fühlte Tränen in sich aufsteigen und bekam keine Luft mehr.

Jede Faser ihres Körpers war gespannt, Angst schnürte ihre Kehle zu.

Fassungslos versuchte sie nach Luft zu schnappen, sie würde ersticken, wenn sie nicht endlich atmen konnte …

Der Versuch abzubremsen war zwecklos, der Cayenne zog sie verhakt am Blech einfach mit, an der Leitplanke entlang.

Das Geräusch von berstendem, schleifendem Metall schrie in ihren Ohren.

Wie Fingernägel auf einer Tafel, in ihrem ganzen Körper spürte sie das widerlich, kratzende Geräusch.

Jetzt standen beide Autos, ihr Blut rauschte durch ihre Adern und der Puls schien zu explodieren.

Sie spürte, wie der Magen sich umdrehte, weit und breit kein anderes Fahrzeug in Sicht, allein mit sich und dem anderen in dem großen, schwarzen Wagen.

Eingekeilt an beiden Seiten, sie würde nicht aussteigen können, ein Versuch zur Flucht wäre zwecklos. Sie ging in den Rückwärtsgang, irgendetwas musste sie tun … Der Motor lief noch und sie machte einen verzweifelten Versuch, rückwärtszufahren.

Die sechs Zylinder heulten auf, aber nichts geschah.

Sie kam weder vor noch zurück, sie saß fest. Blech an Blech, nichts ging mehr.

Der Porsche Cayenne war einfach zu groß, sie kam sich vor, als wäre sie sein Unterlegkeil.

David gegen Goliath, schoss es ihr durch den Kopf …

Sie duckte sich und versuchte zu erkennen, was draußen in der Dunkelheit los war. Das Blut rauschte noch immer in ihren Ohren, kurz hatte sie das Gefühl, ihr Herz würde stehen bleiben. Es war stockfinster, keine Fahrbahnbeleuchtung und die Rücklichter des großen Porsches blendeten sie, so nah an ihrer Windschutzscheibe. Der Regen prasselte unaufhörlich weiter auf das Autodach.

Wartend saß sie im Wagen und überlegte fieberhaft, was nun passieren würde. Wer war dort draußen und was wollte er von ihr?

Plötzlich ein ohrenbetäubender Knall und das Geräusch von gerissenem Sekuritglas. Es piepte hinter ihrem Trommelfell, und sie schrie auf …

Dann rieselte auch schon die Heckscheibe hinter ihr in das Fahrzeug.

Knackendes Geklirr, tausende von kleinen Splittern …

Ein angststeigerndes Geräusch, was ihr am ganzen Körper eine Gänsehaut verursachte …

Sie zuckte zusammen und duckte sich, machte sich klein. Wer war da draußen?

Wer zerstörte einfach so ein neues Auto und bedrohte ihr Leben?

Ein zweiter Knall, der sie fast taub machte, und die Windschutzscheibe sprang, blieb aber in der Dichtung hängen!

Wie ein Netz zogen sich Risse über die Scheibe, jetzt konnte sie gar nichts mehr sehen, nur noch vage hören …

Dumpfe, leise Geräusche … Sie duckte sich noch weiter und igelte sich zusammen, hörte alles wie durch Watte. Angsterfüllt hielt sie den Atem an.

Panisch rasten ihre Gedanken und Tränen stiegen in ihr auf. Sie unterdrückte ein lautes Schluchzen, warum kam denn keiner und sah was hier passierte? Irgendjemand musste doch noch da draußen sein und ihr helfen können? Tränen quollen aus den Augen, liefen über ihre Wangen. Das konnte nur ein böser Traum sein, ähnelte einem Horrorfilm …

Für einen kurzen Moment sah sie eine Gestalt in der Dunkelheit, sie erkannte sofort seine Statur. Groß und breit …

Jetzt wusste sie, was sie zu erwarten hatte …

Nie würde sie die Silhouette im Dunkeln vergessen, die Nacht im Landhaus, abwartend am Bettende, lauernd, unheimlich …

Sie hatte seinen Atem gehört, damals …

Nun wusste sie, wer sie abgedrängt hatte, mit einem Baseballschläger oder etwas Ähnlichem bewaffnet auf sie wartete, sie schluchzte laut auf.

Da draußen war das Tier, das ihr schon einmal Gewalt angetan hatte.

Sie hatte keine Chance gegen ihn, würde sich nicht wehren können.

Angst lähmte ihre Gedanken und machte ihre Muskeln bewegungsunfähig. Dann kam der dritte Knall, die Seitenscheibe platzte und Glassplitter vielen ihr in den Schoß, sie registrierte gar nicht, wie viele Glasstücke es waren …

Sie war unfähig sich zu rühren, schloss ihre Augenlider. Es war vorbei, sinnlos sich zu wehren, abwartend saß sie still da …

Eine Hand zerrte an ihrer Kapuze, und ihre blonden Locken vielen heraus.

Die Hand stockte, und plötzlich hörte sie völlig hysterisches Lachen.

Dann wurde sie an den Haaren durch das kaputte Fenster, aus dem Fahrzeug gezogen und blickte direkt in die Mündung einer Waffe.

Sie hatte das Gefühl, dass er ihre ganzen Haare mitsamt der Kopfhaut abgerissen hatte, wie skalpiert fühlte es sich an. Sie wagte nicht hochzublicken, wollte nicht in die Gesichtszüge ihres Peinigers schauen, starrte auf ihre Schuhspitzen.

Der Regen war weniger geworden, kleine Tropfen wie feiner Sprühnebel, durchfeuchteten ihren Sweater und ihre Haare. Sie stand verrenkt und eingeklemmt zwischen den zwei Autos. Mehrere Schnittwunden von den Glassplittern an den Händen bluteten, sie verhielt sich aber ruhig.

Abermals hatte sie das Gefühl ohnmächtig zu werden. Wie ein breiter Gürtel, der um ihre Brust lag, fühlte es sich an.

Der immer enger und enger wurde, nahm ihr die Luft zum Atmen … Ihre Ohren nahmen nur ein leises Rauschen wahr, die Feuchtigkeit um sich herum, sie spürte es nicht …

Ihre Knie zitterten und sie versuchte Luft zu bekommen, ihr Herz raste und die Panik lähmte ihr Bewusstsein. Der

Tod nahte, an seinem Lachen, das sie wie hinter einer geräuschdämmenden Mauer wahrnahm, merkte sie, dass er wahnsinnig war. Ihm wäre mit vernünftigen Argumenten nicht mehr beizukommen, er lebte in seinen eigenen Gesetzen und seiner eigenen Welt. Sie bräuchte es erst gar nicht versuchen, ihr Mund war so trocken, dass der Versuch zu reden schon schmerzte. Also schwieg sie.
Das war es also, er würde sie erschießen …

Hatte er es geplant? Hatte er ihr gezielt aufgelauert?

Es musste so sein, er hatte ihr aufgelauert und sie von der Fahrbahn gedrängt, um sie zu töten. Oder was hatte er sonst mit ihr vor? Was ging in seinem kranken Gehirn vor sich, konnte er überhaupt noch erfassen was er hier tat?

Die Gedanken drehten sich in Sekundenbruchteilen in ihrem Kopf, ihr wurde schwindelig und das Gefühl sich übergeben zu müssen wurde übermächtig.

Sie würgte, versuchte zu schlucken. Jede Bemühung zu atmen, erzeugte neues Würgen, sie versuchte den Brechreiz zu unterdrücken, sich nicht zu übergeben.

Dann blickte sie hoch und sah ihrem Peiniger direkt in die Augen. Es waren die schwarzen Augen eines Wahnsinnigen, sie schaute direkt in den Abgrund der Hölle, die Fratze des Teufels …

Er grinste schmierig, sein Gesicht war vom Kampf mit ihm noch gezeichnet und oben fehlten die Schneidezähne.

Als sie seine Stimme hörte, überlief sie eine Gänsehaut.

„Sieh mal an mein Täubchen, so sehen wir uns wieder, wo steckt denn dein Herr und Gebieter? So ein Pech für dich, dass du in dem Wagen warst, und Pech für mich. Na, der wird dich schon finden, dafür werde ich sorgen! Wenn ich mit euch beiden fertig bin, wird nichts mehr außer einem Klumpen Fleisch von euch übrig sein! Es wird mir eine Ehre sein, euch nacheinander fertig zu machen.

Ich träume schon seit Wochen von eurem Tod. Es wird Zeit, dass ihr dieser Welt Lebwohl sagt."

Sie hörte sein hysterisches, hohes Kichern noch einmal, dann spürte sie einen Schlag im Genick ...

Alles wurde schwarz vor ihren Augen …

Sein Stuhl kippte um, als er ruckartig aufstand.

Der Freund sprang vom Bürostuhl hoch und griff nach seiner Jacke, er selbst war schon Richtung Tür unterwegs. Gehetzt blickte er nach hinten, signalisierte seinem Freund mitzukommen, stürmte durch die Kanzleitür …

„Wo bist du? Halt nicht an, fahr, fahr weiter, scheiß auf das Auto, nicht anhalten und aussteigen. Um Himmels willen, wo bist du? Fahr weiter!

Hörst du mich, nicht anhalten!", seine Stimme klang panisch, angsterfüllt …

Die Verbindung war abgebrochen, am liebsten hätte er das Telefon an die Wand geknallt, warum ausgerechnet jetzt die Verbindung beendet wurde.

Ihm brach der Schweiß aus, seine Hände fingen an zu zittern. Er war leichenbleich im Gesicht und bekam schlecht Luft. Plötzlich war ihm übel, er hatte das Gefühl, dass er sich übergeben müsste. Mit sechs Schritten war er im Treppenhaus, rannte gemeinsam mit seinem Freund im Nacken, die Treppe herunter, immer mehrere Stufen auf einmal nehmend, sprang vom Absatz gehetzt am Geländer entlang. Die Schritte hallten in dem dunklen Treppenhaus, mit Schwung donnerte er die schwere Eisentür auf, die gegen die Wand krachte.

Dann sprintete er über das Parkdeck und entriegelte die Schlösser seines 911er, noch bevor er am Auto angelangt war. Er riss die Wagentür auf, rutschte auf den Sitz. Sein Freund und Anwalt, war direkt hinter ihm und stieg zeitgleich mit ihm ein. Der Turbo heulte laut auf und er schoss über das Parkdeck und prügelte den Wagen durch die Auffahrt. Sein Freund neben ihm telefonierte.

„Fahr auf die Bundesstraße, das ist ihre Freundin, sie wollte zu ihr!"

Er deutet auf das Telefon in seiner Hand und schnallte sich an.

„Gib Gas! Verdammte Scheiße, gib Gas!", schrie er ihn an.

Sein Freund hatte genauso Angst wie er, war blass und fahrig.

Beide hatten seit Tagen schon eine böse Vorahnung gehabt, etliche Gespräche darüber geführt. Sie hatten beide, das drohende Unheil gespürt. Die Detektei hatte nichts herausgefunden über den Verbleib des Flüchtigen und es war ihnen komisch vorgekommen, dass es über vier Wochen so ruhig gewesen war. In dem Moment ging seine Freisprecheinrichtung an. Seine Noch- Ehefrau …

„Verdammt, ich kann jetzt nicht!" Er drückte das Gespräch weg.

Bis zur Auffahrt der Bundesstraße, war der Verkehr dicht, es regnete in Strömen, die Sicht war schlecht. Er schlängelte sich Fahrbahnwechselnd durch dicht befahrene Straßen. Fluchend überholte er alles, was ihm in den Weg kam und fuhr dreimal über eine rote Ampel. Er konnte nicht sprechen, hatte die Angst in den Augen. Angst um sie, er wusste was passiert war …

Und es war seine Schuld, warum war er nicht nach Hause gefahren? Das würde er sich nie verzeihen …

Wieder hatte er sie im Stich gelassen, zum zweiten Mal. Dabei hatte er es gefühlt, wollte aber nicht auf seine innere Stimme hören, hielt das für einen Mythos.

Der schwarze Porsche schlingerte in die Auffahrt der Bundesstraße.

Hier war weit und breit kein Auto unterwegs, sein ehemaliger Freund hatte also ein leichtes Spiel gehabt, keine Zeugen, die etwas bemerkten. Sofort zog er rüber auf die linke Spur und trat das Pedal voll durch, über 500 PS heulten auf und der Sechszylinder beschleunigte rasend. Die fast schwarze Landschaft flog an ihnen vorbei. An der ersten Abfahrt bremste er, schaute in die Kurve, gab dann aber wieder Gas.

Drei Abfahrten weiter, sahen sie von weitem, den demolierten weißen Porsche in der Leitplanke kleben, völlig zerstört, das Licht war noch an.

Die Scheiben waren zerschlagen und die Front des Wagens, war gegen die Leitplanke gedrückt worden. Der weiße 911er war Totalschaden.

Er bremste ab und sprang raus, rannte zum Wrack und fühlte an der Motorhaube. Es dauerte nur 15 Sekunden, dann saß er wieder im Wagen.

„Er ist noch warm, sie können noch nicht weit sein!“

Der schwarze Porsche zog wieder auf die Fahrbahn und beschleunigte.

Sein Freund sagte leise zu ihm: „Gib Gas, ich will das Schwein erwischen, diesmal werde ich ihm den letzten

Rest geben, wenn du es nicht kannst!“

Sie schossen über den Asphalt, die Sicht war schlecht, die Straße glatt.

Ihm liefen Tränen über die Wangen, die Angst zu spät zu kommen, war fast körperlich zu fühlen. Innerlich krümmte er sich zusammen und hasste sich dafür, dass er Skrupel gehabt hatte, diesem Schwein den letzten Rest zu geben.

Er hätte es tun sollen, als er die Chance dazu gehabt hatte, jetzt war es zu spät. Es hätte wie Notwehr ausgesehen, und jetzt wäre sie nicht in der Gewalt dieses irrsinnigen Monsters, das wer weiß was mit ihr anstellen würde.

Nun wusste er, dass sein ehemaliger Freund völlig den Bezug zur Realität verloren hatte. Das war ihm bewusst geworden, als er das völlig zerstörte Autowrack registrierte. So etwas veranstaltete kein normaler Mensch, der wütend war, selbst in grenzenloser Wut, würde ein normal handelnder Mensch sich bremsen. Nicht nachdenken, er wollte sich nicht ausmalen, was dieses Tier ihr alles antun könnte. Wer wusste schon, wie krank die Fantasien dieses Wahnsinnigen, wie groß seine Blutlust oder sein Rachedurst, waren?

Er hätte ihn töten sollen, als er die Möglichkeit dazu gehabt hatte …

Aber was wäre er dann für ein Mann geworden?

Hätte er sich selbst jemals verziehen, einen Menschen getötet zu haben, einen Menschen, den er viele Jahre lang seinen besten Freund genannt hatte?

Was hätte das für seine Beziehung zu ihr bedeutet, wären sie beide damit klargekommen? Er wusste es nicht, er wusste aber eins jetzt genau …

Diesmal würde er nicht zögern, wenn er ihn fand. Jetzt

wollte er ihn töten, es war ihm ein Bedürfnis geworden …

Wenn dieses Monster sie noch einmal anfassen würde, garantierte er für Nichts mehr …

Er drückte auf dem Display den Notruf, sein Freund berichtete kurz und knapp die Sachlage und schon drei Minuten später, kam ihnen auf der Gegenfahrbahn ein Blaulicht entgegen. Die Polizei reagierte diesmal schnell, es war ihm egal.

Er wollte seine eigene Suche, wollte sie finden und alles endlich zu Ende bringen. Sie würden sonst niemals zur Ruhe kommen …

Wohin konnte er gefahren sein? Der Vorsprung war nicht allzu groß, aber hier war eine Abfahrt nach der anderen, er konnte überall mit ihr hin unterwegs sein. Sie hatten nicht einen einzigen Anhaltspunkt, mussten die Suche der Polizei überlassen, hatten keine Chance etwas auszurichten. Blindes umherirren brachte sie keinen Schritt weiter, würde nicht hilfreich sein.

Er drosselte das Tempo und nahm die nächste Ausfahrt, hielt hinter der Mündung auf dem Seitenstreifen. Ihm war speiübel, er würde sich übergeben müssen. Mit einem Ruck stieß er die Wagentür auf, taumelte aus dem Fahrzeug, lehnte sich gebückt an die Motorhaube und erbrach sich.

Als sein kompletter Magen sich entleert hatte, spuckte er aus.

Dann schrie er in die dunkle Nacht hinein: „Ich werde dich finden!“

Er ballte die Hände zu Fäusten und versuchte seinen Magen unter Kontrolle zu bekommen, der sich immer wieder zusammenkrampfte. Sein Freund war ausgestiegen und schob ihn zur Beifahrerseite.

„Steig ein, ich fahre jetzt!“

Ausnahmsweise gehorchte er, sank kraftlos auf den Beifahrersitz, fühlte sich nur noch müde … Er legte den Kopf an die kühle Seitenscheibe und versuchte zu seiner gewohnten Fassung zurückzufinden. Wo konnte er mit ihr hinwollen? Sein Freund war schon wieder auf der Bundesstraße, um zum Entführungsort zurückzufahren. Er fuhr langsam, aber jetzt hatten sie es nicht mehr eilig, konnten gar nichts ausrichten, die Situation war hoffnungslos.

Tränen liefen aus seinen Augen, als er den Anwalt anblickte und leise sagte: „Was mache ich ohne sie, ich bin nichts ohne sie!“ Der schwieg, was sollte er ihm sagen, was sich nicht nach einer Floskel anhörte? Egal was er sagte, es würde den Geschehnissen nicht gerecht werden. Wäre kein Trost für seinen Freund, würde sein Leiden nicht lindern. Eins wusste er genau, diesmal würde er dabei sein, wenn sie dieses Tier stellten, diesmal würde er dem ganzen ein Ende setzten. Als sein Anwalt und sein engster Vertrauter, er würde dafür sorgen, dass die beiden endlich Ruhe bekamen. Sie blickten in die dunkle Nacht hinaus, gut zwanzig Minuten später hatten sie den weißen Porsche an der Leitplanke erreicht. Drei Polizeifahrzeuge hatten die Unfallstelle gesichert, es herrschte reges Treiben. Spuren wurden vermessen, immer wieder zuckte das Blitzlicht einer Kamera auf. Der Regen hatte aufgehört und die Feuchtigkeit waberte dampfend über den Asphalt, ließ alles glänzend und grell aussehen.

Sie stiegen aus, er war nicht in der Lage zu erzählen was passiert war.

Sein Freund nahm ihm alles ab, hatte beruhigend eine

Hand auf seine Schulter gelegt und sprach ruhig und souverän mit dem leitenden Beamten.

Der griff sofort zum Funkgerät und gab eine Fahndung für einen schwarzen Geländewagen raus, der vorne rechts nicht unerheblich beschädigt sein dürfte.

Der Beamte verstand die Zusammenhänge nicht so wirklich, versuchte aber mit gezieltem Nachfragen, Licht in das Dunkel zu bringen.

Ein Abschleppwagen kam angefahren, der Fahrer des Abschleppers machte sich daran, den weißen Porsche aufzuladen. Bis jetzt hatte er teilnahmslos an der Leitplanke gestanden, sich alles angesehen. Gerade als der Schleppwagenfahrer das Wrack hochziehen wollte, schrie er auf:

„Moment!"

Er ging zu dem Fahrzeugwrack, versuchte mit einiger Mühe die Beifahrerseite aufzubekommen. Der Fahrer kam ihm mit einer Brechstange zur Hilfe, gemeinsam bekamen sie nach einigen Anstrengungen die Tür auf. Es war dunkel, er konnte nichts sehen, als er sich in den Innenraum beugte.

Tastend glitten seine Finger durch den Fußraum des weißen Porsches, er schnitt sich an den Glassplittern die Kuppen auf. Der Schmerz, der dabei entstand, ließ ihn fühlen, dass alles Realität war, kein bösartiger Alptraum, aus dem er gleich erwachen würde …

Es war ihm egal, es musste hier irgendwo sein …

„Ich brauche eine Taschenlampe, sofort!", bellte er …

Einer der Beamten trat hinter ihn und leuchtete mit einer starken Taschenlampe den Innenraum aus, hell glitt der Lichtkegel durch das Wageninnere und ließ die Glassplitter glitzern wie Diamanten.

„Was suchen wir?“ fragte der Beamte.

„Ihr Handy, es müsste hier sein!“, er tastete die Türverkleidungen ab, ob es irgendwo in den Seitenfächern gelandet war. Hier musste es liegen, vielleicht hatte sie einen Hinweis darauf hinterlassen, hatte geschafft ihnen zu helfen sie zu finden. Wenn es nicht hier war, trug sie es am Körper mit sich.

Hoffnung keimte in ihm auf, vielleicht konnte man das Handy orten lassen.

Ein zweiter Beamter kam hinzu, zu dritt untersuchten sie jede Ecke und jeden Winkel des Fahrzeugs, rissen die Teppiche hoch bis zum nackten Blech.

Der leitende Beamte hatte auf Veranlassung seines Anwalts schon den Antrag auf eine Handyortung angegeben. Ihr Telefon war nicht mehr im Fahrzeug, sie musste es eingesteckt haben. Vielleicht hatte sie es in ihre Tasche gesteckt, es musste so sein. Nun konnten sie nur hoffen und nichts anderes tun als abzuwarten. Er blickte auf die zerschlagenen Scheiben und er ahnte, mit welch einer Brutalität das Schwein sie aus dem Auto geholt hatte. Was erwartete sie dann? Warum war sie ausgestiegen? Wie hatte er sie dazu gezwungen?

Wäre sie im Auto geblieben, hätten sie es schaffen können rechtzeitig da zu sein. Warum hatte sie nicht auf ihn gehört? Alles drehte sich in seinem Kopf, der Polizist neben ihm stützte ihn ab, weil er schwankte.

Er blickte in das Gesicht des jungen Beamten und sagte leise:

„Betet, dass ihr ihn vor mir findet!“, seine blutenden Hände waren dabei zu Fäusten geballt, seine Augen kalt wie Gletschereis.

Der Anwalt, der sein Freund war, schob ihn in Richtung des schwarzen Porsches, bevor er noch etwas sagen würde, was hinterher falsch ausgelegt werden konnte.

„Komm, lass uns zur Wache und nochmal alles vernünftig zu Protokoll geben!“

Allmählich gewann er seine Fassung zurück, wo könnte das Schwein sich diesmal mit ihr verkrochen haben? Wo konnte er hin, ohne dass er auffallen würde? Sein kaputtes Gesicht würde Misstrauen erwecken, bei jedem, der ihn sah. Mittlerweile war es nach Mitternacht, totenstill auf den Straßen.

Der Anwalt fuhr wieder und hatte schon mit ihrer Freundin telefoniert, um sie auf den neusten Stand zu bringen. Auf dem Beifahrersitz hockend, hörte er der Unterhaltung seines Freundes zu.

„Nein, ich kann nichts sagen, ich weiß es doch auch nicht, versuch zu schlafen … Ja, ich weiß, dass du jetzt nicht schlafen kannst, Schatz …

Aber wir müssen abwarten … Ich melde mich wieder, bis später!“

Er drückte das Gespräch weg. Eine halbe Stunde später trafen sie am Polizeipräsidium ein, gingen die große Treppe hoch in das Gebäude.

Zum zweiten Mal in so kurzer Zeit, mussten sie wieder hierhin.

Die Aussage dauerte noch mal eine gute Stunde in dem kahlen Büro, das ihm vorkam wie aus der Nachkriegszeit. Bis auf die hochmodernen Computer, schien die Zeit hier still zu stehen. Er hatte das Gefühl, dass man die Sache nicht richtig ernst nahm, fühlte sich richtig gehend verarscht.

Sie wurden von einem Büro in das Nächste geschickt. Er war gereizt und wurde immer lauter, niemand nahm den Vorfall so ernst wie er und sein Anwalt, der immer wieder versuchte, ihn zu beruhigen. Eine Handyortung bräuchte seine Zeit, sagte man ihm. Nein, man könne das nicht beschleunigen, es war zum Verzweifeln.

Sein Freund musste ihm mehrmals ins Wort fallen, als sein Anwalt sah er sich in der Pflicht ihn zu bremsen. Er selbst hatte zu seiner gewohnten Autorität gefunden, und bellte im Befehlston die Beamten an, Wut funkelte in seinen blauen Augen. So machten sie sich nur unbeliebt, dachte der Anwalt und war froh, als sie das Präsidium verlassen konnten. Es regnete noch immer, mittlerweile waren sie schon zum zweiten Mal durchnässt, es war ihm egal. Er spürte weder die Kälte noch seine nassen Sachen, er fühlte sich leer und ausgebrannt. Die Frage wieviel sie noch aushalten würde müssen und wie lange er selbst alles noch aushalten könnte, hämmerte hinter seiner Stirn. Das Schlimmste jedoch war, dass er sich fragte, ob sie noch lebte, ob sie wohlauf sei. Er konnte es nicht fühlen, trotz der Verbundenheit, die sie hatten, spürte er nichts …

Nur eine große, innere Leere …

Draußen legte der Anwalt seinem Freund die Hand auf die Schulter, und sagte in besänftigendem Tonfall:

„Lass die Beamten ihre Arbeit tun, wir werden nicht untätig sein, wir fahren jetzt zu deiner Ehefrau! Was wollte sie vorhin von dir am Telefon?“

Jetzt erst fiel ihm der Anruf wieder ein, was hatte sie von ihm gewollt so spät am Abend?

„Gute Idee, ich fahre wieder selbst!“ Er rutschte in den Wagen und startete den Motor. Mittlerweile war es 2.45 Uhr auf der Anzeige im Armaturendisplay.

Auf dem Weg zu seinem alten Zuhause, schwiegen sie beide.

Die Angst um sie steckte ihm in den Knochen und zum Nichtstun verdammt zu sein, war nicht seine Welt. Ohne sie fühlte er sich allein und einsam.

Er musste sie finden, würde nicht eher ruhen, bis er dieses Schwein aufgespürt hatte. Die Hoffnung, dass er ihr keine Gewalt antun würde, sank mit jeder Minute. Sein Herz war leer, er fühlte sich wie in einem schwarzen Loch, um ihn herum war alles dunkel und kalt. Das Gefühl, dass seine Noch-Ehefrau damit etwas zu tun hatte, verstärkte sich je näher er seinem alten Heim kam, sein Jugendfreund musste einen Komplizen haben.

Er wurde auch die Ahnung nicht los, dass sie erst am Anfang dieser grausigen Vorfälle standen … Was hatte das Duo geplant? Warum war sie in die Schusslinie geraten, sie hatte keinem von beiden etwas getan, kannte beide nicht einmal … Nur weil sie ihn liebte, das sollte ein Grund sein, oder weil er sie liebte? Was für eine kranke Welt, in der er lebte, wo er Menschen, die ihm viele Jahre vertraut gewesen waren, so falsch eingeschätzt hatte …

Kapitel 9

Besuch mitten in der Nacht …

Es war nach drei Uhr morgens, als seine Frau den Porsche in der Auffahrt hörte.

Sie kannte das Geräusch des Turbomotors und horchte auf das Aufgehen der Wagentür. Sie lauschte, konnte leise Stimmen hören, als er ausstieg.

Dann schnappten zwei Türen ins Schloss, er war nicht allein. Jetzt unterhielten sie sich leise, als sie die Auffahrt hochkamen. Sie hörte Gemurmel, konnte nichts verstehen, trotz des offenen Fensters …

Was war schon wieder schief gegangen? Der Idiot war auch zu dämlich für alles. Es war kein Verlass auf ihn …

Er hatte ein Prepaid Handy von ihr bekommen, sich aber noch nicht gemeldet. Irgendetwas musste mal wieder nicht funktioniert haben. Warum lief ihr Mann hier herum und würde jetzt gleich ins Haus kommen? Wen hatte er dabei? Was wollte er zu so später Stunde von ihr? Er würde wohl nicht die Frechheit besitzen, und mit seiner Hure hier auftauchen? Mittlerweile traute sie ihm alles zu …

Sie vergaß vollkommen, dass es auch sein Haus war. Dass er freiwillig gegangen war und ihr das Haus überlassen hatte. Ihre Wut schäumte schon wieder über, was bildete er sich ein, mitten in der Nacht aufzutauchen? Sie zu belästigen und Unruhe zu stiften …

Als wenn er hier ein und aus gehen könnte, wie es ihm beliebte. Jetzt ärgerte sie sich darüber, dass sie die Schlösser nicht hatte wechseln lassen. Sie würde sich schlafend stellen, er war am Telefon so aggressiv gewesen. Vorhaltungen und Diskussionen brauchte sie nicht zu so einer nachtschlafenden Uhrzeit.

Leise schlich sie zum Fenster und sah den 911er in der Auffahrt stehen. Warum fuhr er noch den schwarzen Porsche?

Er hatte doch einen neuen in Weiß gekauft, hatte er den Schwarzen nicht im Autohaus abgegeben? Sie versuchte in Gedanken das Puzzle zusammen zu setzten, aber es gelang ihr nicht. Was war wieder schiefgelaufen?

Fieberhaft dachte sie nach und schlüpfte wieder unter die Bettdecke.

Dumm stellen, wäre jetzt hier das Beste, was sie tun konnte.

Es war spät, besser gesagt früh, sie würde sich morgen darum Gedanken machen. Und als erstes den Schlosser anrufen, in aller Herrgottsfrühe …

Mit etwas Geduld erfuhr sie bestimmt schon gleich etwas, er würde ihr schon mitteilen, warum er hier war … Wahrscheinlich würde er rumschreien.

Horchend lag sie in der Dunkelheit, ihre Nerven waren zum Zerreißen gespannt, die feinen Härchen im Nacken hatten sich aufgestellt.

Sie hörte den Schlüssel im Schloss der Haustür, dann Schritte in Richtung seines Büros. Die Tür des Büros quietschte etwas, jetzt gingen sie rein.

Wieder Stimmengemurmel, leise und angespannt. Was wollte er im Büro?

Da war doch nichts Wichtiges mehr von ihm. Atemlos lag sie im Bett und lauschte in das ruhige Haus hinein. Hörte noch immer leise Männerstimmen aus seinem Büro, es war ein zweiter Mann im Haus. Ausgerechnet jetzt summte leise ihr Handy, es war die Nummer des Prepaid Handys.

Der Idiot, wie immer zu einem schlechten Zeitpunkt. Sie drückte den Anruf einfach weg. Der würde jetzt warten müssen. Nun schaltete sie ihr Handy auf lautlos, es war nicht gut, wenn er noch einmal anrufen würde, während ihr Mann sie zur Rede stellte.

Sie musste erst einmal wissen, was ihr Ehemann im Haus wollte und vor allen Dingen, was er noch von ihr wollte? Aber sie war sich sicher, dass er mit seinem Auftauchen hier nur eins bezweckte: Sie sollte ihm Rede und Antwort stehen. Dafür kannte sie ihn gut genug. Alle Hoffnungen, dass er schon mausetot und kalt irgendwo im Wald verscharrt läge, waren dahin.

Nein, jetzt kroch er hier durch ihr Haus und belästigte sie mitten in der Nacht.

Und brachte auch noch Fremde hier mit rein, während sie im Bett lag.

Unverschämt, sie schäumte vor Wut, versuchte aber den Zorn zu unterdrücken, atmete tief ein und aus, wappnete sich für das bevorstehende Gespräch.

Sie musste ruhig und gelassen wirken, auch wenn sie vor Wut innerlich tobte. Gleich um neun Uhr würde sie einen Schlüsseldienst anrufen und alle Sicherheitsschlösser austauschen lassen. Die Schlüssel von ihm zu verlangen, traute sie sich nach der letzten Drohung durch ihn nicht.

Er würde bestimmt ausflippen, nein, das konnte sie hinter seinem Rücken erledigen. Sozusagen als Überraschung, wenn er das nächste Mal hier unangemeldet mitten in der Nacht aufkreuzen würde. Sie wusste auch, dass sie kein Recht dazu hatte, noch waren sie nicht geschieden und das Haus gehörte ihm, auf dem Papier. Er hatte es ihr zwar angeboten, aber erst, wenn sie sich mit allen anderen Scheidungsvereinbarungen einverstanden erklärte. So einfach würde sie es ihm nicht machen. Sie hörte Schritte auf der Treppe zum Schlafzimmer, dann knallte die Tür an die Wand und die Deckenleuchte ging an. Sie blinzelte im Bett liegend in das helle Licht, tat so, als wäre sie gerade aufgewacht. Er stand breitbeinig und groß in der Tür, Wut und Zorn waren in seinem aschfahlen Gesicht. Bedrohlich, kalt und brutal wirkte er auf sie.

Gefährlich war der Ausdruck in seinen Augen, sie bekam Angst und klammerte sich an die Bettdecke. Hinter ihm konnte sie seinen Anwalt sehen, der sich lässig an das Treppengeländer lehnte, eine unbeteiligte Miene zur Schau trug.

Desinteressiert schaute er in eine andere Richtung, grüßte noch nicht einmal.

Sie fand ihn unsympathisch, so geleckt, war aber froh, dass er da war.

In Gegenwart eines Rechtsanwaltes würde er ihr nichts tun.

Wäre sie mit ihm allein im Haus, hätte sie Panik bei seinem Gesichtsausdruck bekommen. Ruhig atmen, keine Angst zeigen, er würde sie niemals schlagen, dessen war sie sich sicher. Er war kein unbeherrschter Mensch, nie gewesen.

So wie heute, hatte sie ihn erst einmal gesehen, das war vor einigen Tagen gewesen, als er sie bedroht hatte.

Wieder sah sie die Härte und Kälte in seinen stahlblauen Augen aufblitzen. Das Gesicht war kalkweiß und er wirkte krank. Sein Anwalt hinter ihm sah auch nicht viel besser aus. Hatten die beiden getrunken oder warum tauchten sie, wie ein halbtot aussehendes Überfallkommando, hier mitten in der Nacht auf? In Anbetracht, dass er in Begleitung war, gewann sie schnell ihre gewohnte Selbstsicherheit zurück. Das Spiel der verschlafenen Frau gelang ihr gut. Sie setzte sich im Bett auf, versuchte schlaftrunken zu wirken und gähnte herzhaft. Dann reckte sie sich ausgiebig und blickte ihn fragend an, versuchte Erstaunen in ihrer Miene zu zeigen, zog die Augenbrauen hoch.

„Steh auf!" Er bellte sie an, in einem Tonfall, den sie nicht kannte von ihm.

Unterdrückter Zorn schwang in seiner Stimme mit. Hoffentlich würde er hier nicht gleich toben.

„Wo ist die Luger aus dem Safe? Wo ist meine Waffe, wage es nicht mich anzulügen! Steh auf!"

Er zog mit einer Hand die Bettdecke vom Bett und starrte sie wuterfüllt an.

Scheisse, schoss es durch ihren Kopf, er war am Safe und hatte das Fehlen der Waffe bemerkt. Damit hatte sie nicht gerechnet. Was sollte sie sagen, wie konnte sie sich jetzt rauswinden? Erst mal stand sie gemächlich auf, um Zeit zum Nachdenken zu gewinnen. In ihrem Kopf rotierten die Gedanken. Sie stand vor dem Bett und versuchte nicht zu zittern, bemüht weiterhin ruhig und gefasst zu wirken. Er war drei Schritte an sie ran getreten und starrte ihr angewidert ins Gesicht.

Es sah aus, als wenn Blitze aus seinen Augen schossen, ihre Beine wurden wackelig. Er kannte sie zu gut, wusste was ihr Furcht einflößte.

Sein Freund stand noch immer am Geländer, machte nicht den Eindruck eingreifen zu wollen. Beide Männer wirkten kalt und distanziert, aber auch aggressiv und bedrohlich ihr gegenüber, beinahe feindselig.

„Was weiß ich denn, wo deine Waffe ist, ich dachte, du hättest sie mitgenommen, als ich am Safe war!“ Sie versuchte ihren Ton gleichgültig klingen zu lassen und stemmte die Füße fest in den Teppich. Gleich würde er sie bestimmt anschreien. Jetzt wusste er auf jeden Fall, dass sie den Tresor Code kannte. Aber das machte ihr im Moment am wenigsten Sorgen, die Wut in seinem Gesicht fand sie schlimmer. Er war langsam nähergekommen und hatte sich breitbeinig mit verschränkten Armen vor ihr aufgebaut. Sie konnte eine pulsierende Ader seitlich an seiner Stirn sehen.

„Ich habe dich gewarnt!“

Mit zwei Schritten war er bei ihr und legte eine Hand um ihre Kehle und drückte zu. Jetzt bekam sie doch Panik, da sein Anwalt noch nicht mal zu ihr herüberschaute. Er drückte weiter zu. Nicht leicht, sondern so, dass sie keine Luft mehr bekam. Er überragte sie um gut einen Kopf und sie hatte das Gefühl, seine Hand an ihrem Hals wäre so groß, wie eine Bratpfanne.

Wo hatte er bloß gelernt jemand so den Hals zu zudrücken, das war doch nicht mehr ihr Ehemann. Der hier bedrohlich vor ihr stand und versuchte, sie zu erwürgen. Wie sehr sie ihn doch hasste, wie sehr sie in diesem Moment seinen Tod wünschte, warum hatte der Plan wieder nicht funktioniert?

Was hatte der Idiot diesmal angestellt? Sie würgte und schaute hilfesuchend zu seinem Freund hinüber. Der hatte sich umgedreht und schaute sich die Bilder im Flur an der Wand an. Sie röchelte und versuchte, die drohende Bewusstlosigkeit zu unterdrücken. Mit einem Stoß seiner Hand, warf er sie auf das Bett. Sie lag hustend in den Laken und versuchte Luft zu bekommen, keuchte und würgte. Der Hals tat ihr weh, und ihre Augäpfel fühlten sich an, als wenn sie gleich aus den Höhlen quellen würden. Na, warte du Schwein, das wird Folgen für dich haben …

Mit einem Aufschrei sprang sie hoch und stürzte sich wie eine Furie auf ihn. Hätte sie jetzt ein Messer, dann würde sie ihn selbst abstechen. Er demütigte sie hier noch vor seinem Anwalt, der genau so ein Arschloch war und einfach wegschaute, während eine wehrlose Frau bedroht wurde. Sie wollte sich auf ihn werfen, ihm die Augen auskratzen. Er hatte es kommen sehen, wirbelte herum und gab ihr einen heftigen Schlag vor die Brust. Der dumpfe Schlag fühlte sich an, wie mit einem Hammer ausgeführt …

Sie fiel wieder rücklings auf das Bett und schnappte nach Luft. Wie ein Fisch ohne Wasser rang sie nach Atem. Im Bruchteil einer Sekunde war er über ihr und drückte ihre Arme auf die Matratze, sein Gesicht wutverzerrt, direkt über ihrem, leise, bedrohlich seine Stimme:

„Wird ihr auch nur ein Haar gekrümmt, komme ich wieder und beende, was ich angefangen habe. Richte das deinem, tollwütigem Liebhaber aus!"

Er spuckte auf den Boden, und ging mit seinem Freund die Treppe runter.

Sie hörte den Anwalt lachen, während sie das Haus verließen.

Um Atem ringend lag sie auf dem Bett und kämpfte mit den Tränen der Wut.

Dieses Schwein, sowas hatte sie einmal geheiratet und sie glaubte, dass sie ihn damals auch geliebt habe.

Jetzt konnte sie sich daran nicht mehr erinnern, fragte sich, was sie an ihm geliebt hatte.

Das würde er ihr büßen, das würde ihm noch leidtun …

Die Hölle tat sich vor ihr auf, sie hatte sich mit dem Teufel eingelassen, nun musste sie bezahlen …

Sie stand auf und torkelte ins Badezimmer, spritzte sich kaltes Wasser ins Gesicht.

Blickte in den Spiegel, sah seinen Handabdruck an ihrer Kehle. Schaute in ihre eigenen Augen, was war nur aus ihr geworden? Zerfraß der Hass sie jetzt auch? Noch konnte sie alles wenden, konnte ihn anrufen, ihn zurückpfeifen, ihn beschwichtigen. Er würde auf sie hören.

Es lag in ihrer Hand, ob sie ein Menschenleben auf ihrem Gewissen haben wollte. Dann sah sie ihr eigenes Gesicht, blass, alt, müde und abgekämpft. Das hatte sie ihm zu verdanken, jahrelang war sie treu gewesen, auch sie hatte Chancen gehabt, als sie jünger gewesen war. Den Halt, den sie bei ihm gesucht hatte, den sie in ihrer Ehe gesucht hatte, der war ausgeblieben. Er war konzentriert und fokussiert gewesen, aber nicht auf sie, sondern auf die Söhne und seinen Beruf.

Manchmal fragte sie sich, hatte er sie überhaupt geliebt oder nur wegen der Schwangerschaft des ersten Sohnes geheiratet? Konnte er überhaupt lieben? Er war ein kaltes Arschloch, das hatte sein Handeln gerade doch wieder gezeigt. Kalt, gefühllos und egoistisch. Er hatte verdient, was er jetzt bekam.

Nun, er wollte die Ehe nicht mehr, wollte mit seiner kleinen Hure in ein neues Leben starten, wollte sie alt und abgekämpft zurücklassen.

Wieder flammte der Hass in ihr auf, wenn sie nicht aufpassen würde, dann endete sie so wie der Idiot.

Er war gänzlich vergiftet und dem Wahnsinn nah, in seiner unbändigen Wut auf alles. Sie würde ihre Wut im Zaun halten, ihr Zorn galt nur ihm und dazu gehörte auch, dass die Schlampe wegmusste.

Sie ging langsam ins Schlafzimmer und schaltete ihr Telefon wieder an.

Der Idiot hatte eine Nachricht geschickt. Wirr wie immer, manchmal fragte sie sich, ob er überhaupt noch in der realen Welt weilte mit seinem Hirn.

- nicht er, sondern sie - Autos vertauscht - was nun? -

Was sollte sie mit dieser Nachricht anfangen? Sie setzte sich auf das Bett und fing an zu überlegen. Autos vertauscht? Nicht er, sondern sie?

Langsam dämmerte es ihr, seine Hure hatte den weißen, neuen Porsche gefahren, er hatte ihn für sie gekauft. Fassungslos starrte sie an die Wand.

Sie wollte den Idioten nicht anrufen, er würde nur wieder herumstottern und sich in Ausflüchten ergehen, dass alles nicht seine Schuld wäre.

Er hatte generell nie Schuld, immer nur machten alle anderen es falsch.

Das war so typisch für ihn. Eigentlich war er auch zu nichts zu gebrauchen, immer blieb alles an ihr hängen. Tja, was nun? Sie wusste es selbst nicht, überlegte ihm einfach nur zu schreiben, er solle doch zusehen, wie er klarkäme. Damit wäre aber das Problem mit ihrem Mann nicht gelöst. Wie konnte sie es hinbekommen, dass ihr Mann seine Schlampe fand, ohne dass sie, als seine Frau mit ins Spiel kam? Da hatte sie einen Geistesblitz …

Jetzt wusste sie, wie sie es anstellen würde.

Ein Tipp, bei seinem Freund, das könnte funktionieren. Die Frage war, ob er es als Anwalt nicht an die Polizei weitergab. Wahrscheinlich würde er sich dazu verpflichtet fühlen.

Dann wäre alles vergebene Liebesmüh gewesen, und die Polizei würde sie auffinden, tot oder lebendig. Sie musste sich verdächtig machen bei ihrem Mann, damit er ihr folgen würde. Aus Neugierde, sie würde ihn zu dem Ort führen, wo seine Nutte und der Tod auf ihn warteten. Das könnte funktionieren, aber sie musste es sorgfältig planen. Dann fiel ihr plötzlich die neugierige Freundin ein. Bei der könnte sie sich melden und sich verdächtig machen. Das war ein guter Plan, sie würde sich binnen ein bis zwei Tagen mit ihr anfreunden und ihr im Vertrauen erzählen, dass sie einen Freund habe, der im Begriff stünde, eine Dummheit zu begehen. Dann wäre auch die Polizei außen vor, sie würden der Spur erst einmal nachgehen, er und ihre dämliche Freundin. Sie könnte auch den Ort mal fallenlassen, wo der Idiot die kleine Nutte gefangen hielt, das wäre auch eine gute Idee. Dann würde er sofort loshetzen, um das Flittchen zu befreien. Sie rieb sich die Hände, fand immer mehr Gefallen an ihrem Plan. Gleich heute Morgen, würde sie ihr Vorhaben in die Tat umsetzten und sie zu einem gemeinsamen Training im Fitnessclub einladen.

Sie erwärmte sich immer mehr für ihre Idee, wenig Aufwand, effektive Wirkung. Gehässig lächelte sie in sich hinein, er sollte sie, seine Frau mal nicht unterschätzen, sie war ihm zwar an Körperkraft unterlegen, aber das machte sie mit ihrem cleveren Kopf wieder wett. Sie sollten sie alle mal nicht unterschätzen, mit ihr würde man so nicht umspringen. Allen würde sie klarmachen, dass man sie so nicht behandeln durfte.

Sie wünschte sich nichts sehnlicher als seinen Tod …

Jetzt musste sie aber doch den Idioten anrufen, rausbekommen, wo er steckte und was er vorhatte. Es musste jetzt sein, sollte er sich noch ein bisschen mit der kleinen Nutte vergnügen. Nach zwei Tagen wäre es doch ein großartiges Geschenk für ihren Exmann, wenn er seine Angebetete halbtot vorfand.

Ja diese Vorstellung gefiel ihr richtig gut, sie lachte in sich hinein. Das war ein fantastischer Gedanke und sie beschloss live dabei zu sein. Sie wollte das Leid in seinem Gesicht sehen, und die Situation richtig auskosten.

Das würde sie sich nicht entgehen lassen und dann könnte sie auch gleich dabei sein, wenn der Idiot endlich das machte, was er tun sollte. Dann konnte sie aufpassen, dass diesmal alles seine Richtigkeit hatte, endlich.

Sie musste sich um alles selbst kümmern, nichts dem Zufall oder dem Idioten überlassen. Bei der Polizei konnte sie den Idioten noch immer verraten, wenn er sauber machte hinter sich. Dann wäre sie schon über alle Berge.

Sie griff nach ihrem Telefon und wählte die Nummer des Prepaid Handys aus ihrem Nummernverzeichnis …

Er nahm sofort ab, sein leicht lallender Tonfall war geblieben. Auch die fehlenden Zähne oben merkte man, er lispelte beim Sprechen. In Kombination mit dem Lallen, hörte er sich einfach nur lächerlich an. Aber das war ihr jetzt nicht wichtig, sie teilte ihm nur kurz ihren Plan mit.

Er war in einer alten, verrotteten Windmühle, ungefähr 100 km von hier.

Einsam gelegen und für ein paar Tage, der richtige Ort für ihn.

Den Leihwagen, hatte er im nahegelegenen Fluss versenkt, und sich vorher schon mit Wasser und Lebensmitteln eingedeckt. Sie war erstaunt, dass er diesmal, etwas allein richtig machen konnte, lobte ihn für seine Umsichtigkeit und schmeichelte ihm. Sie würde ihn vermissen und sich auf ihn freuen, dann könnten sie endlich zusammen sein und das viele Geld genießen. Ein bisschen musste sie ihn schon noch bei Laune halten. Wenn er nicht in ihrer Nähe war, funktionierte das auch gut. Zum Abreagieren hatte er jetzt die kleine Nutte ihres Mannes da. Er war schon so weit in seine Welt abgetaucht, dass er nicht merkte, wie tief er schon im Sumpf steckte. Dass er polizeilich gesucht wurde, hatte er völlig ausgeblendet und hörte nur auf ihre schmeichelnde Stimme, die sein krankes Ego streichelte. Ihr war es letzten Endes völlig egal, was aus ihm wurde, dachte sie, als sie das Gespräch beendete. Jeder von ihnen verfolgte seine eigenen Pläne, ohne den anderen zu verdächtigen …

Beide lebten in ihrer eigenen Welt, die sich leider nicht in die gleiche Richtung bewegte.

Erst hatten sie ein gemeinsames Ziel vor Augen gehabt, aber das hatte sich in nichts aufgelöst …

Nun würde sie die ganzen Geschehnisse endlich zum Abschluss bringen, sie war es leid zu warten und mit dem ständigen Druck zu leben, dass der Idiot wieder versagte.

Das Ende war in Sicht und sie würde als einzige ohne Schaden aus diesen Ereignissen heraus gehen …

Die Idee gefiel ihm, schließlich hatte er die kleine Schlampe hier in seiner Gewalt. Er würde sich schon die Zeit vertreiben mit ihr.

Es würde schon keine Langeweile aufkommen, grinste er in sich hinein. Die blöde Kuh würde es schon hinbekommen, dass er hier auftauchte. Sie war gerissen, das wusste er.

Nach dem Telefonat mit ihr, fühlte er sich erleichtert. Er hätte nicht gewusst, wie er alles weiter bewerkstelligen sollte. Er hatte kein Auto mehr und die kleine Schlampe hier am Hals. Die hasste er zwar auch, aber seine eigentliche Wut galt seinem Jugendfreund.

Ihre Ideen waren gut, nur manchmal etwas schwierig umzusetzen.

Er würde sich nicht zu sehr mit ihr vergnügen, nein, das würde er anders machen, sein ehemaliger Freund musste dabei sein. Vielleicht ein bisschen quälen, aber ficken würde er sie erst, wenn er zusah und jede Einzelheit sehen konnte, wie er es der kleinen Hure so richtig besorgte. Wenn sie schreien und betteln würde, allein bei dem Gedanken daran, bekam er einen harten Schwanz.

Das war sein eigener kleiner Plan, den er schmiedete. Er konnte mit ihr machen was er wollte, und er war sich sicher, diesmal würde sie schreien und winseln. Dafür würde er schon sorgen. Erst würde er sie langsam und blutig aufschlitzen und ihn zu sehen lassen, dann wäre sein ehemaliger Freund an der Reihe.

Er wollte wieder Blut sehen, seit der Crack-Nutte am Bahnhof wusste er, was ihn so richtig scharf machte.

Blut … Das war sein Kick, egal welcher Art …

Am liebsten würde er baden in ihrem Blut, bei dem Gedanken daran, leckte er sich über die Lippen.

Rot, warm und lebendig … Er bestimmte, wann alles vorbei war …

Er lebte nur noch für den Tod dieser beiden, nichts anderes wollte er mehr. Angebunden, wie ein Tier hatte er sie, an das alte Mahlwerk in der Mitte der Mühle, mit Stricken und Ketten. Sie hing verschlungen in den Seilen und er genoss das Gefühl, sie in seiner Gewalt zu haben. Er fühlte sich mächtig und stark.

In ihr dummes Schandmaul hatte er ihr einen Lappen gestopft, so dass sie noch ein winziges bisschen Luft bekam. Die ganze Zeit hatte sie leise gewimmert, da hatte er ihr wieder einen Hieb ins Genick mit dem Schlagstock verpasst. Jetzt hing sie wie tot in den Ketten. Das konnte man sich nicht anhören. Da verging ihm alles, sie hatte nur gewimmert, leise, nicht geheult oder geschrien, wie er es sich erhofft hatte. Normal stand er darauf, dass man ihn anbettelte, und auch jammerte und heulte. Aber die hier, hatte so eine Art, das gefiel ihm nicht, irgendwie leise und seltsam war sie. Er hatte das Gefühl, sie machte sich über ihn lustig und wenn er ihren Kopf an den Haaren nach hinten zog, um ihr was zu trinken zu geben, schaute sie ihn richtig frech an. Ekelhaft, er wollte unterwürfige Frauen, er wollte bestimmen.

War schon schlimm genug, dass er die blöde Kuh am Hals hatte, die alles bestimmte. Aber die hatte nun mal das Geld, da musste man Abstriche machen. In den Fesseln hängend, hatte er ein bisschen seinen Frust an ihr rausgelassen, erst mit der flachen Hand ins Gesicht und dann auch mal mit der Faust. Ein bisschen Blut war geflossen, aber in seinen Augen zu wenig.

Er konnte das besser, aber er wollte sie nicht ganz entstellen, das täte er, wenn er Zuschauer hätte.

Später würde mehr Blut fließen, darauf freute er sich.

Bei dem Gedanken kicherte er vor sich hin. Jetzt sah sie leider nicht mehr so nett aus. Er durfte es nicht übertreiben, sie sollte ja noch zu erkennen sein.

Mit den aufgeplatzten Lippen und den leichten Blutergüssen, hatte sie etwas von einer leidenden Heiligen, fand er. Die hellen Haare waren ihm, im Sonnenlicht, durch das kaputte Dach der Mühle, vorgekommen, wie ein Heiligenschein.

Madonna – Hure ... dachte er gerade …

Aber mich wirst du nicht täuschen, bei ihm hast du es geschafft, für ihn bist du der heilige Gral, die Madonna. Für mich bist und bleibst du eine kleine Hure.

Ich werde dich schon zum Winseln bringen, du wirst mein Fick des Jahrhunderts, wieder kicherte er teuflisch …

Die alte Windmühle war genau richtig für ihn, hier kam niemand hin, und hier konnte niemand ihre Schreie hören. Er hatte sie wieder geknebelt, sie war ihm auf den Sack gegangen mit ihrem Gewimmer. Sie war langweilig und sah auch langweilig aus in ihren viel zu schlabberigen Klamotten. Was fand er nur an ihr? Kichernd stellte er fest, dass sein ehemaliger Freund einen echt schlechten Frauengeschmack hatte. Er wusste, dass Schönheit im Auge des Betrachters liegt, aber ab 25 waren sie für ihn uninteressant. Jung und knackig mussten sie sein, und am besten noch strohdumm.

Er wollte schließlich keine Unterhaltung, sondern ficken. Da war es am besten, wenn sie den Mund zuließen.

Ihm war langweilig, sehr langweilig, aber er hatte auch keine Lust, sich die Zeit mit der kleinen Hure zu vertreiben.

Sein bisschen Spaß, den er schon gehabt hatte, reichte ihm vorerst.

Wenn er sie zu sehr entstellte, würde es ihn ankotzen sie morgen vor den Augen seines verhassten, ehemals besten Freundes, durchzuficken. Wenn er ihr den Verstand weggefickt hatte, dann würde er den Schlagstock nehmen und ihn zusehen lassen, wie die Heiligenschein- Haare von hell zu blutrot wurden. Das würde er sich alles für morgen aufsparen, dann würde es viel mehr Spaß machen. Schon morgen würde es so weit sein, er kicherte wieder …

Es war das Kichern eines Menschen, der jeden Bezug zu dieser Welt, verloren hatte …

Egal, was nun noch passierte, er war stark und unbesiegbar …

Und vollkommen wahnsinnig …

Kapitel 10

Die Suche …

Die Freundin ging sofort ans Telefon, als es vibrierte. Es war viertel nach acht und sie saßen zu dritt in ihrer Küche. Alle blass und übernächtigt, von Sorge gekennzeichnet. Noch kein Wort hatte er gesprochen, seit sie hier angekommen waren. Er sah verweint aus, der Anwalt gestresst. Sie hatte Kaffee gekocht, aber irgendwie mochte keiner etwas trinken. Alle fünf Minuten ging der Anwalt auf die Terrasse und zündete sich eine Zigarette an, die er nach zwei Zügen wieder ausdrückte. Seit wann rauchte er? Hatte sie es in ihrer Verliebtheit nicht bemerkt? Sie waren jetzt fast vier Wochen ein Paar, sie hatte ihn noch nie rauchen gesehen.

Unbekannte Nummer, stand im Display. Sie nahm den Anruf entgegen, drückte sofort auf Lautsprecher, als sie die Stimme erkannte, bedeutete beiden Männern zu zuhören. Es war seine Ehefrau, die sie ins Fitnessstudio einlud, für 11 Uhr heute. Ihr Freund hatte den Arm um sie gelegt und bedeutet ihr, das Angebot anzunehmen, in dem er heftig nickte. Sie nahm dankend an, sie freue sich.

Er, war noch blasser geworden und als sie das Gespräch beendet hatte, sagte er tonlos:

„Sie hat irgendwas vor, ich kenne ihre Art. Wir müssen auf der Hut sein!“ Sie beschlossen einstimmig, erst mal keine Polizei. Er und der Anwalt würden vor dem Fitnessstudio stehen und auf sie aufpassen.

Alle zehn bis fünfzehn Minuten, sollte sie ihnen eine Nachricht schicken.

Sie konnte sich damit rausreden, dass sie frisch verliebt sei, was ja der Wahrheit entsprach. Was seine Frau aber nicht wusste, nicht wissen konnte, dass ihre Freundin mit seinem Anwalt liiert war. Das hofften sie, wäre ein Vorteil. Inwiefern, darüber waren sie sich nicht im Klaren, alles besser als hier zu sitzen und einfach nur zu warten. Sie würden alle drei noch durchdrehen, wenn sie nur rumsaßen und grübelten.

Zu essen, schlafen oder auch nur kurz die Augen schließen, daran war nicht zu denken. Die Angst war spürbar …

Er starrte alle zwei Minuten auf sein Handydisplay. Ihr Telefon war aus, er hatte es bestimmt schon fünfzigmal versucht. Es war abgeschaltet.

Bestimmt hatte das Schwein sie gefilzt und es gefunden.

Mutlos, hoffnungslos, so fühlte er sich und so sah er aus.

Sein Gesicht war grau und eingefallen, seine Züge ausdruckslos.

Was, wenn sie sie nicht finden würden? Was wenn sie zu spät kamen? Wenn er wieder, wie ein tollwütiges Tier über sie hergefallen wäre? Sie wäre zerstört, für immer, das Schwein würde ihre Seele brechen damit, ein zweites Mal würde sie es nicht schaffen, sich wieder im normalen Leben zurecht zu finden …

Nie wieder würden sie glücklich werden, nie wieder würde er die Gier und Lust auf ihn und seinen Körper in ihren Augen sehen.

Es wäre alles vorbei … Er wusste, sie litt noch unter dem Alptraum der Ereignisse im Landhaus, auch wenn sie glaubte, sie könnte es vor ihm verbergen. Immer hatte sie sich gerne sexy angezogen oder mal was hübsches Neues an Kleidung für sich gekauft, um ihn zu reizen. Tiefe Ausschnitte, die ihre Brüste betonte, oder was Enges für ihren prallen Hintern.

Ihm hatte es gefallen, wusste er doch, sie tat es gerne für ihn.

Seit der Nacht im Landhaus trug sie nur noch seine Trainingsanzüge, die ihr viel zu groß waren.

Beinahe androgyn wirkte sie damit, man sah keine Figur mehr, die hellen Locken versteckte sie gerne unter Kapuzen oder Mützen.

Schminke mochte sie auch nicht mehr und schöne Unterwäsche störte sie plötzlich. Das machte ihm alles nichts, wusste er doch was unter den Schlabber- Klamotten steckte. Er hatte angefangen, Sweatshirts morgens ein bis zwei Stunden für sie zu tragen, seit sie ihm gestanden hatte, dass sie ihn gerne riechen würde, wenn er nicht bei ihr war. Erst hatte er es seltsam gefunden, aber dann dachte er, was war schon dabei. Hauptsache, sie fühlte sich wohl und war glücklich. Wenn es so einfach ginge, würde er ihr gerne den Gefallen tun.

Seine Liebe zu ihr war grenzenlos, er wagte nicht daran zu denken, was sie im Moment durchmachte. Dumpf brütend, saß er auf dem Sofa bei ihrer Freundin und wartete, dass die Zeiger der Uhr auf Viertel vor Elf rückten. Die Zeit stand still für ihn, die Uhr bewegte sich kaum. Der Anwalt war mit ihrer Freundin in der Küche und er konnte sie leise sprechen hören.

Er versuchte alles auszublenden und sich zu fokussieren, er durfte nicht zusammenbrechen. Nicht eher ruhen, bis sie wieder in seinen Armen lag …

„Er macht mir Sorgen, er ist apathisch und redet kaum.

Was können wir für ihn tun?", die Stimme des Anwalts war leise und sorgenvoll.

„Versetz dich in seine Lage, stell dir vor ich wäre verschwunden und in den Händen so eines Schweins, und wir kennen uns nicht schon ein ganzes Leben lang. Ich mag mir nicht vorstellen, wie es in seinem Inneren aussieht!", war die Antwort ihrer Freundin. Sie ging in den Flur, er konnte hören, wie sie ihre Schuhe anzog. Jetzt nahm sie ihre Jacke von der Garderobe, er hörte Schlüssel klimpern. Endlich, zwanzig Minuten vor elf.

„Kommt, wir müssen los", sie stand fertig in der Tür.

Eigentlich wollte sie sich nicht mit seiner Frau treffen, fühlte sich unwohl bei dem bloßen Gedanken daran. Sie misstraute dieser Person, die sie kaum kannte, zutiefst. Aber sie musste es tun, für ihre längste und liebste Freundin.

Sie musste herausbekommen, was hinter all dem steckte.

Plötzlich war die abweisende Frau nett und höflich und wollte sich mit ihr treffen. Sie hatte am Telefon regelrecht einschmeichelnd geklungen. Zu dritt stiegen sie in den weißen Mercedes des Anwalts ein, und fuhren zum Fitnessstudio.

Der Anwalt nahm ihre Hand in seine und küsste ihr Handgelenk.

„Wenn dir nicht wohl ist, bei irgendetwas, schreib mir und ich bin in zwei Minuten da!" Ein Nicken ihres Kopfes und sie war raus aus dem Wagen.

Zielstrebig ging sie auf den Eingang zu und drückte die Glastür auf, dann war sie verschwunden.

Das endlose Warten für die beiden Männer hatte begonnen.

Die erste halbe Stunde schickte sie nur Smileys, alle zehn Minuten.

Dann folgte:

- ich weiß nicht was sie will, ich breche das gleich ab -

Beide Männer wurden immer nervöser, unruhig trommelte der Anwalt auf dem Lenkrad mit seinen Fingern. „Hör auf!“ herrschte sein Freund ihn an.

„Du machst mich noch nervöser damit!“

Nach diversen weiteren Smileys kamen die beiden Frauen nach knapp zwei Stunden lachend aus der Glastür. Sie wirkten entspannt und vertraut.

Die Freundin spielte ihre Rolle richtig gut, sie sahen tatsächlich aus, wie zwei langjährige Bekannte, die sich gut amüsierten.

Niemand der die beiden Frauen so sah, wäre auf den Gedanken gekommen, dass eine davon den Tränen nahe war.

Gemeinsam gingen sie auf den weißen BMW seiner Frau zu und stiegen ein. Die beiden Männer hatten sich im Wagen geduckt, damit sie nicht gesehen wurden.

„Was macht sie? Was soll das?“ Er konnte die Sorge in der Stimme des Anwalts hören. In dem Moment summte das Telefon seines Freundes.

Der Anwalt nahm das Gespräch über die Freisprecheinrichtung an.

„Schatz, du brauchst mich nicht Abzubholen, eine nette Bekannte aus dem Studio fährt mich heim. Lieb dich!“ Sie hatte schon wieder aufgelegt.

Er war sprachlos, ob ihrer Dreistigkeit, jetzt mit ihm zu telefonieren, oder war es das „Lieb dich“, was ihn so aus der Fassung brachte?

Er bekam einen roten Kopf, legte das Handy in die Mittelkonsole.

Sein Freund, neben ihm auf dem Beifahrersitz, musste grinsen, trotz all seiner Traurigkeit und dem Kummer. Vor der Haustür der Freundin hielt der weiße BMW an.

Sie stieg aus und winkte noch einmal zum Abschied Richtung Auto, dann verschwand sie im Eingang.

„Sollen wir hinterher?“ Der Anwalt fuhr schon an.

„Nein, park, wir gehen erst mal rein. So blöd ist meine Frau nicht, dass sie jetzt zu ihm fährt. Wenn sie überhaupt weiß, wo er steckt!“

Sie stiegen aus und gingen ins Haus. Er blickte noch mal auf sein Telefon.

Nichts ... wie vor zehn Minuten. Es war jetzt gegen 13 Uhr. Sie gingen rein, neugierig was in den zwei Stunden passiert war.

Tatsächlich hatte sie rein gar nichts Interessantes zu berichten …

Blödes Geplänkel über Kinder, Scheidung und Beruf, Hobbys und andere Nichtigkeiten. Immer wieder brach sie in Tränen aus, weil sie das ganze Gespräch so nichtig gefunden hatte. Kein Hinweis, nichts was ihnen helfen konnte. Sie kauten die Gespräche von vorn bis hinten immer wieder durch, nach gut 90 Minuten waren sie kein Stück weiter. Der Anwalt blieb ruhig und ermunterte sie immer wieder:

„Schatz, noch mal ganz von vorne, alle Einzelheiten, jede Kleinigkeit, an die du dich erinnerst, kann wichtig sein!“

Er war es gewohnt, dass mit jedem Mal erzählen mehr Bruchstücke an Erinnerungen kamen, das hatte ihn seine jahrelange Berufserfahrung als Rechtsanwalt gelehrt.

Mittlerweile war es später Nachmittag und es dämmerte schon. Plötzlich wandte sich ihre Freundin zu seinem Freund um, sah ihn fragend an und sagte: „Das Hobby deiner Frau finde ich seltsam. Sie sammelt Windmühlen-Bilder, ist das nicht eher was für Omas?“

Seine Hand griff nach ihrem Arm, er sprang auf, starrte sie entgeistert an.

„Meine Frau hat keine Hobbys, außer Geld ausgeben, sonst nichts. Das hat was zu bedeuten!“

In dem Moment, summte sein Telefon und er wurde kreidebleich, sofern das noch möglich war.

Im Display stand „Meine Kleine“.

Er sog scharf die Luft ein und nahm das Gespräch entgegen, drückte auf den Lautsprecher, damit sie mithören konnten. Der kalte Schweiß brach ihm aus allen Poren, sein Freund drückte ihn runter auf das Sofa, weil er schwankte.

Er hatte das Gefühl, dass er gleich zusammenbrechen würde.

Klar und deutlich hörten sie ihre Stimme mit etwas Hintergrundrauschen:

„Es stinkt in dieser scheiß alten Windmühle, es stinkt wie in einem Ziegenstall, willst du mich nicht wieder knebeln?“

Sie hörten noch etwas, ein unmenschliches hohes Kichern, wie aus den Tiefen der Hölle entstiegen …

Das Handy musste bei ihr bleiben, egal wie. An den Haaren riss er sie durch das Autofenster nach oben, er hatte Kraft, die Kraft eines Wahnsinnigen. Die Kopfhaut brannte wie Feuer, als er sie aus dem kaputten Autofenster zog.

Sie schnitt sich die Handgelenke auf, spürte nichts davon. Als er sie aus dem Auto zerrte, hatte sie geistesgegenwärtig das Handy in ihre weite Jogginghose fallen lassen. Es war sofort durchgerutscht, ihr Bein entlang bis unten, das Bündchen am Fuß verhinderte, dass es herausfiel. Hoffentlich rutschte es nicht raus, dann würde er es sehen, dann hatte es sich erledigt. Sie hoffte, dass er sie nicht ausziehen würde, dann wäre alle Hoffnung auf das Handy vorbei.

Nachdem er sie mit einem Schlag ins Genick betäubt hatte, war sie kurzzeitig bewusstlos gewesen. Er hatte sie ohne Fesseln in den Kofferraum geworfen, als sie zu sich kam, hatte sie das Handy aus dem Hosenbein gezogen und Gott für ihre Gelenkigkeit gedankt. Sie lag verrenkt im Kofferraum des Wagens und wusste nicht, was sie erwartete. Es roch muffig, nach Gummi und Öl.

Eins wusste sie aber genau: Es würde nichts Gutes sein, was sie erwartete.

Das hatte ihr der Blick in seine Augen gesagt, diese Augen würde sie nie vergessen, selbst wenn sie das hier überleben konnte.

Ihr Schädel schmerzte wie verrückt, und ihr Nacken fühlte sich taub an, sie konnte nichts sehen und kämpfte mit ihrem Magen, sie wollte sich nicht auch noch vollkotzen. Ihr war kalt und sie fing an zu zittern, ihre Angst steigerte sich ins Unermessliche.

Das war es also gewesen, sie hatte noch so viel erleben wollen.

Hatte sie ihm oft genug gesagt, wie sehr sie ihn liebte?

Wusste er, dass sein ehemaliger Freund sie in seiner Gewalt hatte?

Ja, er und sein Anwalt würden eins und eins zusammenzählen, die Polizei musste schon auf der Suche nach dem schwarzen Auto sein. Der Wagen fiel auf, weil er beschädigt war, so leicht würde er das nicht verstecken können. Wo wollte er mit ihr hin? Was hatte er mit ihr vor?

Innerlich beschwor sie sich immer wieder ruhig zu bleiben, wenn sie es nicht täte, wäre sie geliefert. Sie musste versuchen das Schwein zu besänftigen, nicht zu reizen. In seinen Augen hatte sie den Wahnsinn gesehen, er war nicht von dieser Welt. Er war verrückt geworden, realitätsfremd und normalen Argumenten nicht mehr zugänglich. Sie musste es dennoch versuchen!

Diese ganze inszenierte Entführung hier war irrational und unüberlegt, egal was er mit ihr vorhatte, früher oder später, würde man sie finden.

Was er im Einzelnen mit ihr machen würde, wollte sie sich nach der Nacht im Landhaus gar nicht ausmalen. Er war ein brutales Tier ohne jedes Gefühl und er war ein Sadist, wie er im Bilderbuch stand, dessen war sie sicher.

Wenn sie sich vorstellte, was er mit ihr anstellen könnte, würde sie den ganzen Kofferraum vollkotzen, davon wäre er sicherlich begeistert.

Vorsichtig tastend im Dunkeln, hatte sie die seitliche Taste gefunden, um das Telefon auszuschalten. Ihre Hände zitterten so sehr, dass sie gar nicht versuchen wollte, die richtige Stelle für die Kurzwahl zu finden, das musste sie auf später schieben, wenn ihre Hände ruhiger waren. Sie musste den Akku schonen, das Telefon war schon fast leer gewesen, als sie ihre Wohnung verlassen hatte. Der Akku hatte nur noch 15 Prozent angezeigt, also so gut wie nichts. Wichtig war, dass das Schwein nicht merkte, dass sie das

Teil bei sich hatte. Fieberhaft hatte sie überlegt, wohin mit dem Handy, im Auto konnte sie es nicht lassen, er würde bestimmt nicht Stunden durch die Gegend fahren.

Kurzerhand klemmte sie sich das kleine flache Ding, einfach zwischen ihre Arschbacken. Widerlich dachte sie, aber vielleicht lebensnotwendig.

Wenn er sie abtastete, würde er es nicht finden, sie hoffte, dass er sie nicht sofort ausziehen würde, um über sie herzufallen. Dann wäre sie geliefert, wahrscheinlich würde der kranke Perverse dann völlig abdrehen. Am besten war es, sie täuschte Bewusstlosigkeit vor, wenn er anhielt. Der Versuch sich hier im Kofferraum liegend zu konzentrieren, misslang ihr gründlich. Sie zitterte jetzt vor Angst und Kälte am ganzen Körper, musste sich ermahnen, ruhig und gleichmäßig zu atmen. Das Gefühl, sie bekäme jeden Moment eine Panikattacke, hörte wieder und wieder die geliebte Stimme am Telefon.

„Halt nicht an, fahr weiter, halt nicht an!“, hatte er gerufen.

Was hätte sie tun sollen, das Schwein hatte sie gezwungen anzuhalten.

Sie fiel in einen erschöpften Dämmerzustand, das Schwanken des Wagens, liegend im Kofferraum, verursachte Übelkeit und Schwindel. Mit geschlossenen Augen versuchte sie ihren Körper unter Kontrolle zu halten.

Jegliches Zeitgefühl war verschwunden, als der Wagen zum Stillstand kam.

Er versuchte sie an den Haaren aus dem Kofferraum zu zerren, aber sie stellte sich bewusstlos und machte sich schlaff.

Er fluchte und versuchte sie aus dem Kofferraum zu bugsieren, aber da es dunkel war und er nicht sehen konnte, wo er greifen musste, gelang es nicht auf Anhieb. Sie würde nicht versuchen weg zu laufen, es war dunkel, sie wusste nicht, wo sie war, ihr Kopf dröhnte und es wäre schwachsinnig, so ihre Kraft zu vergeuden. Er konnte sie schnell einholen auf ihren wackeligen Beinen, die vor Angst und Kälte bibberten.

Ihn zu überwältigen wäre auch keinen Versuch wert, er war doppelt so breit wie sie und über einen Kopf größer. Er würde einmal zuschlagen und es wäre aus für sie. Also totstellen, er murrte vor sich hin, als er sie aus dem Auto zerrte. Zwischendurch kicherte er immer wieder und führte murmelnd Selbstgespräche. Jetzt merkte sie, dass ihr Versuch, ihn wieder an die Oberfläche zu holen, sinnlos wäre. Sie würde nicht mehr an ihn heran kommen mit vernünftigen Argumenten, er war schon zu sehr abgedriftet, in seine eigene Welt des Wahnsinns. Ihre Haut überlief ein kalter Schauer, weil sie jetzt ahnte, dass er keine Hemmschwelle mehr hatte, seine Gewaltbereitschaft und seine Brutalität, kannten jetzt keine Grenze mehr.

Sie würde es zu spüren bekommen …

Wieder nahm sie sich fest vor, ihn nicht zu reizen, sondern eher kühl und distanziert zu bleiben. Es würde ihm bestimmt gefallen, wenn sie bettelte, winselte und heulte, die Genugtuung würde sie ihm nicht geben. Ruhig Blut mahnte sie sich immer wieder, es wird sich was ergeben. Gerade weil er an der Schwelle des Wahnsinns stand, würde er vielleicht einmal unüberlegt handeln. Es musste so sein, dass er etwas Unüberlegtes tat, oder einmal unaufmerksam war. Darauf baute sie und auf ihre Gebete.

Sie betete, dass sie eine Chance bekam, dass die Polizei sie finden würde. Die Umrisse einer Windmühle zeichneten sich im Dunkeln ab. An den Armen schleifte er sie durch den Dreck, auf dem Boden, Richtung Eingang der Mühle. Sie machte sich noch immer schlaff und schwer, stellte sich bewusstlos. Er keuchte und war wütend, dass es ihm nicht schneller gelang, sie in das alte Gemäuer zu schaffen. Schließlich zerrte er sie durch die kaputte Tür in den Raum hinein, und steuerte mit ihr an den Armen auf die Mitte zu, wo sich das Mahlwerk befand. Die Schwellung im Nacken von seinem Schlag pochte, ihr Kopf fühlte sich an, als würde er explodieren.

Es stank, muffig, feucht und alt. Wo konnte diese Mühle stehen?

Sie versuchte sich zu erinnern, kramte in ihrem Gedächtnis. So viele Windmühlen gab es nicht im Umkreis, aber sie wusste nicht, wie lange sie gefahren waren.

Vielleicht war sie 300 km von zu Hause weg, an einer Stelle, wo sie keiner vermuten würde. Ihr Sweater war hochgerutscht und der ganze Rücken aufgeschürft, durch den schleifenden Transport durch ihn. Es brannte und schmerzte und sie mühte sich, den Schmerz zu unterdrücken, einfach weg zu ignorieren. Als sie stöhnend versuchte sich aufzurappeln, bekam sie wieder einen Schlag ins Genick und es wurde schwarz vor ihren Augen.

Es kam ihr unwirklich vor, als sie wieder zu sich kam, und im ersten Moment überfiel sie Panik, sie schlotterte am ganzen Körper, konnte ihre Muskeln nicht mehr kontrollieren. Ihre Haut kribbelte und jeder Nerv zuckte. Ihre Zähne klapperten aufeinander und die Angst breitete sich in jeder einzelnen Faser ihres Körpers aus.

Der Kopf dröhnte und wieder das Gefühl, sich erbrechen zu müssen, gepaart mit Schwindel. Alles drehte sich um sie. Er hatte sie an dem alten Mahlwerk festgebunden, mit Stricken und Ketten. Ihr Körper hing in der Luft, die Füße berührten kaum den Boden. Sie fragte sich, ob er dachte, dass sie übermenschliche Kräfte hätte, sie so anzuketten, dass sie nichts mehr bewegen konnte. Nur der Kopf, die Hände und die Füße ließen sich noch bewegen. Die Ketten nahmen ihr die Luft zum Atmen, die Seile schnitten ihr Fleisch an Hand- und Fußgelenken blutig. Jeder Knochen in ihrem Körper schmerzte, sie versuchte sich etwas zu bewegen, sonst würde ihre Durchblutung völlig versagen.

Permanent musste sie ihre Arschbacken zusammenkneifen, weil sie Angst hatte, dass das Telefon runterrutschte und er es bemerken würde. Gegen Morgen hatte er angefangen, ihr seinen Hass ins Gesicht zu spucken. Hatte sie beschimpft, versucht sie mit Worten zu demütigen. Unbeteiligt hatte sie sich seine Worte angehört, wie viel Hass dieses Monster in sich trug, konnte sie jetzt sehen und hören.

„Du elende kleine Nutte, hast mir alles weggenommen. Meinen besten Freund, meine Frau, mein Leben, du blöde Fotze bist an allem schuld. Das werde ich dir austreiben, aber ich will, dass mein toller ehrenhafter Freund uns dabei zusieht. Er soll sehen, wie ich deinen Körper zerstöre und deinen Willen breche, das wird mir Spaß machen ihm zu zeigen, wie du schreist und winselst und er dir nicht helfen kann. Das wird mein Tag werden, wenn er hier auftaucht. Und ich werde ihn erwarten, diesmal bin ich vorbereitet, er bekommt schön in jedes Bein eine Kugel von mir und dann wird er angebunden wie ein räudiger Köter und kann zusehen, wie ich dir mal so richtig Spaß besorge!“

Immer und immer wieder erzählte er ihr detailliert, was er mit ihr vorhatte, malte sich ihr rotes, warmes Blut aus.

Blut schien eine magische Anziehungskraft auf ihn zu haben. In seinen Fantasien war es so präsent, dass sie der Ekel überfiel, was war nur mit ihm geschehen, fragte sie sich.

Sein wahnsinniges Kichern hallte unheimlich an den Wänden wider.

Dann hatte er angefangen sie zu schlagen, mit der flachen Hand ins Gesicht.

Erst hatte er nicht so feste zugeschlagen, ihre Wangen hatten nur gebrannt, als wenn er sich aufwärmen wollte.

Er wollte Blut sehen … Das konnte sie spüren.

Dann fing es an ihm Spaß zu machen, die Schläge wurden kräftiger und brutaler. Er hatte mit solcher Wucht geschlagen, dass ihre Ober- und Unterlippe aufplatzte, sie schmeckte das Blut und spuckte aus …

Wenigstens hatte er ihr den Knebel herausgenommen, so dass sie atmen konnte, sie wusste aber auch warum.

Er wollte sie wimmern und heulen hören, das geilte ihn auf. Schleichend bewegte er sich im Kreis um sie herum, wenn er auf ihrer Höhe angelangt war, holte er wieder aus und schlug zu. Sie riss sich zusammen, ab und zu schluchzte sie leise, aber sie versuchte, sich den Schmerz nicht anmerken zu lassen, dann würde es ihm früher oder später langweilig werden. Sie merkte, dass er nicht seine vollen Aggressionen an ihr ausließ, auch wenn seine Schläge jetzt fester wurden. Als seine Faust ihre Schläfe traf, spürte sie wie ihre Haut aufplatzte und Blut über die Wange lief.

Mit der Hand wischte er durch die Wunde und leckte das Blut von seinen Fingern, genüsslich schloss er die Augen dabei und stöhnte laut.

Was ein perverses Schwein, schoss es durch ihren Kopf. Er geile sich an Blut auf, daher das Gefasel von rot und warm …

Er hörte auf und murmelte etwas von Madonna-Hure, dann wischte er mit seinem Ärmel ihre Wange ab und sagte kichernd:

„Ich will ja, dass dein Liebster dich noch erkennt, wenn er kommt, also ist jetzt Schluss mit unserem Vergnügen hier, auch wenn es gerade anfängt, interessant zu werden. Aber noch besser wird es mit Zuschauern später!“

Wieder das irre Kichern, gepaart mit einem Reiben seiner Hände. Ihr Kopf pochte, die Platzwunden an Lippen und Schläfe schmerzten, sie versuchte nachzudenken, klar in ihrem Kopf zu werden. Irgendwie musste sie an das Telefon kommen. Er würde dieses irre Schwein bremsen, wenn es einer konnte, dann war er es. Sie würde ihn warnen, dass er eine Pistole hatte. Und sie hoffte, er würde mit der Polizei kommen, ansonsten ahnte sie, dass er beenden würde, was er vor Wochen angefangen hatte. Diesmal würde er ihn umbringen, aber sie wusste nicht, ob er auf Dauer damit leben konnte …

Einen Menschen zu töten, egal wie monströs die Kreatur war, würde ihn nie wieder loslassen. Er würde nie wieder derselbe Mann sein, der er gewesen war.

Gegen Mittag waren ihre Beine taub. Sie spürte ihre Durchblutung nicht mehr.

Es fühlte sich an, als wenn sie ab dem Unterleib

keine Körperteile mehr hätte.

Ihm war wohl langweilig geworden und er hatte die Mühle verlassen.

Ihr war kalt und kotzübel, wie lange war sie schon hier? Jegliches Zeitgefühl war verschwunden, in der Mühle war es immer dunkel, sie konnte keine Tageszeit abschätzen. War sie erst Stunden hier mit diesem Tier, oder schon mehrere Tage? Der Versuch, auch nur eine Hand freizubekommen, scheiterte kläglich. Sie spürte, dass die Handgelenke schon bis tief ins Fleisch offen waren von den Stricken, es fühlte sich an, als wenn der Knochen schon blank lag.

Er trieb sich draußen irgendwo herum, wahrscheinlich jagte er Hasen, dachte sie bei sich. Hauptsache er konnte etwas quälen. Was war er doch für ein widerlich, brutales Schwein. Warum hatte sein Verstand nicht kapiert, dass jeder selbst seines Glückes Schmied war, was musste passieren, dass ein Mensch so den Bezug zur Realität verloren hatte? Wie viel Hass, Zorn und Wut gehörten dazu, um so ein Monster, zu erschaffen? Sie konnte sich vorstellen, dass er auch viele Enttäuschungen und Zurückweisungen erlitten hatte in seinem Leben.

Wahrscheinlich war er der ewige Zweite gewesen, immer im Schatten seines besten Freundes stehend. Am Anfang vielleicht noch stolz auf den Freund, sich mit im Erfolg sonnend, irgendwann dann der erste Stachel der Eifersucht.

Der Neid, der folgte, um umzuschlagen in Hass. Jetzt mittlerweile, völlig zerfressen vom Zorn. Niemand hatte bemerkt, wie es in ihm gegoren hatte, er zu dem unmenschlichen, gewaltbereiten, mordlustigen Monster geworden war, das hier vor ihr stand.

Eigentlich war es traurig, dass er so allein war, dass

niemand Notiz von seinen Gefühlen genommen hatte. Jetzt reiß dich mal zusammen, dachte sie bei sich, gleich heulst du noch wegen ihm und versinkst in Mitleid. Er gehörte weggesperrt bis an sein Lebensende, so dass er keinen Schaden mehr anrichten konnte. Vielleicht würden ihm auch Medikamente helfen. Sie schwächelte, noch vor ein paar Wochen hatte sie ihm den Tod gewünscht, nun tat er ihr leid. Eine gequälte Seele der Gesellschaft, sie war kein rachsüchtiger Mensch, er war genug gestraft mit seiner Einsamkeit und nun auch noch mit seinem äußeren Erscheinungsbild. Der Kampf vor ein paar Wochen hatte ihn schwer gezeichnet, ein guter Chirurg würde das wieder hinbekommen, aber sie zweifelte, ob es im Gefängnis wichtig war, wie er aussehen würde. Ihr Gesicht schmerzte und sie wunderte sich, wie viel Mitleid in ihr für diesen Mann war. Es musste doch eine Zeit gegeben haben, wo er ein normaler Mensch gewesen war, mit Träumen, Ängsten und Zielen.

So hing sie, gefesselt und in Ketten gelegt, ihren eigenen Gedanken nach und hatte kein Zeitgefühl mehr …

Wie lange war sie schon hier, wie viele Tage mit diesem Irren auf engstem Raum, würde der Handyakku überhaupt noch funktionieren?

Mittlerweile fühlte sie das Telefon gar nicht mehr zwischen ihren Arschbacken.

War es noch da? Oder bildete sie sich ein, das wäre ein Handy, drehte sie jetzt durch? Hatte sie auch keinen Bezug mehr zur Realität und lebte in ihrer Traumwelt, wo er kommen würde, und sie rettete?

Die Augen schließend, sah sie sein Gesicht vor sich und fühlte seine Hände, schmeckte seine Küsse.

Es fühlte sich gut an, sie lächelte, wo war er …
Dann wurde sie wieder bewusstlos.

Als sie zu sich kam, saß der ehemalige Freund von ihm in der Ecke und beobachtete sie lauernd. Sie stöhnte und versuchte sich zu bewegen.

Wie lange war sie erneut bewusstlos gewesen? Es schien nachmittags zu sein, aber das konnte in dem alten Gemäuer täuschen, hier war immer alles halb im Dunkeln. Sie musste pinkeln, jetzt, sofort …

„Hey, ich muss mal pinkeln! Bitte!“ Ihre Stimme hörte sich heiser an und ihr Hals schmerzte. Das Sprechen viel ihr schwer. Langsam kam er aus der Ecke und musterte sie von oben bis unten, dann spuckte er ihr vor die Füße. Schlurfend und murrend kam er zu ihr rüber und begann ihre Fesseln zu lösen, sie sah, dass ihre Haut blutig war und die Schnitte tief. Als er die Stricke löste, riss er die Verkrustungen mit ab und sie musste einen Aufschrei unterdrücken. Es brannte wie Feuer in ihren Armen, aber wenigstens lebte sie noch und fühlte Schmerzen. Bewegungsunfähig fiel sie ihm fast in die Arme, als er alles gelöst hatte. Er schubste sie zurück und schlug mit der flachen Hand wieder in ihr Gesicht.

„Fass mich nicht an, du Schlampe. Du kommst noch früh genug dran!“

Wieder sah sie den Wahnsinn und lodernden Hass in seinen Augen leuchten. Wackelig ging sie auf den verfallenen Eingang zu, ihre Beine schmerzten, bekamen langsam wieder Gefühl. Angst zu stürzen und kriechen zu müssen vor ihm, lähmten ihre Bewegungen. Seitlich konnte sie sehen, dass er die Waffe auf sie gerichtet hielt.

Sie konnte kaum laufen, geschweige denn wegrennen, aber das konnte der Idiot ja nicht wissen. Sie trat einen Schritt aus der Mühle heraus, es dämmerte bereits, es musste später Nachmittag sein.

„Hock dich da hin und piss!“, schrie er sie an. Sein Gesicht war rot und er spuckte beim Sprechen. Eine Ader pulsierte an seinem Hals, sie konnte es selbst aus der Entfernung sehen.

Frech antwortete sie: „War mir klar, du bist so ein Perverser, der zugucken will!“

Langsam ging sie fünf Schritte auf das höhere Gras zu, er beobachtete sie genau, fixierte sie mit seinem Blick. Hier war die Wiese hoch genug, wenn sie sich hinhockte, würde er nicht sehen, was sie mit ihren Händen machte. Sie zog die Hose runter und bückte sich, hörte das Telefon unter sich ins Gras plumpsen. Gott sei Dank, da war es. Ohne groß hinunterzublicken, schaltete sie es ein, ging sofort in den Kurzwahlspeicher und drückte auf seine Nummer.

Dann schob sie das obere Ende des Telefons, unter der Hose in ihre Socke.

Jetzt konnte sie nur noch hoffen, dass es funktionierte. Sie stand auf und ging langsam wieder auf die Mühle zu, der kurze Lauf der Waffe war noch immer auf sie gerichtet und sein Blick war misstrauisch.

„Es stinkt in dieser scheiß alten Windmühle, es stinkt wie in einem Ziegenstall, willst du mich nicht wieder knebeln? Nimm doch endlich diese dämliche Pistole runter, ich kann doch kaum laufen, sieh mich an!“

Er ließ die Pistole sinken und brach wieder in sein schauderhaftes Kichern des Wahnsinns aus.

Sie wankte zurück in Richtung Mahlstein und betete, dass der Ruf durchgegangen war und der Akku nicht leer wäre!

Mehr konnte sie nicht tun, in der Mitte der Mühle brach sie zusammen …

Schwarze Bewusstlosigkeit umfing sie erneut …

Eine Karte musste her.

Ihre Freundin fuhr den Computer hoch und zu dritt starrten sie auf den Bildschirm. Die Möglichkeit endlich etwas zu tun, lenkte sie alle von der lähmenden Angst um ihre Freundin und Geliebte ab. Er war hochkonzentriert, das Handy neben ihm auf Lautsprecher, er schien sie wieder geknebelt zu haben. Es war nichts zu hören, außer dann und wann dieses gespenstisch irre Kichern und ein bisschen Gemurmel. Noch während der Computer die Karte auf dem Bildschirm aufbaute, brach das Gespräch ab. Sie nahmen an, dass ihr Handyakku leer war.

Er würde jetzt nicht wieder anrufen, falls sie versehentlich die Verbindung unterbrochen hatte, könnte ein Geräusch des Telefons alles verraten. Aber jetzt wussten sie, wo sie suchen mussten. Eine alte Windmühle, da war er mit ihr. Und sie wussten auch, dass er die Waffe hatte, seine Waffe. Der Zufall, dass seine Waffe verschwunden war und dieses Schwein nun eine hatte, war zu groß. Nun hatten sie auch die Gewissheit, dass seine eigene Noch-Ehefrau mit drinsteckte, von wem sollte er sonst eine Waffe haben. Er hatte seit er aus dem Krankenhaus geflüchtet war, kein Geld, keine Kreditkarten und er hatte zu niemanden Kontakt gesucht. Das hatte die Detektei alles herausgefunden, nur nicht, wo dieses Schwein sich versteckt hatte.

Seine Frau wusste über die alte Mühle Bescheid, den Hinweis hatte sie doch für ihn gelegt, es würde eine Falle für ihn sein. Das Schwein würde auf ihn warten, um ihn endgültig zu töten. Dieses Kichern was sie gehört hatten, war das Lachen eines Irrsinnigen, nicht eines normalen Menschen.

Das wussten sie jetzt. Mit seiner Frau würde er sich später beschäftigen.

Von Anfang an hatte er im Gespür gehabt, dass sie mit seinem ehemaligen Freund etwas geplant habe.

Sie wollten sein Geld, von ihm hatte er es ja gewusst. Aber seine Frau, die Mutter seiner beiden fantastischen Kinder, was war nur in sie gefahren, dass sie sich mit so einem Monster einließ?

Er ahnte zu diesem Zeitpunkt in keinster Weise, dass sie sich selbst diesen Teufel erschaffen hatte.

Dass erst durch ihre Intervention, ihre Einflüsterungen, der Wahnsinn bei seinem ehemaligen Freund die Oberhand gewonnen hatte. Hätte er etwas geahnt, dann wäre es an ihm gewesen diese unglücklichen Ereignisse zu verhindern.

Ahnungslos wie er war, nahm er sich vor ein ernstes Wort mit seiner Frau zu reden, ohne Drohungen. Er würde ihr mehr Geld geben als sie brauchte, und wenn sie durch nichts zufrieden zu stellen war, würde er sie wegen Beihilfe anzeigen. Vielleicht würde sie das wach rütteln, sie war immer eine vernünftige, intelligente, klardenkende Frau gewesen. Er fragte sich erneut, was ihr das Hirn so vernebelte, dass sie sich auf seinen Freund eingelassen hatte. Auch wenn er sie nicht mehr liebte, sorgte er sich um das Wohlergehen seiner Familie, da zählte er sie mit zu. Die

Ehe war gescheitert, das war aber nicht allein seine Schuld. Beide Parteien hatten ihre Fehler gemacht, sie sich aber leider zu spät eingestanden.

So war das Leben nun einmal.

Die Karte hatte sich aufgebaut und sie gaben gezielt den Suchbegriff Windmühle ein. Drei alte Windmühlen im Umkreis von 150 Km. Er fühlte, wie seine Lebensgeister wieder zurückkehrten, hellwach auch ohne Schlaf, die Nerven zum Zerreißen gespannt. Jetzt konnte er etwas tun. Er konnte sie suchen und er würde sie finden, alles würde sich irgendwie zum Guten wenden lassen.

Er hoffte inständig, dass er sie noch nicht angefasst hatte, vielleicht wartete sein ehemaliger Freund ja darauf ihm selbst zu zeigen, wie er sie quälen würde.

Darauf hoffte er, dann stünden die Chancen gut, dass ihr noch nicht allzu viel passiert war. Er betete, dass es ihr gut ginge, wenigstens körperlich.

An ihre Seele mochte er nicht denken, was er ihr angetan hatte, er trug die Last der Mitschuld. Er hatte diesen Mann in ihr Leben gelassen, der Mann der im Laufe von ein paar Wochen zum Monster geworden war. Der Mann, den er nicht mehr wieder erkannte.

Wenn er sich nicht für sie entschieden hätte, müsste sie das hier nicht alles durchstehen. Nein, darüber durfte er jetzt nicht nachdenken.

Dass so ein Wahnsinn passieren würde, damit konnte niemand rechnen.

Er liebte sie so sehr, er würde ihr alles abnehmen, wenn er könnte. Aber er konnte es nicht. Nicht wissend, dass es eine Verwechslung gewesen war, dass sie einfach zum falschen Zeitpunkt, im falschen Auto gesessen hatte.

In seinem Auto, dass die eigentliche Entführung gar nicht ihr gegolten hatte.

Unwissend, dass dieser Plan im Kopf seiner Frau gereift war, dass der eigentliche Tod ihm gelten sollte. Sie war zufällig da hineingeraten.

Es hätte jede andere beliebige Frau treffen können, in die er sich verliebt hätte.

Sie waren schon auf dem Weg zur Tür, der Anwalt verabschiedete sich mit einem Kuss von seiner Partnerin und dem Versprechen, jetzt gleich die Polizei einzuschalten.

Draußen blickte sein Anwalt ihm ins Gesicht.

„Polizei?"

„Später, noch nicht!" antwortete er, ohne seinen Freund anzusehen.

Sie liefen auf den schwarzen Porsche zu, der Anwalt öffnete den Kofferraum seines Mercedes, der hinter dem 911er parkte. Er machte sich am Kofferraum zu schaffen und wühlte in der hintersten Ecke. Er zog einen kleinen, flachen Koffer hervor, öffnete ihn. Da war seine Walther P99 bicolor, nebst Magazin.

Er nahm die Waffe im Schatten des Kofferraumdeckels in die Hand, schob ein volles Magazin ein und sicherte die Pistole. Dann klappte er alles wieder sorgfältig zu. Steckte die Walther in die Innentasche seiner Jacke.

Auf den fragenden Blick seines Freundes, reagierte er mit einem Zucken der Schultern. „Er hat eine Waffe, ich auch. Das ist nur fair! Wir sollten auf alles vorbereitet sein!", mit diesen Worten ließ er sich auf den Beifahrersitz gleiten.

Der Motor sprang an und der Porsche zog aus der Parklücke auf die Straße. Noch waren die Straßen leer, kurz vor Feierabendverkehr.

Das Navi zeigte den schnellsten Weg zur ersten Mühle an, circa 100 km bis dahin.

Er jagte den schwarzen Porsche durch die Autobahnauffahrt und beschleunigte.

Der Anwalt neben ihm räusperte sich, begann das Gespräch.

„Du weißt noch nicht, dass ich bevor ich meine Kanzlei eröffnet habe, in einer Spezialeinheit war. Ich will, dass dir klar ist, ich bin da. Ich habe eine Nahkampfausbildung. Du bist nicht allein!"

„Nur wenn es wirklich notwendig ist, er gehört mir!" flüsterte der Freund am Steuer.

Mittlerweile war es dunkel und die Sicht wurde schlechter, dazu jetzt der Feierabendverkehr auf den Straßen. Sie kamen nicht so voran, wie sie wollten.

Er versuchte sich auszumalen, in welch einem Zustand er sie und auch seinen ehemaligen Freund antreffen würde. Wieder so einen Kampf wie beim letzten Mal, seine Wunden waren noch nicht einmal richtig verheilt.

Körperlich war er völlig übermüdet, aber er wusste, dass im Kampf das Adrenalin ihn pushen würde. Man würde sehen, wo es heute endete, vielleicht war ihm beizukommen mit List und einem klaren Verstand.

Sein Zorn war der Müdigkeit gewichen, er wollte sie nur sicher in seinen Armen halten und sie nach Hause bringen. Ein für alle Male musste es nun vorbei sein.

Dann müsste er auch keine Angst mehr um sie haben, sondern konnte ein völlig normales Leben mit ihr beginnen. Es wäre an der Zeit, dass dieser Irrsinn ein Ende hatte, und dafür würde er jetzt sorgen.

Sie hatten alle drei Windmühlen ins Navi eingegeben und waren nach einer knappen Stunde Autobahn und Landstraße an der ersten angelangt. Düster und verfallen, ein Weg, den er mit seinem Auto nicht lang fahren konnte. Sie mussten hinlaufen, der Eingang war zugewachsen. Es sah nicht so aus, als wenn hier jemand gewesen wäre.

Hier war rein gar nichts, nur das vergammelte Gebäude, das Windrad war schon nicht mehr vorhanden. Es herrschte eine Totenstille um die verfallene Ruine. Sie durchsuchten trotzdem die halb verfaulten Mauerreste kurz und stiegen dann wieder ein. Mittlerweile war es rabenschwarz am Horizont, die Nacht brach herein. Sein Gesichtsausdruck war angespannt und jeder Muskel schmerzte. Er hatte seit vorgestern nichts mehr gegessen.

Nun trank er einen Schluck Wasser aus der kleinen Flasche und nahm sich ein Stück Traubenzucker aus dem Fach in der Tür. Essen mochte er nichts, es würde ihm eh nur auf den Magen schlagen. Der Anwalt gab ihrer Freundin kurz Bescheid, dass die erste Mühle leer gewesen wäre.

Auf ihre Frage, ob die Polizei schon dabei wäre, antwortete er mit einem knappen Ja, und legte sofort auf. Sie schauten beide wortlos nach vorne, waren sich einig, dass die Polizei noch nicht notwendig war.

Eine halbe Stunde später sahen sie die verfallene Windmühlen-Ruine schon von der Autobahn aus.

Er fühlte einen Stich in der Brust, er wusste es sofort.

Das war der Ort, warum, konnte er nicht sagen.

Die feinen Härchen an seine Armen standen hoch und die Luft fühlte sich elektrisiert an.

Wie ein drohendes Gewitter, das in der Atmosphäre lag,

dass nur darauf wartete sich statisch zu entladen, mit aller Naturgewalt.

„Hier ist es, ich weiß es, hier hat er sich versteckt. Ich kann fühlen, dass sie hier ist!“ Der Anwalt nickte, blickte seitlich aus dem Fenster.

„Fahr hier ab, wir gehen das letzte Stück zu Fuß!“

Sie parkten den Wagen in einer Seitenstraße, der Anwalt schob die P99 hinten, unter seiner Jacke, in den Hosenbund. Anspannung lag in seinem Blick.

Er versuchte das Umfeld mit den Augen abzusuchen, die Situation abzuschätzen. Es war still und dunkel. Ein kalter Wind fegte über die Landschaft und trieb die Wolken über den Himmel. Wenige Sterne waren zu sehen.

Im fahlen Mondlicht erkannte er die Gebäudeumrisse und den dunklen Wald dahinter. In der Ferne konnte man das Wasser rauschen hören, ein Fluss, der hinter der Mühle entlang floss.

Er straffte seine Schultern und fasste seinen Freund am Arm.

Wortlos machten sie sich auf den Weg, in einen Kampf auf Leben und Tod …

Seine Frau wollte dabei sein.

Sie hatte es schlau eingefädelt, hatte sich mit der Freundin seiner Hure, angefreundet und die Windmühle mal so einfließen lassen.

Sie lachte in sich hinein, sie war sich sicher, dass ihr von Liebe benebelter Mann den Wink schon verstehen würde, und als Ritter in schimmernder Rüstung alle Windmühlen im Umkreis abklapperte. Er würde sich für diese blöde Nutte beide Beine ausreißen.

Für sie hatte er sich nie so den Arsch aufgerissen, aber dafür würde sie jetzt ihm den Arsch aufreißen.

Sie brach in lautes Lachen aus, was für eine Metapher, dachte sie bei sich.

Sie konnte zur Mühle fahren und dabei sein, wenn der Idiot, der jetzt vollkommen verrückt erschien, seine Tat endlich vollenden würde.

Wenn sie wollte, könnte sie sogar mit dabei sein, sie war sich sicher, dass es diesen Teufel nicht stören würde. Könnte er doch später damit angeben und prahlen, vor ihr. Sie hatte sich eine Kreatur zurecht manipuliert, die sich vom Hass ernährte. Wenn sie gewusst hätte, wie einfach das war, vielleicht wäre sie schon früher auf den Gedanken gekommen. Er war wie ein Gefäß gewesen, hatte all das Gift in sich aufgenommen, was sie an ihn ausgeschenkt hatte.

Am Anfang hatte es ihr Spaß gemacht seinen geistigen Verfall zu beobachten. Nun war er ihr unheimlich geworden und es wurde Zeit, dass er verschwand aus ihrem Leben. Er hatte ihr gut gedient, ohne es groß zu bemerken.

Dazu war er viel zu primitiv und zu dumm. Sie ahnte nicht, wie sehr sie es noch bereuen würde in ihrem späteren Leben, diese Lawine ins Rollen gebracht zu haben. Letzten Endes würde es sie in die Tiefen der Hölle mitreißen.

So weit dachte sie nicht, sie wollte Leid in den Augen ihres Mannes sehen und dann wollte sie hautnah seinen Tod miterleben.

Sie konnte schon nicht mehr registrieren, wie auch sie immer mehr abrutschte in eine Welt aus Wahnsinn und Mordlust, fern der Realität.

Sie duschte und kleidete sich sorgfältig an, schminkte und parfümierte sich.

Sie wollte gut aussehen, sein letzter Blick sollte auf sie fallen und er sollte sehen, was er aus ihr gemacht hatte. Eine Frau, die ohne Luxus nicht mehr leben konnte, die oberflächlich und gierig geworden war. Das hatte er sich Zuschulden kommen lassen, das ging auf sein Konto. Er war ihr Ehemann gewesen, hätte sie bremsen und führen müssen. Wieder gab sie ihm an allem die Schuld, suchte niemals bei sich selbst einen Fehler. Das war eine der Gemeinsamkeiten, die sie mit ihrer erschaffenen Kreatur teilte.

Und maßloser Hass …

Sie fuhr entspannt gegen sechs Uhr los, würde sich an der alten Mühle auf die Lauer stellen und warten.

Erst mal langsam die Situation einschätzen, dann schauen, wie sich die Ereignisse entwickelten. Sicher war, er würde auftauchen, und sie erhielt endlich Befriedigung. Vielleicht würde sie sich befreit fühlen, wenn er tot wäre. Dann müsste sie nur noch den Anruf tätigen und die Polizei auf den Idioten hetzen, alle Probleme dieser Welt würden sich für sie in Luft auflösen.

Das Leben konnte so schön, schillernd und bunt sein. Für sie dann auch absolut sorgenfrei, bei den Vermögenswerten ihres Noch-Ehemanns, könnte sie bis zu ihrem Lebensende in Luxus schwelgen. Natürlich würde sie ihre Kinder nicht vergessen, sie war schließlich eine gute Mutter, die ihre Kinder liebte.

Wieder lächelte sie leise in sich hinein. Die alte Windmühle war schon zu sehen von der Straße aus, die Vorfreude stieg in ihrem Bauch.

Es war wie vor einem spannenden Kinofilm, dachte sie.

Sie fuhr langsam in eine Seitenstraße, sie würde den Rest bis zur Mühle zu Fuß gehen.

Sie schloss das Auto ab, und versuchte so wenig Geräusche wie möglich zu machen, aber der Kies knirschte unter ihren Füßen, und das Laub raschelte.

Sich geräuschlos in der Natur zu bewegen, hatte sie nie gelernt.

Sie hatte auch kein Auge für die Schönheit der Natur hier in der Dämmerung, war erregt und voller Vorfreude. Sie wollte ein Schauspiel sehen.

Sie bewegte sich leise von hinten auf die alte Windmühle zu, hier war kein Eingang, aber kleine Fenster, die schon keine Scheiben mehr hatten.

Langsam schlich sie an den Fenstern vorbei bis zum dritten, dort erkannte sie, dass die Sicht perfekt war. Sie blickte wie auf eine kleine Bühne, die von einer Petroleum-Laterne erhellt wurde. Das Licht hing an einem Balken, von draußen sah es gespenstisch aus. Schatten tanzten durch den Raum. Fast wie ein Horrorfilm, dachte sie, mit einem Kinosessel und Popcorn, wäre es ein perfektes Schauspiel geworden. Aber man konnte ja nicht alles haben, seufzte sie innerlich. Sie überblickte ihre Bühne und ihre Erregung stieg an.

Der Idiot war ganz in schwarz gekleidet und schlich im Kreis in der Mühle umher, seine Kapuze verdeckte sein Gesicht und sie hörte ihn murmeln und immer wieder schauderhaft kichern. Was eine lächerliche Kreatur, dachte sie bei sich. Dass er sich so entwickeln würde, damit hatte selbst sie nicht gerechnet. Sie empfand eher Abscheu für ihn, kein Mitleid oder gar Reue.

Er war ein Schwächling, schon immer gewesen. Sie hasste Schwächlinge, ein Mann musste stark sein, vom Körper und auch vom Geist her.

In der Mitte der Mühle war ein altes Mahlwerk, da hatte er die Hure angebunden und angekettet wie einen Hund. Sie schien bewusstlos zu sein, ihr Kopf hing schlaff herunter und sie konnte das Gesicht nicht sehen.

Wohl aber Unmengen von Blut auf dem Sweatshirt. Jetzt wurde es interessant. Sie saugte jede Einzelheit in ihr krankes Hirn auf.

Plötzlich verstand sie den Idioten.

Sie fühlte Erregung, das war etwas Neues und Verbotenes, so ein Schauspiel bekam man nicht alle Tage zu sehen. Der Anzug, den die Nutte anhatte, kam ihr bekannt vor, ihr Mann trug immer solche, wenn er zum Sport ging. Er schlabberte an ihr herum, war viel zu groß.

Vielleicht hatte der Idiot sie deshalb im Dunkeln mit ihm verwechselt, mit der Kapuze auf dem Kopf, wenn man das helle, lange Haar nicht sah, von weitem …

Sie war jetzt etwas milder auf ihre Kreatur gestimmt, wollte sich aber noch nicht zu erkennen geben. Die Angekettete in Raummitte schien zu sich zu kommen. Sie zuckte und stöhnte, ihre Augenlider flatterten und sie konnte endlich das Gesicht sehen. Der Kopf bewegte sich und sie hörte sie wimmern …

Genüsslich leckte sie sich über die Lippen, jetzt konnten die Spiele beginnen …

Er hatte ganze Arbeit an der kleinen Nutte geleistet.

Aufgeplatzte, dick verschwollene Lippen, eine Platzwunde an der Schläfe.

Die eine Gesichtshälfte schillerte in der bunten Farbenvielfalt eines Blutergusses. Sie sah in dem Licht aus, wie eine geschändete Heilige, das gefiel seiner Frau gar nicht.

Die hellen Locken umrahmten das von Blut und Schlägen entstellte Gesicht, das in ihren Augen noch immer schön wirkte. Sie könnte kotzen, selbst verprügelt sah sie noch mitleiderregend aus, warum hatte er ihr das Gesicht nicht einfach zu Brei geschlagen? In dem Moment schritt der Idiot auf das Mahlwerk zu, er bewegte sich wie eine Raubkatze und tänzelte um seine Beute.

„Sieh mal an mein Täubchen, wieder wach? Es wird Zeit, dass wir beide uns ein bisschen Spaß gönnen. Es wird Nacht und ich werde geil. Schauen wir doch mal, was unter diesen schlabbrigen Klamotten so steckt!“

Sein gruseliges Kichern verhallte in der Nacht. Jetzt wurde es spannend auf ihrem Logenplatz. Sie sah die Angst im Gesicht des Täubchens, und hätte am liebsten laut gelacht. Ja, dachte sie sich, er ist ein Tier beim Ficken, amüsiere dich gut, ich musste ihn auch ein paarmal ertragen.

Er steht auf Schmerzen, Schmerzen, die er anderen zufügen kann.

Jetzt bist du fällig, du Hure.

Er hatte jetzt den Sweater von der Kapuze bis zum Bauch runter mit einem Messer aufgeschlitzt. Ihre nackten großen Brüste glänzten im Licht der Lampe, sie zerrte verzweifelt an ihren Fesseln. Am Hals waren Prellungen zu sehen und der Oberkörper wies einige blaue Flecken auf. Sie zerrte wie wild an den Fesseln, sagte aber keinen Ton. Ihr Gesicht war hart, beinahe verkniffen.

Aber seine Frau konnte die Tränen sehen, die über die Wangen liefen.

„Heul nur, Schlampe, hättest du die Finger von meinem Mann gelassen, wäre dir nichts passiert."

Der Idiot lief gerade zur Hochform auf.

„Ach mein Täubchen, wie wenig ich doch die Vorliebe meines ehemaligen Freundes für so große Titten teile, aber das macht nichts, wir beide werden uns schon amüsieren, wenn er erst mal hier ist, werde ich dir den Verstand wegficken, dann hast du mal wieder einen richtigen Mann zwischen deinen Beinen.

Und er kann zusehen, wie ich es dir so richtig besorge.

Das habe ich schon einmal getan. Nur da war er leider unpässlich! Ich sag dir gleich ich habe es gern, dass sie betteln und schreien, je ruhiger du bist, desto länger wird es dauern!", seine Stimme überschlug sich und sein Lispeln hörte sich lächerlich an. Er kicherte wieder schrill. Mit dem Messer ritzte er langsam zwischen ihren Brüsten bis zum Bauch hinunter, sofort quoll Blut aus dem Schnitt, er schmatzte geräuschvoll, spitzte die Lippen.

So gefiel ihm das, Blut, er wollte noch mehr Blut und setzte an derselben Stelle noch mal an, zog den Schnitt noch einmal tiefer nach.

Ja, jetzt floss es richtig, so wollte er es sehen. Es tropfte auf den Boden, er lachte schrill. Kein Laut kam über ihre Lippen, ihre Augenlider waren halbgeschlossen.

Sie verzog keine Miene, als er genüsslich die Messerspitze ableckte.

Kalt blickte sie wortlos in seine irren Augen und spuckte auf den Fußboden.

Er bohrte seine Fingerspitzen in ihre Schnittwunde, schloss seine Augen und stöhnte. Er war geil, so sollte es sein. Er leckte seine Fingerspitzen ab und kostete die Früchte seiner Tat. Seine Erregung bei diesem Vorspiel steigerte sich ins Unermessliche …

Das war sein Tag, es würde der beste Fick seines Lebens werden, in ihrem Blut …

Der Platz am Fenster war unbezahlbar, dachte sie bei sich. Wie es wohl jetzt weiter ging? Am liebsten würde sie ihn anfeuern, aber dann wusste er, dass sie hier war. Noch nicht, er brauchte noch nicht wissen, dass sie hier war und ihm zuschaute, er sollte nur keine Hemmungen haben, sie hatte nicht gewusst, dass es sie aufgeilen würde, ihm beim Foltern, zu zusehen. Das war ein Schauspiel hier, komm schon, mach weiter. In Gedanken feuerte sie ihn an, wollte ihren Spaß haben. Sie bemerkte nicht, dass ihr Denken genauso irrsinnig war, wie das ihres geschaffenen Monsters. Dass sie genauso abdriftete auf einer Welle von Gewalt und Blutlust.

„Fass sie nicht noch einmal an!“ es klang wie ein lautes Knurren.

Sie blickte zum Eingang der Mühle, erstaunt die Stimme zu hören. Da stand er, groß, kühl und eindrucksvoll. Seine Augen blitzen vor Zorn und seine Miene war eiskalt. Er wirkte auf sie, wie ein Racheengel, grausam, gefühllos. Ein Muskel am Mundwinkel zuckte, er stand breitbeinig mit geballten Fäusten an der Seite. Sein Gesicht war weiß, weiß wie aus Marmor gemeißelt.

„Ich sage es dir kein zweites Mal. Fass sie nicht an!“

Sie kannte die Tonlage der Stimme ihres Noch-Ehemannes. Leise, gefährlich, bedrohlich. Sie war völlig fasziniert von der Szenerie, die sich hier bot. Erregt und gefesselt, konnte den Blick nicht abwenden. Ihre Spannung, was der Idiot jetzt vorhatte stieg ins Unermessliche. Einfach abknallen war zu einfach, viel zu einfach. Sie wollte einen Kampf sehen, einen richtigen Kampf. Zu fasziniert, um den Anwalt zu bemerken, der im Gegensatz zu ihr früher mal gelernt hatte, sich fast geräuschlos in der Natur zu bewegen. Angeekelt warf er einen Blick auf die erregte Frau, die völlig gebannt war von den Ereignissen, die sich im Inneren des alten Gemäuers abspielten.

Er sah, dass sie nur Zuschauer war und bewegte sich von ihr unbemerkt zurück zum Eingang der Mühle.

Leise schlichen beide auf den Eingang der Mühle zu.

Ein leichter Lichtschein fiel aus der herausgebrochenen Türöffnung.

Sie verständigten sich nur mit Handzeichen, bewegten sich fast geräuschlos.

Er bedeutete dem Anwalt, dass er erst mal allein hineinwollte, der nickte ihm zu und deutete mit einem Kreis seiner Hand an, dass er einmal um die Mühle gehen wollte. Als er durch den verfallenen Türbogen trat, wurde ihm sofort übel.

Er sah sie in Ketten, in Raummitte am Mahlwerk hängen, ihr Gesicht war zerschunden. Ihre Brüste waren nackt und eine lange Schnittwunde zog sich dazwischen bis zum Bauch runter. Sie blutete stark, wirkte unendlich schön auf ihn, stolz und unverwundbar. Bewusstlos, ihre Augen geschlossen, aber er sah, dass sie atmete. Alles in ihm schrie danach, sie sofort zu befreien, sie in seine Arme zu reißen und ihr geschundenes Gesicht zu küssen. Aber wie ein Raubtier, schlich ihr Peiniger vor ihr auf und ab.

Er schien ihn erwartet zu haben, weil er sich zu ihm wandte und wieder sein grässliches Lachen ausstieß, was in dem alten Gemäuer nieder hallte.

„Ich hätte dich beim letzten Mal schon erschlagen sollen wie ein tollwütiges Tier, du bist ein Monster geworden. Ich erkenne dich nicht mehr wieder. Wo ist mein langjähriger Freund? Was ist aus dir geworden? Ich schäme mich für dich!“ Er sprach leise, hart und klar.

Die Antwort war wieder ein hysterisches Kichern.

„Du brauchst dich meinetwegen nicht schämen, du arrogantes Arschloch. Dein Täubchen hier hat einfach Pech gehabt, ich wollte dich. Sie war nur zur falschen Zeit im falschen Auto unterwegs. Wir hatten alles so präzise geplant, deine liebe Frau und ich, aber es war klar, dass der feine Herr uns wieder einen Strich durch die Rechnung macht. Selbst schuld, aber jetzt darfst du gleich Zusehen wie ich ihr das Hirn rausficke! Wir drei werden unseren Spaß haben heute Nacht, glaub mir! Ich freue mich darauf, endlich bin ich die Nummer 1!“

Das wahnsinnige Lachen füllte den Raum der alten Mühle.

„Nur über meine Leiche!“ er setzte zum Sprung an.

„Das kannst du haben!“, wieder das Lachen, diesmal hämisch, gehässig …

Plötzlich hatte das Schwein die Waffe in der Hand, und ein Schuss hallte durch die Mühle. Wie Donnergrollen entfaltete der Knall seinen Klang in dem Raum.

Er spürte den Schmerz an seinem Schenkel, sein Adrenalinspiegel schoss mit einem Ruck nach oben. Jetzt musste er einen klaren Kopf behalten und seinen Angreifer besänftigen, nicht reizen. Er würde ihn sich erst mal auspowern lassen, er kannte die Art und Weise seines ehemaligen Freundes zu kämpfen nur zu gut. Sie hatten jahrelang zusammen hart trainiert. Kickboxen war früher eine seiner Leidenschaften gewesen, er sprang auf seinen bewaffneten Gegner zu und drehte sich halb in der Luft. Mit der Fußspitze traf er ihn seitlich am Kopf. Er musste die Nase mit gestreift haben, sofort spritzte eine Blutfontäne durch den Raum, er hatte gut getroffen

Das Nasenbein war gebrochen, und aus der Nase des Verrückten schoss helles Blut. Der taumelte nach hinten, schaffte es aber sich zu fangen und schüttelte seinen Kopf wie ein nasser Hund. Das Blut spritzte wie Wasser nach rechts und links weg. Er leckte sich sein eigenes Blut von den Lippen und lachte noch lauter. Die Waffe noch immer in der Hand. Wie konnte er ihn besänftigen? Konnte man Wahnsinn zügeln? Oder war es aussichtslos?

„Komm her, ich will einen richtigen Kampf. Du bist eine feige Sau, wenn du mich einfach nur erschießt!“ Er war schon wieder sprungbereit.

„Komm, lass uns kämpfen, wie damals, wenn wir uns gestritten haben. Der Sieger bekommt alles. Der alten Zeiten wegen, kämpfe mit mir, jetzt und hier, nur wir beide … fair, nicht wie beim letzten Mal!“

Der Versuch, seinen Freund wieder an die Oberfläche zu holen, schien zu funktionieren. Der kicherte jetzt wieder und sagte:

„Wie in alten Zeiten, aber diesmal auf Leben und Tod!“

Wie zwei Tiere schlichen sie umeinander herum, die Schatten tanzten an der Wand und sie waren beide zum Zerreißen gespannt. Er hoffte, sie war bewusstlos und musste das nicht mit ansehen.

Das Gefühl, von warmem Blut, was über sein Bein lief, durfte ihn nicht ablenken, die Wunde pochte.

Er konnte die Kugel in seinem Muskel fühlen. Jetzt musste er sich konzentrieren, fokussiert, durch nichts abgelenkt. Über drei Jahre, war sein Training her, aber er hatte beim letzten Kampf festgestellt, dass man die Technik nicht verlernte. Er wusste nicht, wann sein ehemaliger Freund das letzte Mal im Ring gestanden hatte. Aber es war egal, er würde gewinnen, das wusste er.

Es war selten vorgekommen, dass er ihn in der Jugend nicht besiegt hatte. Ein paar Mal hatte er ihn absichtlich gewinnen lassen, um ihm ein gutes Gefühl zu schenken. Weil der zu unbeherrscht kämpfte, seine Kraft nicht einteilte und unüberlegt um sich schlug. Wie ein in die Enge getriebenes Tier. Er hatte nicht gewollt, dass er in ihrer Freundschaft der ewige Zweite war, doch leider entsprach das den Tatsachen. Es zog sich durch ihr ganzes Leben, das hatte ihn letztendlich zerstört und er als sein langjähriger Freund, hätte es kommen sehen müssen. Jetzt war es zu spät, er hatte sich gegen ihn und ihre Freundschaft gestellt. Nicht mehr der Mensch, den er all die Jahre beschützt und geleitet hatte. Er war krank, wahnsinnig und nicht mehr zu bremsen …

Der erste Schlag durch seinen Angreifer traf ihn in die Seite, nahm ihm einen Augenblick die Luft. Nur ein kurzer Moment, dann hatte er sich wieder unter Kontrolle. Der nächste in die oberen Rippen hatte nicht mehr so viel Wucht, er wollte ihn sich austoben lassen, die Beinarbeit seines Freundes war immer schlecht gewesen. Er würde wieder nur um sich schlagen. Kichernd schlug sein

Angreifer immer wieder zu. Die Schläge wurden langsam kraftloser, unpräzise.

Mit jedem Schlag, den er einsteckte, sah er sie bluten, fühlte ihren Schmerz, kochte sein Zorn hoch und sein Adrenalinspiegel stieg weiter und ließ ihn keinen Schmerz fühlen. Jetzt war das Maß voll!

Er schrie einmal laut auf und sprang, sich in der Luft drehend, auf seinen Angreifer zu, ein Tritt landete in den Rippen. Es krachte durch den Raum, bei der Rückdrehung erwischte er ihn am Arm. Auch hier gab es ein knacksendes Geräusch, als die Knochen brachen. Sein Angreifer stand noch immer, schwankte. Der letzte Tritt ging in den Gesichtsbereich und eine erneute Blutfontäne schoss aus der Nase durch den ganzen Raum. Endlich ging sein Angreifer zu Boden.

Blieb liegen wie ein gefällter Baum, es war endlich vorbei. Er lief sofort in die Mitte der Mühle. Wollte nur noch eins, sie befreien und von hier wegbringen! Nur raus hier. Der ganze Fußboden war voller Blut und er fühlte sich angeekelt von diesen ganzen Ereignissen.

Während er versuchte sie zu befreien, hing ihr Oberkörper schon in seinen Armen. Sie war noch immer bewusstlos.

Gott, hilf mir, dachte er bei sich. Endlich hatte er es geschafft, sie aus diesem Gewirr von Ketten und Seilen zu schlingen. Versuchte sie nach oben rauszuziehen, verdammt, wo steckte sein Freund, der Anwalt? Er musste ihm helfen …

In dem Moment, als er sie endlich frei hatte und sie hochheben wollte, um sie hier herauszubringen, hörte er erneut hinter sich das wahnsinnige Kichern.

Das Klicken einer Waffe, die gespannt wurde, war leise, aber hörbar.

Er hielt die Luft an, wusste was jetzt kam …

Dann krachte wieder ein Schuss durch das alte Gemäuer. Der Schmerz durchzuckte seine Schulter, er wollte sie nicht fallen lassen und schrie auf, hielt sie fest umklammert. Er bekam keine Luft mehr für einen Moment, spürte den Stich in der Lunge. Mit ihr in seinen Armen wirbelte er herum. Blickte in die Mündung seiner eigenen Waffe …

Den Tod durch einen Wahnsinnigen vor Augen, atmete er scharf ein. Seine Lungen brannten und das Herz raste. Er starrte seinem ehemals besten Freund in die Augen. Wieder das Kichern, er war kaum noch als Mensch zu erkennen, Unmengen von Blut in seinem Gesicht, die Augen verschwollen.

Aber er lachte noch immer und hielt ihm seine eigene Luger zwischen die Augen.

Hinter seinem Angreifer sah er breitbeinig seinen Freund, den Anwalt, im Eingang stehen. Die Waffe gezielt im Anschlag. Der nickte ihm ruhig zu, seine Miene war wie in Stein gemeißelt.

Mit ihr im Arm wägte er seine Chancen ab, reagierte auf das Nicken, beherrscht, nicht unkontrolliert. Mit einem Ruck ließ er sich zur Seite fallen, versuchte den Sturz für sie mit seinem Körper abzufangen.

Zeitgleich donnerte der Schuss aus der P99 des Anwaltes durch die alte Mühle. Schutt fiel von den Wänden und der Donner hallte nach.

Er saß auf dem Boden, mit ihr auf seinem Schoß. Leichenbleich und völlig fertig.

Sie war noch immer bewusstlos, ihr Oberkörper und Gesicht völlig blutverschmiert. Er selbst blutete aus Schusswunden an der Schulter und am Oberschenkel. Das Atmen fiel ihm schwer.

Der Anwalt noch immer breitbeinig in der Tür, langsam ließ er die Waffe sinken. Der Angreifer und sein ehemals bester Freund, neben ihm bäuchlings auf dem Boden.

Der Schuss war im Rücken gelandet, er konnte nicht sehen wo. Welcher Irrsinn, was für ein Wahnsinn. Er nahm sie hoch, wie eine tote Puppe, in seine Arme und fing an zu weinen, schluchzte wie ein kleines Kind. Plötzlich hörten sie einen Schrei, blickten zum kaputten Fenster der alten Mühle, sahen das Gesicht seiner Frau, zu einer Grimasse verzogen. Es war nur ein Bruchteil von Sekunden, dann war die Fratze verschwunden.

„Gib mir deinen Autoschlüssel und ruf die Polizei!“

Mit letzter Kraft warf er dem Anwalt die Schlüssel zu und die Dunkelheit draußen verschluckte seinen Freund. Das Atmen fiel ihm immer schwerer, und er zitterte am ganzen Körper. Er saß noch immer mit ihr in den Armen auf dem Boden. Ihm war kalt, er hatte das Gefühl, dass kein Sauerstoff in seiner Lunge ankäme.

Müde, er war schrecklich müde.

Sie stöhnte und schlug die Augen auf. Schaute in das geliebte Gesicht und atmete auf. Es war vorbei, er war da, bei ihr.

Nun würde alles gut werden...

Kapitel 11

Ist es vorbei?

Ja, es war vorbei. Sie kam wieder zu sich, in seinen Armen. Ihr Gesicht und ihr ganzer Körper fühlten sich an wie eine große offene Wunde. Sie lag in seinen Armen und fühlte sich unendlich müde. Er weinte und schluchzte wie ein kleines Kind. Sie schaute in sein blasses Gesicht und atmete seinen vertrauten Geruch ein. Er wiegte sie wie ein Kind in seinen Armen und sagte immer wieder leise: „Es ist vorbei, meine Kleine. Es ist vorbei!"

Dabei klammerte er sich an sie und Tränen liefen über sein Gesicht. Ihrer beider Blut vermischte sich und sie wusste nicht, wo seines herkam. Überall war Blut, an ihren Händen, in seinem Gesicht. Er schien unter Schock zu stehen, er hatte glasige Augen und wollte sie nicht aus seinen Armen loslassen.

Immer fester klammerte er sich an sie, sie konnte seinen Griff schmerzhaft spüren. Sie durfte jetzt nicht aufgeben und mobilisierte all ihre Kräfte noch einmal. Er war durch die Hölle gegangen für sie, jetzt musste sie ihren Teil dazu beisteuern, dass sie hier lebend rauskamen. Sie streichelte sein Gesicht, versuchte ihn zu beruhigen.

„Sieh mich an, sieh mich an ... Es ist vorbei. Wo ist dein Telefon? Sag mir, wo dein Telefon ist, wir brauchen einen Notarzt. Wo bist du verletzt? Sag mir wo, wo tut es weh? Bitte, sieh mich an. Sprich mit mir!"

Sie nahm erst jetzt die Unmengen von Blut wahr um sie herum. Auch der ganze Boden der Mühle war voll mit Blut. Die Wände waren an einer Seite bespritzt, was um Gottes Willen, war hier passiert.

Der Geruch von Blut füllte den Raum. Wie Kupfer oder blankes Metall, ekelhaft, sie würgte …

Der Schnitt an ihrem Bauch schmerzte, sie konnte weißes Fettgewebe in dem Schnitt sehen. Sie würgte abermals, der Geruch von Blut und einen Schnitt im eigenen Körper zu sehen, nicht kotzen, dachte sie bei sich. Reiß dich zusammen, verdammt noch mal.

Jetzt sah sie ihren Peiniger neben ihnen auf dem Boden liegen. Sie sah die blutgetränkte Kleidung im Rückenbereich. Ein vorsichtiger Tritt in die Richtung des Peinigers, nichts rührte sich. Behutsam löste sie sich aus seiner Umarmung und stand mit wackeligen Beinen auf. Schwindel hielt sie davon ab, sich schneller zu bewegen, sie hatte seit über zwei Tagen nichts gegessen und nur das Wenige getrunken, was ihr Peiniger ihr eingeflößt hatte. Sie schätzte, es war noch nicht einmal ein Liter Flüssigkeit gewesen. Die Übelkeit kam in Wellen, der Versuch dagegen anzukämpfen war schwierig, ihr tat jeder Knochen weh.

Sie zog ihr Sweatshirt umgedreht an, so dass der Schlitz auf dem Rücken war.

Sofort klebte es wieder durchgeblutet an ihrem Körper. Wo war das bescheuerte Telefon von ihm? Er hatte die Augen zu und wiegte sich noch immer vor und zurück. Völlig apathisch, er war nicht mehr ansprechbar.

Sie nahm ihn in die Arme, er reagierte gar nicht mehr. Eiskalt war er, seine Haut wachsbleich, die Lippen bläulich verfärbt. Sie streichelte sein Gesicht, versuchte in seine Augen zu schauen, er war nicht mehr hier bei ihr.

Seine Gedanken drifteten ab. Sanft begann sie seinen Körper nach Verletzungen abzusuchen. Tastete sich über seine völlig blutbesudelte Kleidung, über den ganzen

Körper, alles klebte und fühlte sich krustig an.

Wieder würgte sie, der Ekel überkam sie. Ganz ruhig, mahnte sie sich, es ist sein Blut und dein eigenes. Es war überall so viel Blut an ihm, sie konnte es nicht richtig lokalisieren, fühlte vorsichtig.

Dann hatte sie die erste Stelle gefunden, Blut lief aus einer Wunde an der Schulter. Die Blutung war nicht so stark, fing schon an einzutrocknen.

Am Oberschenkel lief noch mehr Blut, es pulsierte heraus. Das Hosenbein war dunkelrot und Blut durchtränkt. Es musste eine Arterie verletzt sein, der Blutstrom pulsierte heraus. Sie zog die Kordel aus ihrer Jogginghose und band das Bein oberhalb der Wunde so stramm ab, wie sie konnte. In der Hoffnung es würde reichen, schaute sie nach. Fühlte den warmen Blutfluss noch immer an ihren Fingern. Es pulsierte nicht mehr, lief aber noch immer stetig weiter.

Oh Gott, er würde verbluten. Wenn sie es nicht stoppen konnte, würde er verbluten. Wie viel Liter Blut hatte ein Mensch? Wie viel von dem ganzen Blut um sie herum war seines? Er war in sich zusammengesunken und als sie ihn anstieß, fiel er zur Seite. Er war nicht mehr bei ihr.

Ihr Puls und ihre Atmung setzten aus. Der Raum drehte sich um sie, ihr Herz schmerzte und alle Gedanken waren weg. Für einen kurzen Moment wurde ihr schwarz vor Augen.

Bitte nicht, bitte nicht, tu mir das nicht an, lass mich nicht allein …

Nicht hier vor mir, vor meinen Augen. Sie schrie auf, nein, nein, das durfte nicht sein... Tränen liefen aus ihren Augen, das darf alles nicht sein.

Reiß dich zusammen, überlege, fieberhaft tastete sie in seinen Taschen.

Kein Handy. Jetzt musste sie die reglose Gestalt neben sich anfassen.

Ihr Peiniger hatte ein Handy gehabt, sie hatte es gesehen. Angeekelt tastete sie an der Hose Richtung Taschen entlang. Immer wieder kam die Magensäure hoch und sie würgte erneut. Sie war froh, dass er tot war, dass es vorbei war. Er hatte den Tod verdient egal durch wen. Das war kein menschliches Wesen mehr, so voll Zorn und Hass, zerfressen von seiner inneren, eigenen Wut. In der Tasche seiner Hosen, da konnte sie es fühlen. Sie ekelte sich in die Tasche eines Toten zu fassen, aber es musste sein. Da war es, hoffentlich hatte es noch Akkuladung. Sie versuchte es anzuschalten. Der Akku war leer. Sie schrie ihre Verzweiflung in die leere Mühle heraus, das konnte nicht wahr sein. Es musste ein Alptraum sein, sie würde gleich aufwachen und in seinen Armen liegen, er würde sie küssen und alles wäre nur ein böser Traum gewesen. Sie fasste sein Gesicht an, er war eiskalt, sie merkte, dass ihr auch kalt war, nur ihr Bauch war warm, durch das Blut aus der Schnittwunde an ihrem Bauch, es lief noch immer. Ihre Zähne schlugen aufeinander, vor Kälte und Angst. Das konnte alles nur ein horrorartiger Traum sein, so etwas passierte ihr nicht, das gab es nur in schlechten Filmen. Nicht im wahren Leben. Sie zitterte und wurde müde, alles nur ein Traum, gleich wache ich auf. Er hatte sie gerettet, um jetzt hier vor ihren Augen zu sterben. Sie würde ohne ihn nicht überleben, sie wollte ohne ihn nicht leben. Er durfte sie nicht allein zurücklassen, die Blutung musste zu stoppen sein, egal wie. Sie versuchte das Bein noch mal strammer abzubinden.

Mit letzter Kraft zog sie seinen Oberkörper auf ihren Schoss, küsste seine kalten Lippen, er war so kalt, sie musste ihn wärmen, schloss ihre Arme um ihn, versuchte ihn zu halten. Schluchzend saß sie auf dem Boden und hatte eine Hand auf sein Herz gelegt, es durfte nicht aufhören zu schlagen, nicht jetzt. Sie hatten so wenig Zeit zusammen gehabt, es war doch erst der Anfang …

Bleib bei mir, lass mich nicht allein, bitte bleib bei mir...

Es gibt noch so viel zu sagen, so viel zu erleben, lass es so nicht enden …

Ich liebe dich, ich werde dich immer lieben...

Dann umfing auch sie Dunkelheit …

Es war vorbei …

Der Anwalt …

Sie waren an der Mühle angekommen und beide hoch konzentriert gewesen. Hatten sich leise bewegt und waren ruhig und besonnen vorgegangen.

Er hatte die ganze Zeit seine Waffe in der Hand gehalten, sein Freund hatte ihm gesagt, er wollte erst mal versuchen an den Verstand des Verrückten zu appellieren. Vielleicht war noch ein kleiner Rest davon übrig und man konnte versuchen, das an die Oberfläche zu holen. Ein Versuch wäre es auf jeden Fall wert, dachte der Anwalt. Die Anspannung lag in der Luft, war fast greifbar.

Er sah seinem Freund die Müdigkeit und den Druck der letzten beiden Tage an. Blass und eingefallen wirkte er, jetzt aber wieder konzentriert und fokussiert. Trotzdem wollte er ihn nicht aus den Augen lassen, würde auf der Hut sein. Sie hatten abgemacht, dass er sich erst mal im

Hintergrund aufhalten würde und nur im äußersten Notfall eingreifen sollte. Er deutet mit einem Kreis an, dass er einmal um die Mühle gehen wollte, während sein Freund den Verrückten stellte, er fragte sich, ob es eine gute Idee gewesen wäre die Polizei außen vor zu lassen. Jetzt war es zu spät, sie waren hier und würden es jetzt ein für alle Male beenden. Er hörte Stimmen aus der Mühle und schlich weiter leise um das Gebäude. Solange er Stimmen hörte, war er beruhigt und wusste, es passierte noch nichts.

Wen sah er denn da? An einem der kaputten Fensterlöcher stand jemand und starrte fasziniert in das Innere der Windmühle. Da war sie, die Frau seines Freundes, beobachtete ganz genau was sich abspielte vor ihren Augen.

In dem dunklen Lichtschein konnte er ihr Gesicht sehen, wie im Rausch, die Augen starr auf die Geschehnisse gerichtet, angespannte Körperhaltung.

Er war entsetzt, was für ein eiskaltes Biest, angewidert wendete er den Blick ab. Sie schien fasziniert von dem zu sein, was in der alten Mühle passierte.

Starrte wie gebannt durch das kleine Fenster. Als wenn sie im Kino wäre, sie hatte sich aufgedonnert, wie für einen Theaterbesuch. Er war fassungslos, Gott, was war das für eine Persönlichkeit? Aber sie hatten also mit ihren Vermutungen schon richtig gelegen. Von Anfang an hatten sie seine Frau der Mittäterschaft verdächtigt. Nun war es amtlich. Sie hatte das vielleicht alles geplant, jetzt wurde ihm klar, der Mann in der Mühle war verrückt, sie hielt die Fäden in der Hand. Der Verrückte war nur ihr Werkzeug, sie wollte dabei sein, wenn ihr Werkzeug seine Tat vollbrachte.

Er spürte, wie sich sein Magen umdrehte, das hatten sie nicht ahnen können.

Wer hätte gedacht, dass Hass solche Ausmaße annehmen konnte?

Sie bemerkte ihn nicht und er schlich leise, zurück zum Eingang.

Er sah die Partnerin seines Freundes in der Mitte des Mahlsteins angekettet wie ein Tier, halbnackt und blutend. Ein langer Schnitt von der Brust zum Bauch herunter, der tief zu sein schien, es floss viel Blut. Entsetzt und gleichzeitig angeekelt beobachtete er den Irren, wie er um seinen Freund herumtänzelte.

Im Eingang der Mühle stemmte er beide Beine in den Boden und entsicherte seine Walther P99.

Jetzt hatte er die Waffe im Anschlag, entsichert und bereit jeder Zeit abzudrücken. Der Wahnsinnige tänzelte vor dem Mühlstein hin und her, und kicherte immer lauter. Ein grausiges Szenario was sich ihm hier bot.

Sein Freund, gespannt wie ein Bogen, versuchte mit Worten auf den kichernden Peiniger einzuwirken. In Sekundenbruchteilen dachte er:

„Geh zur Seite, geh aus der Schusslinie!"

Mit einem Blick hatte er erkannt, dass der Verrückte die Luger seines Freundes in der rechten Hand hielt.

Es ging schnell, der Verrückte hob die Waffe und drückte einfach ab.

Der Knall hallte in seinem Trommelfell, war in diesem Raum so laut, dass er dachte, seine Ohren müssten jetzt taub sein. Als der erste Schuss fiel und seinen Freund am Schenkel verletzte, hatte er das Bedürfnis abzudrücken, aber er dachte an die Worte seines Freundes. Nur im äußersten Notfall.

Er spürte, dass er es gerne ohne Waffengewalt erledigen

würde und konnte ihn verstehen. Seine Waffe entsichert im Anschlag haltend, beobachtete er beide.

Sie fingen an zu kämpfen, er hielt es für Zeitverschwendung, dem Irren war so nicht beizukommen, das hatte er mit dem ersten Blick auf den Mann festgestellt. Er konnte so nicht schießen, wollte aber auch nicht anders eingreifen. Sein Freund war ein guter Kämpfer, stellte er fest, gute Beinarbeit und eine hervorragende Technik. Man spürte jahrelange Kickbox-Erfahrung.

Aber auch sein Gegner war ein guter Kämpfer, wenn auch unbeherrscht und jähzornig. Einfach weniger vorausschauend, mit Wut und Zorn planlos nur zuschlagen. Sein Freund steckte ein, jeder Schlag, der seinen Freund traf, ließ den Anwalt zusammenzucken, er ließ sich den Irren auspowern.

Gleich würde ihm die Energie fehlen weiterzukämpfen, er ahnte, was sein Freund plante. Dann ging alles schnell, drei gezielte Tritte und eine Drehung seines Freundes, und der Kampf war beendet. Als der letzte Tritt ins Gesicht von seinem Freund ausgeführt war, atmete er erleichtert auf.

Das Blut aus der Nase des Angreifers schoss durch den ganzen Raum und er ging krachend zu Boden. Endlich! Es war vorbei, er ließ seine Waffe sinken und sicherte sie.

Jetzt wollte er nur noch hinein, um seinem Freund zu helfen die Bewusstlose von den Ketten und Seilen zu befreien.

Aber er sah aus dem Augenwinkel, dass der Irre sich wieder bewegte.

Sofort stemmte er beide Beine breitbeinig in die Erde, entsicherte die Waffe, legte an und zielte. Als der zweite Schuss aus der Luger knallte, hatte er eine schlechte Position, Angst seinen Freund zu erwischen, falls der Irre sich ruckartig bewegte. Er war tatsächlich wieder auf die Beine gekommen, blutbesudelt und laut lachend. Jetzt hielt der Wahnsinn ihn komplett umfangen.

Das Schwein hatte seinem Freund noch eine Schusswunde verpasst, in die Schulter. Es reichte, jetzt würde er dem Ganzen ein Ende setzen.

Er suchte den Augenkontakt mit seinem Freund, der in Raummitte mit der Verletzten im Arm stand, konnte ihm signalisieren, dass er sich fallen lassen sollte. Er nickte knapp, spannte sich an, machte sich auf den leichten Rückstoß gefasst, dann drückte er ab. Er hatte kurz das Gefühl sein Trommelfell würde platzen.

Der Rückstoß der Waffe schmerzte in seinen Schultern.

Die Kugel ging in den Rücken des Wahnsinnigen, er konnte aus der Entfernung kein Einschussloch sehen. Aber der Getroffene fiel wie ein gefällter Baum, blieb reglos liegen.

Er verspürte keine Reue, es war nicht das erste Mal, dass er einen Killer oder Wahnsinnigen erschoss. In vier Jahren Spezialeinheit hatte er mehrmals von der Waffe für einen Todesschuss Gebrauch machen müssen.

Sie, lag in den Armen seines Freundes, noch immer bewusstlos. Das war gut so, musste sie es so nicht mit ansehen, wie ein Mensch starb.

Er war dafür ausgebildet worden und auch wenn es schon Jahre zurücklag, er wusste, dass er damit klarkommen würde. Sein Freund hätte das nicht gekonnt, das hatte er schon nach dem ersten Kampf gewusst.

Es war gut so, es würde auch weniger Probleme bei der Polizei geben, nicht so viele Erklärungen waren von Nöten.

Seinem Freund konnte man nachsagen, dass er aus Wut und Zorn tötete, für seine Geliebte die Tat begangen habe.

Bei ihm war es nur Notwehr, er hatte mit angesehen, wie sein Freund sich zwei Kugeln eingefangen hatte, und sich dann entschieden seinen Freund zu verteidigen.

Er würde keine Schwierigkeiten bekommen, hatte eine Schusswaffenausbildung und einen Waffenschein für seine Waffe.

Und er hatte noch immer Freunde bei der Polizei und der Staatsanwaltschaft.

Er hatte es gern getan, sie hatten Ruhe verdient. Ruhe und Frieden.

Sein Freund verdankte ihm sein Leben, und er verdankte ihnen beiden sein Leben mit einer wunderbaren Frau.

Ein Leben, was noch vor ihnen lag.

Sie waren quitt.

Dann plötzlich die schreiende Furie am Fenster, die hatte er in dem Schock völlig vergessen. Sie sollte nicht davonkommen, ihre Rolle in dem Szenario musste aufgedeckt werden. Sie musste sich für ihre Taten verantworten, dafür würde er sorgen.

Er brauchte den Schlüssel des Porsches, rief dem Verletzten zu er bräuchte die Schlüssel. Der unter Schock stehend Freund warf ihm den Schlüsselbund zu und er verließ im Laufschritt den blutigen Schauplatz des Grauens.

Sie war auf jeden Fall mitschuldig an diesem ganzen Gewirr aus Habgier, Neid und Wahnsinn. So leicht würde er sie nicht davonkommen lassen.

Er musste nicht leise sein und stürmte über die Wiese, sie hatte einen Vorsprung, er musste sie einholen.

Er sah den Wagen in der Gasse stehen und setzt zum Ziellauf an. Sein Herz klopfte wild bis in den Hals, er wusste gar nicht, dass seine Fitness so gelitten hatte, ein kleiner Lauf und er war schon so aus der Puste. Er sprintete zu dem schwarzen 911er seines Freundes und schälte sich in den Sitz. Er sollte sich mal was Bequemeres kaufen in seinem Alter, lächelte er in sich hinein.

Seine Körpergröße war nichts für so einen Wagen. Egal, keine Zeit, um zimperlich zu sein. Da vorne fuhr ihr weißer BMW.

Er drückte auf die Kurzwahltaste für seine Süße. Handy und Autofahren war ohne Freisprecheinrichtung völlig unpraktisch, er konnte sich nicht auf das Telefon und gleichzeitig aufs Fahren im Dunkeln konzentrieren. Da sah er das Telefon seines Freundes auf dem Armaturenbrett liegen, er bremste ab. Er musste telefonieren, auch wenn sie einen Vorsprung bekam.

Sie brauchten beide einen Notarzt, es war so viel Blut in der Mühle gewesen.

Er wusste nicht, wie schwer sie oder sein Freund verletzt waren.

„Ist alles okay, melde mich nachher!“ sagte er nur kurz ins Telefon zu ihrer Freundin. Dann beendete er das Gespräch und ging in den Kurzwahlspeicher seines Handys und wählte die Nummer eines alten Freundes aus der Spezialeinheit. Während er auf die Bundesstraßenauffahrt jagte, schilderte er knapp die Sachlage. Schnell, bitte den Notarzt, wenn es ginge Rettungshelikopter, er wisse nicht, wie schwer die beiden Schussverletzungen wären. Gab die ungefähre Position der Mühle an und sagte dem Kollegen, er verfolge in einem schwarzen Porsche eine flüchtige Person in einem weißen BMW, er möge bitte für Unterstützung sorgen. Dann warf er das Telefon einfach an die Seite und versuchte sich auf die Straße und die Geschwindigkeit des Wagens zu konzentrieren.

Sein Freund hatte blass ausgesehen, war aber bei Bewusstsein gewesen, jetzt machte er sich Vorwürfe, dass er nicht dageblieben war. Er hatte kein Telefon gehabt und er hätte ihn nicht so zurücklassen dürfen. Ohne Hilfe, ohne die Schwere der Verletzung von beiden zu kennen. Hoffentlich würde er das nicht noch bereuen, feststellen, dass es ein schwerwiegender Fehler war.

Jetzt war es zu spät, sich darüber Gedanken zu machen, Rettung war unterwegs. Nun galt es die Frau einzufangen, er konnte den weißen BMW vor sich sehen.

Er klemmte sich hinter sie, die Sicht war schlecht und er kannte die Reaktionen dieses Wagens nicht. Eine Hetzjagd wollte er nicht veranstalten, er sollte umsichtig und besonnen handeln. Die Brücke über den großen Fluss kam in Sicht, sie bremste ab, er tat es ihr nach. Als sie hintereinander auf die große Brücke fuhren merkte er, dass es glatt vom Regen war.

Urplötzlich brach der Wagen, der weiße BMW vor ihm nach rechts aus und schoss durch das Brückengeländer, stürzte in den Fluss. Der Porsche geriet leicht ins Schleudern, als er abrupt bremste.

Schlitternd kam er auf der Fahrbahn zum Stehen und er hechtete aus dem Fahrzeug Richtung Brückengeländer. Er sah das Dach des BMWs in einem Strudel aus Blasen und Wellen untergehen.

Er sank langsam, und es blubberte und brodelte, als wenn das Wasser kochen würde.

Gespenstisch leuchteten die Scheinwerfer den tiefschwarzen Fluss aus. Jetzt musste er da rein, innerlich stöhnte er auf.

Nun musste er sie auch noch vor dem sicheren Ertrinken retten.

Im Laufen zog er seine Jacke aus und warf sie achtlos auf den Boden, rannte zum Ende des Geländers, um an die steile Böschung zu gelangen.

Er rutschte die Böschung zum Fluss herunter und zog schon seine Schuhe aus.

Dann sprang er in den Fluss, hoffte, dass keine starke Strömung herrschte.

Das Wasser war eiskalt. Tiefschwarz lag der Fluss vor ihm, die Scheinwerfer des gesunkenen Fahrzeugs waren nicht mehr zu sehen. Er musste auf gut Glück zur Mitte des Wassers schwimmen. In der Ferne hörte er Sirenengeheul.

Ein Glück dachte er, wenigsten werde ich wegen der blöden Kuh nicht noch ersaufen. Jetzt konnte er das Dach des Wagens sehen, es sank schnell immer tiefer, Blasen stiegen auf.

Das Wasser brodelte noch immer, die Sicht war schlecht. Es goss in Strömen, der Himmel hatte alle Schleusen geöffnet, in der Ferne sah er Blitze zucken.

Der Sog des untergehenden Fahrzeugs drohte ihn mitzuziehen.

Schwarz und kalt, wie ein Grab. Müdigkeit überkam ihn, das eiskalte Wasser und der Sog machten ihm zu schaffen. Konzentriere dich, dachte er.

Jetzt müsste er ungefähr über dem Wrack sein, er holte tief Luft, und tauchte ab. Er konnte nichts sehen, nur tasten, er musste hoch, seine Lunge würde gleich explodieren.

Als er auftauchte, schnappte er nach Luft, nahm fünf große Atemzüge, und stieß wieder mit dem Kopf nach vorne unter Wasser. Zog im Tauchen sein Shirt aus, das ihn behinderte. Tastete um sich herum, wieder nichts. Wieder hoch, ihm wurde sonst schwarz vor Augen, die Luft war knapp.

Er tauchte an die fünf Mal bis er es schaffte, an den Wagen zu gelangen.

Tastete sich am Fahrzeug entlang bis zu den Fenstern.

Alle Fenster waren unten, er grapschte in den Innenraum, fühlte nichts.

Dann schob er sich schnell rein, das Wrack war leer. Es war niemand angeschnallt hier noch drin. Er musste hoch, die Luft blieb ihm weg, er wollte nicht bewusstlos werden. Als er nach Luft schnappend aus dem Wasser schoss, waren Taucher gerade dabei in den Fluss einzusteigen an der Böschung.

Zehn kräftige Atemzüge und wieder runter in das eiskalte, dunkle Wasser, mittlerweile spürte er die starke Strömung des Flusses, seine Arme und Beine wurden schwer. Er tauchte noch ein paar Mal und suchte unter Wasser nach ihr, dann zogen ihn die Froschmänner der Feuerwehr aus dem Wasser, brachten ihn an Land. Taumelnd stieg er die Böschung hoch und hörte die Befehle der Feuerwehr, sah das Blaulicht und war nur noch froh, dass es vorbei war.

Seine Lunge und jeder Muskel schmerzten.

Zitternd vor Kälte ging er nur mit seiner Jeans bekleidet auf den 911er seines Freundes zu, der mit offener Fahrertür in der Mitte der Brücke stand.

Die ganze Brücke war komplett abgeriegelt worden, der Verkehr vor und hinter der Brücke wurde umgeleitet. Mitten in der Nacht waren eh kaum Fahrzeuge unterwegs. Ein Feuerwehrmann legte ihm eine goldene Foliendecke um, er fand nicht, dass sie wärmte, sie stach in seine wunde Haut, er wollte nur noch schlafen. Ihm war schwindelig, kalt und seine letzten Kräfte, die er im Wasser mobilisiert hatte, schwanden langsam.

Nach Hause, vor den Kamin und sich wärmen, und wieder Kraft sammeln, das war jetzt gerade sein einziger Gedanke. Sein Kopf war leer, der Sauerstoffmangel hatte seinen Kreislauf absacken lassen, dazu noch das eiskalte Wasser, das ihn zum Schluss schon regelrecht gelähmt hatte.

Er wurde das Gefühl nicht los, dass sie das absichtlich getan hatte.

Aber das Wasser überließ er lieber den Tauchern. Am schwarzen Porsche seines Freundes, stand der ehemalige Kollege aus der Spezialeinheit. Er bellte laute Befehle und sofort wurden ihm trockene Sachen aus einem VAN der Einheit gereicht, und heißer, starker Kaffee. Zitternd und bibbernd, zog er sich trockene Sachen an und fragte nach den Beiden.

Der Kollege legte ihm die Hand auf die Schulter:

„Es sieht nicht gut aus, der Blutverlust war sehr hoch. Mach dich bitte auf das Schlimmste gefasst! Sie sind mit dem Heli beide in die Uniklinik gekommen!“

Seit langer Zeit verspürte er das Gefühl zu weinen. Nicht hier, und nicht jetzt.

Es war alles umsonst gewesen, sie würde es nicht überstehen, wenn er starb. Das wusste er.

Er war sein Freund, sie waren so zusammengewachsen in den letzten Wochen. Er spürte den Verlust als einen stechenden Schmerz in seiner Brust.

Das konnte doch alles nicht sein. Sein Kollege bat ihn in den VAN und drehte die Heizung voll auf. Flößte ihm noch mehr heißen Kaffee ein und bat ihn, die Geschehnisse dieser Nacht zu schildern.

„Dazu musst du die Vorgeschichte kennen!“

Der Kollege antwortete: „Wir haben Zeit, die Taucher brauchen noch. Ich weiß du bist müde, aber hilf mir die Geschichte zu verstehen. Ich habe dir zuliebe die Einsatzleitung übernommen und bin Denen oben Rede und Antwort schuldig!“

Er nickte dankbar, begann leise die Geschichte von Anfang an zu erzählen.

Stieg damit ein, dass er seinen Freund schon vor einigen Jahren als loyalen, ehrlichen Geschäftsmann kennen lernte. Die Rechtsangelegenheiten der Firma vertrete er schon genau so lange, wie er ihn kannte. Als der Freund vor gut ein paar Wochen zu ihm kam, mit einer seltsamen Geschichte, die ihm passiert war, wäre er sofort misstrauisch geworden. Die Beziehung seines Freundes mit seiner Partnerin erklärte er kurz, erwähnte, dass sie sich schon aus der Jugendzeit kannten. Die Vergewaltigung mit ihren Folgen, den daraus resultierenden Autounfall von ihr, schilderte er wieder etwas genauer.

Brachte dann auch den irrsinnig gewordenen Freund aus Kindertagen seines Freundes mit ins Spiel.

Der Kollege hörte stumm zu, schüttelte immer wieder mit dem Kopf.

Dann erzählte er weiter, dass sie beide nach dem ersten Kampf schon nachgeforscht hätten, die Polizei das alles als Bagatelle abgehandelt habe und der Täter aus dem Klinikum spaziert war.

Sie dann bemerkt hatten, dass seine Noch-Ehefrau mit seinem ehemaligen Freund unter einer Decke steckte, sie gemeinsam den Plan gehabt hatten, seinen Freund des Geldes wegen zu töten. Seine Partnerin bei diesem Entführungsszenario eigentlich nur das Opfer einer Verwechslung gewesen war. Der Täter habe im Dunklen nicht bemerkt, dass nicht sein Freund den weißen Porsche gefahren habe, da sie eine Kapuze aufgehabt hatte.

Wieder schüttelte sein Kollege von der Spezialeinheit den Kopf, sagte dann:

„Was eine wirre und irre Scheiße, das ist ja Stoff, um einen ganzen Romanthriller zu füllen. Erzähl weiter!"

Er nickte und erzählte weiter, den Hinweis durch seine Frau und der Anruf aus der alten Mühle von der Verletzten. Erwähnte, sie hätten eigentlich vorgehabt die Polizei mit einzuschalten, aber das Vertrauen seines Freundes in die Kriminalpolizei erschüttert gewesen sei, und sie erst mal eigentlich nur die richtige Mühle hätten finden wollen.

Dann hatten sich die Ereignisse überschlagen und sie mussten handeln, wenn sie das Leben der Entführten retten wollten. Es war keine Zeit für Anrufe oder warten auf die Polizei gewesen. Im Kampf habe sein Freund den mittlerweile wahnsinnigen Täter gestellt. Natürlich versuchten sie ihm mit Vernunft beizukommen, aber kein durchdringen mehr in Verstand des Verrückten, war möglich gewesen.

Er machte eine kurze Pause und fuhr sich durch sein Gesicht.

Jetzt bemerkte er, wie irre sich die ganze Geschichte anhörte, registrierte jetzt erst den Stress und Kummer der letzten Wochen so richtig.

Was musste sein Freund durch die Hölle gegangen sein, es war nicht fair.

Dann setzte er zum Ende der Ereignisse an, wie er die Frau seines Freundes gesehen habe, wie bei einer Theateraufführung, dass er glaube, dass sie die Fäden in der Hand gehalten habe und den psychisch labilen Täter zu ihrem Werkzeug gemacht hatte. Er äußerte auch die Vermutung, dass sie absichtlich in den Fluss gerast war. In dem Moment kam der Funkspruch rein, dass die Taucher die Suche abbrechen wollten.

Sein Kollege griff sich an das Headset und sagte im scharfen Ton in das kleine Mikrofon: „Ihr sucht weiter, solange bis ihr eine Leiche findet!“

Dann wandte er sich wieder dem Anwalt zu. Dankbar schloss dieser die Augen und beendete seine Erzählung mit seiner Rolle in der Mühle.

Eigentlich war es ohne Waffeneinsatz geplant, aber nachdem er zugesehen habe, wie der Täter seinen Freund zwei Mal anschoss, hatte er die Situation abgeschätzt. Man hätte den Irren nicht überwältigen können, also habe er ihn erschossen. Er schilderte die einzelnen Positionen auf den sich jeder befunden hatte, um zu erklären warum der Todesschuss, ein Schuss von Hinten war. Dass sein Freund die Waffe zwischen seinen Augen hatte, die Waffe, die seine Frau dem Täter gegeben habe.

Er nannte das Waffenmodell und wie sie gemeinsam das Fehlen der Waffe im Tresor festgestellt hatten, die Frau jedoch jegliche Mittäterschaft bestritten habe. Er selbst, aber felsenfest überzeugt war. dass sie der Anführer des Duos gewesen sei. Als er geendet hatte, lehnte er den Kopf zurück und schloss die Augen.

Der Kollege sah in an und sagte tonlos:

„Wo ist der Mann, den du angeblich erschossen hast? Wir haben nur einen Mann in der Mühle vorgefunden und eine Frau, beide schwerverletzt.

Es war keine Leiche bei unserem Eintreffen vor Ort. Wo ist er? Bist du dir sicher, dass du ihn getroffen hast? Wann hast du zum letzten Mal deine Waffe in der Hand gehalten?“

Der Anwalt zuckte entsetzt zusammen und ballte seine Fäuste, das konnte doch nicht sein. Die Entfernung war groß gewesen, aber er war immer ein guter Schütze und auch wenn er jahrelang kein Schusswaffentraining mehr hatte, so sehr konnte er sich nicht täuschen. Die Kugel hatte getroffen, aber er hatte nicht genau sehen können wo. Der Angreifer trug schwarze Kleidung, war aber sofort zu Boden gegangen. Er hatte auf das Genick gezielt, konnte er ihn verfehlt haben? Nein, das war unmöglich.

Was war passiert? Er machte sich Vorwürfe. Warum hatte er sich nicht überzeugt, dass sein Schuss tödlich gewesen war, seine Selbstsicherheit, wurde ihm jetzt zum Verhängnis. Was hatte er sich dabei nur gedacht?

Neben ihm wurden schon Befehle gebellt, sein ehemaliger Kollege forderte eine Hundestaffel und Suchmannschaft an.

Er sprang aus dem Wagen und es wurde hektisch draußen. In der Dunkelheit hörte er laute Rufe und Funksprüche, ein Helikopter kreiste über der Unfallstelle. Er fror und war unendlich müde, schloss nur für einen Sekundenbruchteil die Augen, dann schlief er ein …

Der Leiter der Spezialeinheit hatte eilig den Van verlassen, sprach hektisch in sein Mikro. Bewegung kam in die Menge der Beamten, die Suchmeldung nach dem vermutlich angeschossenen Täter knackste durch die Funksprüche. Der Heli hatte den Scheinwerfer eingeschaltet und glitt über den Himmel.

Hektisches Treiben auf der Straße, die Hundestaffel traf ein und auch ein Suchtrupp. An der Mühle waren weitere Einheiten, man würde das ganze Gebiet durchkämmen müssen. Er konnte nicht weit kommen, wenn er angeschossen war. Die Nacht war kalt und nass, nach dem vielen Blut in der Mühle, musste der Täter einiges abbekommen haben und dementsprechend geschwächt sein. Die Spürhunde waren verwirrt, zu viel Blut von verschiedenen Personen, der Regen erschwerte die Spurensuche zusätzlich. Die ganze Situation war gänzlich aus dem Ruder gelaufen, sein ehemaliger Kollege hatte Mist gebaut.

Aber, das war jetzt nicht mehr zu ändern. Er hoffte, dass sie gegen Morgengrauen Ergebnisse hatten.

Auch wenn sein Bauchgefühl ihm sagte, dass im Wasser keine Frauenleiche gefunden werden würde.

Er konnte die Taucher hier nicht abziehen, bis sie sich hundertprozentig sicher waren, dass sie nichts übersehen hatten.

Die Feuerwehr fing gerade an den weißen BMW zu bergen und er telefonierte nach einer frischen Tauchereinheit. Seine Männer waren müde, es musste eine ausgeruhte Einheit von Tauchern weitersuchen. Die Strömung hier war stark, sie mussten genau ausrechnen, wo die Leiche angetrieben werden konnte.

Permanenter Funkkontakt mit beiden Hundeführern der Suchmannschaft sicherten ihm, dass er über jede Einzelheit informiert wurde.

Die Spur des Täters verlor sich gut 500m am Fluss hinter der Mühle. Dort war das Wasser seicht und es herrschte keine große Strömung.

Sie nahmen an, dass er an der Flussenge dort schwimmend an das andere Ufer gelangt war. Nun musste die Staffel vor Ort zu der anderen Seite und dort weitersuchen. Der Helikopter kreiste weiter über der Mühle, er konnte den Lichtkegel bis hier sehen. Was eine Scheiße, sie mussten beide finden. Die Frau und auch den Täter, der Erdboden konnte sie nicht verschluckt haben …

Kapitel 12

Die Brücke …

Fasziniert blickte sie auf ihre Bühne, so gefiel ihr das Schauspiel. Diesmal hielt sich der Idiot gut, er teilte aus. Zwei Kugeln hatte er ihrem Mann schon verpasst. Da stand er, mit seiner Hure in den Armen. Er sah hilflos aus, Schadenfreude machte sich in ihr breit. Genauso hatte sie es sich gewünscht …

Er, der immer berechnend und kalkuliert handelte, wusste nicht mehr weiter.

Panik und Angst in seinen Augen, so wollte sie ihn sehen. Seine kalte Fassade fiel von ihm ab und er versank in Ratlosigkeit. Sie lachte leise …

Ja, jetzt gib ihnen beiden den Rest. Er hatte seine Sache gut gemacht, ihr Werkzeug hatte zwar mächtig Prügel kassiert, aber er war noch in der Lage seinen Auftrag zu erfüllen. Endlich ihren Wunsch wahr werden zu lassen.

Der Tod von ihm und seiner Hure wären ihre Befreiung, endlich frei und reich zu sein. Ein Leben zu leben, wie sie es wollte, ohne das erniedrigende Gefühl des Betruges und dem Verrat zu spüren. Als Witwe konnte sie von vorne anfangen, alles hinter sich lassen. Als geschiedene Frau wäre sie immer bemitleidenswert gewesen, die betrogene, kleine, hässliche Ehefrau.

Die auch weiter um Geld betteln musste, und Rechenschaft schuldete für was sie Geld benötigte. So war es besser und stillte auch ihren Rachedurst.

Dass sie selbst eine Affäre mit seinem besten Freund begonnen hatte, noch bevor sein Betrug im Raum stand, blendete sie aus.

Er war schuld, an Allem, jetzt würde sie sich ein für alle Male rächen und ihre Hände blieben sauber.

Ihre willige, rachsüchtige Kreatur, würde das für sie erledigen.

Der Idiot war kaum noch als Mensch zu bezeichnen, sein Gesicht war nur noch eine blutige Masse. Kaum vom ersten harten Kampf geheilt, wieder zerschlagen. Er hatte das Lachen eines vollkommen Wahnsinnigen an sich, schien kein Schmerz zu fühlen und stand mit der Waffe im Anschlag, um endlich einen tödlichen Schuss abzugeben. Sie rieb sich die Hände und spitzte die Lippen zu einem Kussmund. Er hatte es gut gemacht, trotz der Verwechslung bei der Entführung hatte er einen klaren Kopf behalten, gleich würde sie ihn anfeuern. Wenn beide tot waren, dann würde sie hineingehen und ihm helfen. Die Leichen mussten auf Nimmer Wiedersehen verschwinden, durften nie wieder auftauchen. Dabei würde sie ihm zur Seite stehen, anschließend konnte er sich verkriechen und sie hätte freie Bahn.

Ein Anruf bei der Polizei und sie konnten ihn einsammeln, dann wäre das alles nicht mehr ihr Problem. Was zögerte er so lange? Dann sah sie den Anwalt in dem Eingang der Mühle stehen. Groß wütend und mit eiskalten Gesichtszügen. Alles in ihr krümmte sich zusammen, nein das konnte, das durfte nicht sein. Er hatte eine Waffe im Anschlag, breitbeinig mit beiden Armen zielend, auf den Kopf des Idioten.

Ihr stockte der Atem, würde er es wagen, von hinten einen Menschen zu erschießen? Er war Anwalt, das traute sie ihm nicht zu, diesem geleckten Affen. Er war mit Sicherheit genauso feige wie ihr Ehemann.

Viel zu ängstlich und ohne Mumm, so waren diese gelackten Typen doch alle. Großes Maul und nichts dahinter. Atemlos verfolgte sie das Geschehen in dem alten Gemäuer. Schießt doch endlich ihr Schlappschwänze. So ein Affentanz um nichts, sie wiegte sich in Sicherheit, niemand wusste, dass sie hier war.

Plötzlich donnerte der Schuss aus der Waffe des Anwalts durch den Raum und ließ die alten Scheiben der Mühle erzittern. Sie zuckte zusammen.

Der Idiot kippte mit seinem Gesicht nach vorne in den Dreck, und sie konnte das Einschussloch in seiner Schulter sehen. Der Anwalt mit eiskalter Miene im Eingang, ihr Mann mit seiner Nutte auf dem Schoß am Boden.

Das durfte doch nicht wahr sein, er lebte, die Nutte lebte und der Idiot war tot.

Ihre Gesichtszüge verzogen sich und sie stieß einen markerschütternden Schrei aus. Das war doch alles nicht real, das konnte doch nicht sein. Sie blickte direkt in die Augen des Anwalts. All die monatelange Planung, ohne Ergebnisse.

Sie hatte sich umsonst drei lange Jahre mit diesem Widerling abgegeben, der jetzt tot am Boden lag. Wieviel Zeit und Mühe sie investiert hatte, um ihn zu ihrem Rächer zu machen, alles war umsonst gewesen.

Tränen schwammen in ihren Augen und sie rannte los zu ihrem Wagen. Sie hatte noch mitbekommen das sein Anwalt nach dem Autoschlüssel gerufen hatte. Nun sollte sie sich beeilen, sie musste schnellstens hier weg.

Die Zusammenhänge wurden jetzt ersichtlich und unangenehme Fragen würden folgen, dessen war sie sich sicher.

Sein neuer Freund, der Anwalt, würde nicht lockerlassen

und auch kein Mitleid kennen. In ihrem Kopf arbeitete es fieberhaft, während sie zu ihrem Auto hetzte. Am Wagen angekommen, sprang sie hinein und startete hektisch den Motor. Sie hatte ihren Verfolger schon hinter sich gehört, aber ein kleiner Vorsprung war ihr vergönnt. Sie gab Gas, wohin sollte sie jetzt, nach Hause konnte sie nicht. Ein Hotel musste als erstes reichen, sie war grenznah, konnte sich erstmal nach Belgien absetzen, dann in Ruhe weitersehen. Geld hatte sie schon auf ein Auslandskonto transferiert, es war nicht viel aber für ein paar Wochen würde es erst mal ausreichen. Bei den Gedanken an ihre beiden Söhne, schossen ihr Tränen in die Augen. Sie liebte sie, was hatte sie sich selbst nur dabei gedacht? Wie hatte es so weit kommen können, warum, war sie so von Hass zerfressen, warum war sie so auf Rache aus? Hatte der Idiot sie mitinfiziert, war es der Umgang mit ihm gewesen, der sie all ihre Bedenken hatte vergessen lassen? Sie war eine zynische Frau geworden, misstrauisch und von Wut geplagt. Kein Sinn mehr im Leben sehend, hatte Halt gesucht in ihrer Ehe, aber nur Unverständnis und Ablehnung gefunden. Wieder kamen Wut, Zorn und Rachsucht in ihr hoch. Er war schuld, so schuldig man nur sein konnte.

Sie raste über die menschenleeren Straßen, die Nacht war rabenschwarz, genau wie ihre Gedanken. Im Rückspiegel sah sie den 911er ihres Mannes, der die Verfolgung aufgenommen hatte. Der Asphalt glänze nass und es hatte angefangen stärker zu regnen. Als sie von weitem die Brücke auf sich zukommen sah, ging ihr blitzartig ein Gedanke durch den Kopf. Durch das Geländer ins Wasser, sie würde schon nicht ertrinken, sie war eine ausgezeichnete Schwimmerin. Sie wollte noch nicht sterben, aber das

Risiko musste sie eingehen, um erst mal aus allem raus zu sein und in Ruhe überlegen zu können. Das war eine Fifty-Fifty Chance.

Schon war sie am Anfang der Brücke angelangt, löste mit einer Hand den Gurt und bereitete sich auf den Ruck vor, wenn sie das Geländer durchbrach.

Dann riss sie das Lenkrad nach rechts und durchbrach das Brückengeländer.

Der Wagen schoss ein Stück über den Fluss und setzte auf dem Wasser auf.

Alle Fenster öffneten sich durch den zentralen Schalter, den sie noch im Flug gedrückt hatte. Dann strömte eiskaltes schwarzes Wasser ins Fahrzeuginnere, jetzt bekam sie Angst. Mahnte sich, ruhig, keine Panik.

Tief Luft holen, das Ufer auf der anderen Seite war nicht weit, sie musste sich nur konzentrieren. Das Wasser war so kalt, dass es kurzzeitig ihre Muskeln lähmte.

Unter der Wasseroberfläche glitt sie aus dem Wagenfenster und steuerte das Ufer an. Große kräftige Schwimmzüge, leise, damit sie keiner hören konnte. Sie hatte das Blaulicht auf der Brücke gesehen, die Kommandos der Taucher gehört. Der Suchscheinwerfer der gespenstisch über die Wasseroberfläche glitt. Aber der Fluss gab nichts Preis, der Regen prasselte unaufhörlich weiter. Eisigkalt, schwarz wie ein Grab, ein starker Sog der von dem immer tiefersinkenden Fahrzeug ausging. Sie strengte sich an aus dem Sog zu kommen, aber die Strömung des Flusses zog sie mit sich.

Sie spürte wie anstrengend der Kampf werden würde, an das andere Ufer zu gelangen, sie würde alle Kraftreserven brauchen, die Kälte würde dafür sorgen, dass sie es vielleicht nicht schaffte. Sie ließ sich ein Stück vom Strom des

Flusses mitreißen, versuchte einfach nur ihren Kopf über Wasser zu halten, um zu atmen. Die Wogen schaukelten ihren Körper sanft hin und her. Es fühlte sich an, als wenn man in den Schlaf geschaukelt wurde. Ihre Muskeln krampften und schmerzten. Der Fluss trieb sie unaufhörlich weiter mit der Strömung.

Schließlich kam der Moment, wo sie sich fragte, warum noch kämpfen? Wofür? Die Jungen waren groß, eine Liebe gab es nicht. Wofür kämpfen?

Es gab niemand der auf sie wartete, sie schloss die Augen und ließ sich treiben. Das Wasser war kalt, so eisig, dass es in den Poren schmerzte. Müdigkeit machte sich in ihren Muskeln breit. Sich einfach sinken lassen und sich ganz den Wellen und Strömungen überlassen …

Plötzlich war es auch nicht mehr kalt …

Plötzlich war alles gut, ihre Rache war ihr egal, sie wollte nur noch Frieden.

Wenn sie ihre Augen schloss, sah sie ein strahlendes Licht auf sich zukommen.

Gleißend, warm und einladend …

Am Horizont begann der Himmel hell zu werde, es regnete noch immer in Strömen. Der Anwalt saß in der Küche der Freundin und fuhr sich mit einer verzweifelten Geste durch seine Haare. Er war blass und abgekämpft, die Ereignisse der gestrigen Nacht, waren ihm anzusehen. Seine Freundin stand am Fenster und ihr Rücken bebte, sie weinte. Weinte um ihre Freundin und ihren Geliebten, der ihr auch ein Freund geworden war. Es regnete und regnete.

„Der Himmel weint!“ schluchzte sie.

Er stand auf und nahm sie in die Arme, auch ihm

liefen Tränen aus den Augen.

Sie hatte ihm Vorhaltungen gemacht, nachdem er ihr alles erzählt hatte.

Warum er nicht sofort die Polizei eingeschaltet habe, er wäre doch Anwalt, müsse doch wissen, dass man so etwas nicht ohne das Gesetz regeln konnte.

Dann waren noch mehr Vorwürfe dazu gekommen, warum er sie beide allein und verletzt in der Mühle zurückgelassen hatte?

Er war doch ein kluger, erwachsener Mann, warum er so gehandelt hätte?

Sie konnte ihn nicht verstehen. Er verstand sich selbst nicht, jetzt kam ihm sein Handeln in der letzten Nacht dumm und unüberlegt vor.

Schockiert hatte sie zugehört, schwankte als er ihr erzählte, dass von beiden jegliche Spur fehlte, er aber sicher war, den Täter getroffen zu haben. Sie fragte nicht einmal, warum er eine Waffe hatte. Das würde er später erklären können, es spielte im Moment keine Rolle.

Der Kollege der Spezialeinheit hatte ihm versichert, der Rettungshelikopter samt Notarzt war nach fünf Minuten am Tatort eingetroffen, er hätte nichts beschleunigen können. Er hatte ihm auch gesagt, er habe sich nichts Vorzuwerfen, außer das vielleicht mit der Polizei zusammen einiges anders gelaufen wäre. Ferner hatte er ihm aber auch zu verstehen gegeben, dass er seine und die Handlungen seines Freundes nachvollziehen konnte, da der normale Polizeiapparat manchmal etwas langatmig war. Immer wieder hatte er ihm im Morgengrauen am Fluss versichert, ihn träfe keine Schuld. Er hatte aber das Gefühl, dass der ehemalige Kollege und Freund ihn nur nicht verunsichern wollte. Er sollte keine Schuldgefühle entwickeln. Das würde niemandem weiterhelfen. Wenn er eins bei der Polizeiarbeit gelernt hatte, war es, dass man im Nachhinein nicht an seinen Handlungen zweifeln sollte. Es zermürbte und fraß einen innerlich auf. Er würde sich niemals verzeihen, wenn sein bester Freund durch sein Mitverschulden zu Tode gekommen war.

Ein Anruf in der Klinik bestätigte, dass sie über den Berg war und auf der Intensivstation läge. Sein Freund wurde noch immer operiert und man rechnete mit dem Schlimmsten. Die Oberschenkelarterie war völlig zerfetzt durch den Schuss, und den Schulterschuss, den sie zuerst nicht so schlimm eingestuft hatten, diese Verletzung hatte sich als die Schlimmere erwiesen.

Die Kugel hatte seinen Lungenflügel durchbohrt und das Herz beschädigt.

Der Blutverlust war immens, er rang seit Stunden mit dem Tod.

Es war den Ärzten ein Rätsel wie er damit überhaupt überlebt hatte und sie kämpften verzweifelt seit mehreren Stunden im OP um sein Überleben.

Das komplette Blut war ausgetauscht worden, sein Leben stand auf der Kippe. Seit er hier war hatte ihre Freundin nur geweint, er konnte sie nicht beruhigen. Sie weinte still, er sah nur wie ihre Schultern bebten.

Seine Verzweiflung war nicht mit Worten zu beschreiben, wie hatte sich seine heile Welt doch in den letzten paar Tagen in einen Alptraum verwandelt.

Er dachte an die zwei Tage in dem Haus am Meer zurück, wo er solch eine Lebensfreude gespürt hatte und so glücklich gewesen war. Das alles hatte sich in Luft aufgelöst.

Sein bester Freund kämpfte um sein Leben und er fühlte sich mit Schuld daran, er hätte es verhindern müssen.

Sie lag in seinen Armen, er konnte sie nicht trösten, konnte nichts tun.

Als sein Telefon ein summendes Geräusch machte, zuckte er zusammen.

Es war der Kollege aus der alten Einheit, er sprach leise, aber ruhig: „Wir haben bis jetzt mit acht Tauchern gesucht, trotzt aller Berechnungen und Mühen haben wir keine Leiche gefunden! Vier Suchmannschaften kämmen noch immer das Waldgebiet ab, von ihm fehlt auch jede Spur. Ich gebe beide zur Fahndung raus, ich brauche eine Personenbeschreibung der Frau. Er ist in der Kartei, aber sie nicht. Du musst uns helfen. Ich habe in der Klinik einen Mann auf der Intensivstation, nur zur Sicherheit. Das ist die größte Scheiße, die ich seit langem erlebt habe. Wir suchen weiter!"

Jetzt endlich, setzte er sich hin und ließ seinen Tränen richtig freien Lauf.

Was hatte er sich nur dabei gedacht?

Er verstand seine Handlungen der gestrigen Nacht nicht mehr …

Der Schuss war glatt durch seine Schulter durchgegangen. Durch das mehrfach gebrochene Nasenbein bekam er schlecht Luft, vor Schmerz war er in eine leichte Bewusstlosigkeit gefallen. Als er wieder zu sich kam, stöhnte er. Jede Bewegung tat weh und sein Kopf fühlte sich an, als wenn er zerschmettert wäre. Hustend und spuckend versuchte er sich langsam aufzurichten.

Als er den Oberkörper vorbeugte, erbrach er einen Schwall Blut. Er musste Unmengen von seinem eigenen Blut geschluckt haben. Vorsichtig drehte er den Kopf und sah seinen verhassten, ehemaligen Freund neben sich liegen. Bleich, fast grau sah er aus. Er war tot. Die riesige Blutlache, in der beide lagen, überzeugte ihn, dass er es endlich geschafft hatte. Endlich war er seinen verhassten Nebenbuhler los. So hatte er es in den letzten Wochen empfunden. Und seine kleine Nutte hatte er aufgeschlitzt, sie hatte er ausbluten lassen, wie ein kleines Schweinchen, das geschlachtet wurde. Er kicherte bei dem Gedanken daran, so hatte er es sich erträumt. Nur leider hatte er selbst viel abbekommen. Er schnaubte, weil das Atmen schwerfiel. Was nun? Wo konnte er sich diesmal verstecken, um seine Wunden zu lecken? Bei dem Gedanken stöhnte er, die Schusswunde schmerzte und musste versorgt werden. Es war ein glatter Durchschuss, er hatte gespürt, wie die Kugel eindrang und seinen Körper vorne wieder verlassen hatte. Er bräuchte trotzdem einen Arzt, frische Sachen zum Wechseln und Verbandsmaterial. Sein Schädel hämmerte und dröhnte, sein angebrochener Arm schmerzte.

Bei dem Versuch einen klaren Gedanken zu fassen, fragte er sich, was mit der blöden Kuh war. Er hatte ihr Gesicht gesehen und eigentlich Freude empfunden, dass sie hier war und sein Werk bewundern konnte. Dass er auch mal was richtig machen konnte, gerne hätte er sich gebrüstet und damit geprahlt. Ein gutes Gefühl, nicht immer der Versager oder der ewige Zweite zu sein. Das musste er nie wieder befürchten. Er selbst hatte endgültig dafür gesorgt, dass er jetzt die Nummer eins war. Bei der blöden Kuh würde er jetzt auch im Ansehen steigen. Vielleicht würde sie ihm dann endlich mal mit der Achtung und dem Respekt entgegentreten, den er verdient hatte. Er war ein Mann, ein richtiger starker, erfolgreicher Mann. Der für seine Ziele kämpfte, seine Pläne umsetzte. Das würde sie jetzt endlich erkennen.

Wo sie wohl steckte? Ob er sie irgendwie kontaktieren konnte?

Dieser Scheiß-Anwalt hatte ihm einen Strich durch die Rechnung gemacht, hatte auf ihn geschossen. Zum Glück war er ein grottenschlechter Schütze gewesen. Dem würde er es auch schon noch heimzahlen. Sie hatten sich alle in ihm getäuscht, hatten ihn unterschätzt. Das würden sie schon noch bitter bereuen, nun hatten sie eine Kostprobe von dem, was er draufhatte. Trotz seiner Schmerzen kicherte er vor sich hin, war zufrieden mit sich und seiner Tat. Es war nicht so erregend wie mit der Nutte am Bahnhof gewesen, sie war ein wehrloses Opfer. Sein Gegner hier hatte sich kräftig gewehrt.

Aber trotzdem hatte er seinen Spaß gehabt, der Schmerz, den er jetzt hier verspürte, zeigte ihm wie lebendig er war. Und wie tot sein einstiger Gefährte.

Seine eigene Welt, die er sich zurechtrückte wie er sie brauchte, würde ihn nie wieder loslassen. Das viele Blut um ihn herum gefiel ihm. Rot war die Farbe des Lebens und gleichzeitig symbolisierte das Blut den Tod. So einfach war das, er war Herr und Richter. Und er lebte …

Nachdem er fünf Minuten tief ein und ausgeatmet hatte, ging es ihm besser.

Er konnte in der Ferne Sirenen hören und die Rotorblätter eines Helikopters.

Stöhnend richtete er sich auf und torkelte langsam aus der Mühle. Im Schatten der Bäume tauchte er in die Dunkelheit ein und wurde eins mit ihr …

To be continued …

Epilog

Jede Figur in meinem Roman hat ihren eigenen Charakter und erinnert mich an bestimmte Personen, die mein Leben mehr oder weniger bereichert haben.

Das Böse und Manipulative ist überall um uns herum, Neid, Wut und Habgier bestimmen unsere heutige Welt. Und doch gibt es noch viel Schönheit und Liebe, wovon ich als ewige Optimistin überzeugt bin.

Mein Dank geht an zwei besondere Menschen in meinem Leben.

Zum einen an den Mann, der mich zu dieser Trilogie inspiriert hat und einige Eigenschaften meiner männlichen Hauptfigur verkörpert. Ohne ihn hätte ich niemals diese Idee entwickelt und in so kurzer Zeit zwei Romane dieser Art geschrieben. Danke, auch wenn du mich manchmal zum Wahnsinn treibst.

Trotzdem bringst du sehr viel Sonnenschein in mein Leben und regst meine Fantasie an, meine helle und meine dunkle Seite holst du aus mir heraus …

Danke auch meiner langjährigen, liebsten Gefährtin die jedes Hirngespinst mit einer Engelsgeduld mit mir ausgetüftelt hat. Verzeih mir das viele Blut, ich weiß, du magst keine Brutalität.

Menschen kommen und gehen im Leben, aber manche berühren dein Herz und bleiben für immer!

Teil 1

Fateful Lust, der erste Teil der Trilogie, beschreibt die Beziehung eines Paares, das eine ungeheure sexuelle Anziehungskraft verbindet, der sich die beiden nicht entziehen können.
Was als Jugendromanze begann, setzt sich viele Jahre später nach einem Wiedertreffen im Erwachsenenalter fort.
Doch empfinden die Protagonisten mehr füreinander als nur körperliche Lust?
Oder steuern die beiden auf eine Katastrophe zu?

Fateful Lust ist mehr als ein Erotikroman.
Es ist eine Liebesgeschichte mit Thrillerelementen, die der Leser so bald nicht aus der Hand legt.

Erschienen im Rediroma-Verlag
ISBN 978-3-98527-041-5

www.annklee.info